Edition SYLTHELD im

Verlag Frank-Daniel Schulten

Christian Peter Hansen

Sylter Sagen und Erzählungen

Edition SYLTHELD
Band 1

Verlag Frank-Daniel Schulten

Die Originalausgabe erschien 1875 im Verlag von H. Lühr & Dircks zu Garding unter dem Titel:
„Sagen und Erzählungen der Sylter Friesen, nebst einer Karte der Insel Sylt als Zugabe von C.P. Hansen“.
Lektorat und sprachliche Überarbeitung des Ursprungstextes: Frank-Daniel Schulten.

1. Auflage 2013

www.schulten-verlag.de
www.fulcanelli.de
Druck: BoD GmbH, Norderstedt.
Umschlaggestaltung: Entwurf-Satz-Druck Studio Grete C. Söcker, Emden, unter Verwendung einer Photographie von Sabine Hilbrandt.
Karte: Sabine Hilbrandt.

Printed in Germany.
ISBN 10: 3-932961-87-0
ISBN 13: 978 -3-932961-87-8

INHALTSVERZEICHNIS

Vorwort
Frank-Daniel Schulten

Wer heute die vielfältigen Schönheiten der Insel betrachtet, ist sich wahrscheinlich gar nicht bewußt, daß er Sylt dabei auch durch die Augen Christian Peter Hansens (1803-1879) erschaut. Während dessen Zeitgenossen in ihren Dünen- und Küstenlandschaften nämlich meistens nur Ödnis und Trostlosigkeit zu erkennen vermochten, beschrieb er als Erster sehr eindringlich ihre Reize, ihre Romantik, ihre Geheimnisse und Poesie, und hielt sie in Wort und zahlreichen Bildern fest.

Damit prägte Hansen schon früh die allgemeine Vorstellungswelt über die Insel, wie sie bis heute fortlebt. Es erscheint daher auch folgerichtig, daß er mit seinem Buch *„Der Fremdenführer auf der Insel Sylt. Ein Wegweiser für Badende in Westerland"* im Jahre 1859 den ersten Sylter Reiseführer herausbrachte. So verdichtet sich in Hansens Leben und Werk exemplarisch der allmähliche, grundlegende Wandel, den die Insel zu seinen Lebzeiten vom abgelegenen Fischernest hin zum mondänen Reiseziel erfuhr.

Geboren wurde C. P. Hansen am 28. August 1803 im Westerländer Schulhaus als Sproß einer alteingesessenen Sylter Seefahrer- und Lehrerfamilie. Schon früh erkannte man die vielseitigen Begabungen des Knaben, so daß er seinen Vater bereits in jungen Jahren als Organist und Elementarlehrer in der Keitumer Kirche und Schule vertrat. In den Jahren 1824-1827 besuchte er das Schullehrerseminar in Tondern, um anschließend bis 1829 als Lehrgehilfe in Sonderburg (auf Alsen) bei seinem Onkel Hans Peter Hansen zu unterrichten. Noch im selben Jahr kehrte er nach Keitum zurück, wo er die Nachfolge seines Vaters als Organist und Oberlehrer übernahm. Abgesehen von diesem Intermezzo verbrachte Hansen von nun an sein gesamtes Leben auf der geliebten Heimatinsel. Hier heiratete er, und überlebte im Laufe der Zeit zwei seiner insgesamt drei Ehefrauen. Neben dem eher verdrießlichen Beruf als Lehrer (den er nichtsdestoweniger absolut vorbildlich ausübte), betätigte er sich u.a. als Chronist seiner friesischen Heimat und als Maler, der in seinen Zeichnungen und Aquarellen ein um Vollständigkeit bemühtes Inventar der Sylter Landschaftsformen schuf. Darüber hinaus war Hansen leidenschaftlicher Sammler von Altertümern, insbesondere aus der Steinzeit. Die meisten davon hatten einen Bezug zu seiner Heimatinsel.

Eine Liste seiner Antiquitäten, welche der Originalsausgabe des vorliegenden Buches als Anhang beigefügt war, umfaßt Hunderte von Kostbarkeiten und Kuriosa wie *„1 Stein mit eingehauenem Bilde des Halbmondes (...), der Deckel eines steinernen Sarges vom Kirchhof zu Keitum (...), 4 alte defecte Graburnen mit Knochenresten (...), 1 schiffähnliche Zusammensetzung, aus Fischschuppen, Wirbeln und Gräten bestehend (...), 1 Stock aus einem Haifischrückgrat gemacht mit einer Krücke von einem Nilpferdzahn(...), 1 kleine, alte süddeutsche Vase mit 2 Henkeln (...), 10 Stück sehr alter, silberner und kupferner Münzen mit undeutlichen, unerklärten Zeichen (...), 1 alter Schrank aus dem Nachlaß des Lille Peer (...), 1 gewebtes wollenes Bruchstück aus dem kleinen Brönshoog (...)* usw. (a.a.O, S. 216 ff.)

Vervollständigt wurde Hansens Sammlung durch die zahlreichen Versteinerungen und Weichtierschalen, die er unermüdlich auf seinen Inselstreifzügen zusammentrug. Von den frühen Westerländer Badegästen wurde dieses Raritätenkabinett gerne besichtigt. Zusammen mit seinen Veröffentlichungen trug Hansen daher in erheblichem Maße dazu bei, den Reise- und Kurbetrieb zu fördern und die Insel weit über die Grenzen Frieslands bekannt zu machen. Auch die damals noch visionäre Idee, Sylt über einem Damm mit dem Festland zu verbinden, äußerte er bereits im Jahre 1856.

„Wer Sylt kennt, der kennt auch den wackeren C. P. Hansen", lautete daher ein geflügeltes Wort. Besucher wie der Deichgraf und Schriftsteller Adelbert Heinrich von Baudissin (1820-1871), der die Insel 1864 bereiste, beschrieben Hansen als „Schriftsteller, Küster, Organist, Antiquar und lebendiges Konversationslexikon." (Wedemeyer 1982, S. 49) Auch seine Korrespondenz mit Theodor Storm zeugt davon, daß er jenseits der Inselgrenzen geschätzt wurde.

Obgleich all diese Aspekte für Hansens Persönlichkeit charakteristisch gewesen sein mögen, so existierte jenseits dieser Oberfläche aber noch ein mächtiger, dunkler Unterstrom, der den eigentlichen Kern seines Wesens ausmachte. Er zeigt sich exemplarisch in einer Passage wie der folgenden, die man im vorliegenden Buch inmitten statistischer Aufzählungen entdeckt: „Doch eigentlich wollte ich Ihnen die Ergebnisse meiner Volkszählung mitteilen. Bitte verzeihen Sie, daß ich zu voreilig in die alten Sagen hineingeraten bin. Das ist nun einmal meine Passion.“ (a.a.O., S. 44)

Die Vergangenheit, insbesondere die Welt der Mythen, Sagen und Legenden, reichte für Hansen nämlich weit in die Gegenwart hinein und dürfte ihm teilweise näher gelegen haben als der zehrende Brotberuf des Lehrers. Seine Leidenschaft für die sagenhafte, oft blutige Geschichte Frieslands und besonders seiner Heimatinsel wurde schon früh geweckt. Er selbst schildert seine ersten Kontakte mit den mythischen Erzählungen seiner Vorfahren in diesem Buch, wo er die alte Rantumerin Inken Nessen zu ihm sagen läßt: „Es ist so schön, wenn man über die alten Geschichten unserer Vorfahren Licht und Gewißheit bekommt, und es freut mich, mein Söhnchen“, — sie redete mich an, — „daß du danach strebst und die alten Geschichten gerne hören magst. Vergiß sie nur nicht, wenn du groß wirst, sondern schreibe sie auf! Mit Rantum ist es bald vorbei. Der Sand und das Wasser kommen uns immer näher, und wenn wir Rantumer dann alle tot sind, so sind wir auch vergessen, wenn nicht du oder sonst jemand sich erinnert und aufschreibt, was wir getan, gesprochen und erlebt haben. Darum, mein Söhnchen, lerne du das Schreiben, was niemand von uns versteht, selbst nicht einmal Steven, wenn er auch eine Feder hinterm Ohr trägt. Du sollst unser Geschichtsschreiber sein! Hörst du?“ (a.a.O., S. 167)

Von dieser Leidenschaft, die für Hansen zugleich eine Berufung war, legt das vorliegende Buch beredtes Zeugnis ab. Es erschien erstmals im Jahre 1868 zu Altona als *„Friesische Sagen und Erzählungen“* und dann 1875 in einer neuen Fassung zu Garding im Verlag *H. Lühr & Dircks* unter dem Titel *„Sagen und Erzählungen der Sylter Friesen, nebst einer Karte der Insel Sylt als Zugabe von C.P. Hansen“*. Seither gilt es als Klassiker der norddeutschen Literatur und als eines der wichtigsten Syltbücher überhaupt.

Spätere Autoren haben sich großzügig daraus bedient, indem sie Motive, Geschichten und Fakten aus Hansens Werk übernahmen. Andere wie Wilhelm Jessen und Willy Krogmann nutzten es als Basis für ihre Sylter Sagensammlungen, wobei sie Hansens Urtext teilweise drastisch umschrieben, so daß von dem ursprünglichen Material nur noch das Skelett übrigblieb. Abgesehen von einem Reprint, der 1972 im *Sändig-Verlag* herauskam und längst vergriffen ist, geriet das eigentliche Buch jedoch weitgehend in Vergessenheit. Einer der Gründe dafür besteht darin, daß Hansen zuweilen der Vorwurf gemacht wurde (u.a. von Karl Victor Müllenhoff und Willy Krogmann), er habe bei seinen Sagenbearbeitungen viel zu stark in die ursprünglichen Überlieferungen eingegriffen, so daß es sich nicht mehr um Volkssagen im eigentlichen Sinne handelt.

Krogmann (1966, S. 48 ff.) handelt dabei einige Detailfragen ab, bei denen er derartige Veränderungen nachweist, freilich ohne dabei immer zweifelsfrei belegen zu können, daß alle tatsächlich von Hansen stammen und nicht eventuell – wenigstens teilweise - auf dessen Gewährsleute zurückgehen. Letztendlich ist diese Kritik jedoch eine rein akademische. Sie verkennt darüber hinaus Hansens gesamte Persönlichkeit.

So nahm auch bereits 1883 der Linguist Hermann Möller (1850-1923) Hansen vor derartigen Anwürfen in Schutz, indem er schrieb: „Hansens Art zu erzählen, (…) gehört zu seinem Wesen: Wer den Mann kannte, konnte sich jene nicht anders denken. Hansen sah und suchte in den Sagen Geschichte.“ (Wedemeyer 1982, S. 34)

Über hundert Jahre später deutet Hansens Biograph Manfred Wedemeyer in eine ganz ähnliche Richtung: „C. P. Hansen schreibt in einem klaren, anschaulichen Stil. Er schätzt das Anekdotenhafte, das seine Darstellung auflockert. Sein Erzähltalent zeigt sich früh. Schon in seiner Jugend beschreibt er gern abenteuerliche Szenen. »Wenn ich diesen Neigungen gefolgt wäre und die dazu nöthige Bildung erhalten hätte, wäre ich wahrscheinlich ein Romanschreiber geworden«, meint er. Als fünfjähriger Knabe läuft er oft nach Rantum und lauscht dort den Sagenerzählerinnen. Beim Strickedrehen aus Dünenhalm erzählen die Rantumer Frauen dem kleinen

Sohn des Westerländer Lehrers Hexen- und Gespenstergeschichten, die Sagen von Pidder Lüng und die Streiche des Sylter Eulenspiegels Pua Moders." (Wedemeyer 1982, S.33)

Die Zeit ist daher gekommen, dieses Buch, eines der Hauptwerke Hansens, für alle Syltliebhaber endlich wieder vollständig neu herauszubringen. Es ist nämlich weit mehr als eine bloße Sagen- und Geschichtensammlung oder der „erste Syltroman", als den man es mit Fug und Recht bezeichnen könnte. Er selbst wollte – seinem eigenen Bekunden nach – unter anderem seinen Rantumer Zeitgenossen ein Denkmal damit setzen. Die Nonchalance, mit der Hansen hier Sagen, historische Fakten, Kindheitserinnerungen, Träume, Anekdoten, Bräuche, Aktennotizen, politische Ereignisse, Spekulationen über die Sylter Zukunft, Mythen, Untergangsvisionen, geologische und archäologische Erkenntnisse, Liebeserklärungen an die Sylter Natur, aufklärerische Impulse, friesischen Stolz, Landschaftsbeschreibungen, Kolportage, Bevölkerungsstatistiken, Legenden, erzieherische Anliegen, Texte in sylterfriesischer Mundart, etymologische Spekulationen und vieles andere miteinander verwebt, kann man nur als Gesamtkunstwerk würdigen. Hansen breitet darin nämlich ein buntes Kaleidoskop aus, einen lebendigen, persönlichen Kosmos, in dem Vergangenes und Gegenwärtiges wie Ebbe und Flut einander durchdringen und gleichberechtigt nebeneinander existieren.

Nur so kann man Sylt in all seiner Vielschichtigkeit gerecht werden und die Seele der Insel erfassen. - Das gilt damals wie heute!

Auch die teilweise kunstvoll verschachtelte Erzählstruktur, die Hansen in weiten Teilen dieses Buches verwendet, seine Montagetechnik sowie das Wiederholen mancher Geschichten in einem anderem Gewand, tragen zum besonderen Charakter des Textes bei. All diese charmanten Details gingen in den bisherigen verstümmelten Teilveröffentlichungen verloren. Sie weisen Hansen jedoch als leidenschaftlichen Geschichtenerzähler aus und sind ihrer Zeit manchmal narrationstechnisch durchaus voraus. Der Sylter Lehrer reiht sich so in alte Erzähltraditionen ein, wie es sie in allen Epochen und bei allen Nationen gegeben hat. Gerade gelegentliche Veränderungen der ursprünglichen Überlieferungen tragen dazu bei, das Erbe lebendig zu erhalten und es nicht erstarren zu lassen.

Nicht zuletzt deswegen wurde für diese Neuausgabe das Original auch behutsam überarbeitet, möglichst ohne dabei seinen Ursprungscharakter zu verändern. Der Text von Hansen liegt hier vollständig vor. Einzig die Syltkarte wurde ersetzt durch eine neue, auf der die wichtigsten Handlungsschauplätze eingezeichnet sind, und die Antiquitätenliste des Anhangs wurde nicht mit aufgenommen, weil sie keine Verbindung zum Haupttext besitzt. Die Grammatik, Orthographie und Interpunktion des Ursprungstextes haben wir den heutigen Gepflogenheiten angepaßt. Stilistische Unebenheiten wie Wiederholungen wurden vorsichtig geglättet, und die reichlich vorhandenen Schachtelsätze und Passivkonstruktionen aufgelöst, um einen besseren Lesefluß zu erzeugen. Dabei haben wir sorgfältig darauf geachtet, die Eigenarten des Originaltextes immer zu bewahren. Aus diesem Grund wurde auch die Schreibweise der Passagen in Söl`ring beibehalten, obschon sie nicht den neuesten Usancen entspricht.

Den Gebrauch von Gedankenstrichen, insbesondere bei den Dialogen, haben wir ebenfalls weitgehend belassen, da es sich hierbei um ein charakteristisches Stilmittel handelt, das gleichzeitig ein übersichtlicheres Schriftbild erzeugt. Orts- und Flurnamen sowie Gebäudebezeichnungen o.ä., die heute weitgehend ungebräuchlich sind, wurden zur besseren Übersicht in kursiver Schrift gesetzt. Einige wenige unübliche Begriffe, deren Bedeutung sich nicht aus dem Zusammenhang erschließt, hat der Verfasser dieser Zeilen in Fußnoten erläutert und gesondert gekennzeichnet. Alle übrigen Anmerkungen stammen von Hansen selbst.

Wer sich nun auf seinen Erzählkosmos einläßt, den wird Hansen mit traumwandlerischer Sicherheit zu einer tieferen Verbindung mit der Insel führen. Ernst Willkomm verglich Sylt einst mit einem „geheimnisvollen Märchen der nordischen Welt". Das ist die Insel heute immer noch, und Hansen zeigt uns den Weg dorthin.

Quellen

Janus, Reinhold (Hg.): *Sieben Jahre Sylt. Tagebücher des Inselfriesen Christian Pater Hansen*, Neumünster 1998

Jessen, Wilhelm: *Sylter Sagen*, 3. Auflage, Münstertorf 1976

Krogmann, Willy: *Sylter Sagen nach C.P. Hansen*, Göttingen 1966

Schmidt, H./Reinhardt A.: *C.P. Hansen. Der Chronist von Sylt*, Husum o.J. (ca. 1979)

Wedemeyer, Manfred: *C.P. Hansen - Der Lehrer von Sylt*, Schleswig 1982

Sagen und Erzählungen

der

Sylter Friesen,

nebst einer Beschreibung der Insel Sylt
als Einleitung

und einer Karte der Insel Sylt
als Zugabe

von

C. P. Hansen.

Garding.
H. Lühr & Dircks.
1875.

Titelblatt der Originalausgabe von 1875.

C. P. Hansen, Portrait. Aus:
Graf Adelbert Baudissin, „*Schleswig-Holstein meerumschlungen*“, Stuttgart 1865.

Vorwort
C.P. Hansen

Wenn ein Volk auf der Höhe seiner Kultur und Macht steht, so bedarf es zu seiner Bildung und Veredelung nicht der gemütlichen Sagen des Altertums. — Es hat eine Geschichte, und es macht Geschichte! Wenn aber ein kleines, zersplittertes, dem wahrscheinlichen Untergang entgegengehendes Volk ohne eine eigenständige Stellung und Geschichte lebt: Dann darf es, nach meinem Dafürhalten, kein Mittel zur Erhebung von Gemüt und Geist und zur Stärkung seines Zusammenhalts verschmähen, wenn es ihm zu Gebote steht, und wäre es ein noch so geringes. Wir Friesen, besonders wir Inselfriesen, sind aber — wie mir scheint — in einer solchen Lage!

In Ermangelung einer wirklich eigenen, ins Altertum hineinreichenden Geschichte, kann und muß uns die Sage die Geheimnisse und Heiligtümer unserer Heimat und unserer Vorfahren bewahren und erschließen. Sie muß helfen, das Bewußtsein unserer Herkunft und Nationalität zu erhalten und zu stärken.

Sie ermöglicht den Getrennten, sich wenigstens geistig zu verbinden. Außerdem erfrischt und erheitert die Sage oft die Gemüter der wirklich Verbundenen in den sonst so langweiligen Winterabenden. Sie bringt uns Stoff zu weisen Gedanken. Vielleicht spornt sie uns auch zu edlen Vorsätzen und Taten an, oder sie erfüllt uns mit poetischen und religiösen Bildern. — Diesen Wert hat die heimatliche Sage in meinen Gedanken. Ich habe also versucht, eine Sammlung der besten, einigermaßen historisch begründeten Überlieferungen meiner Heimat zusammenzustellen. Hiermit lege ich sie meinen Landsleuten und anderen Lesern vor.[*]

---

[*] Es ist freilich nicht jetzt das erste Mal, daß ich meine Sagen etc. in die Welt hinaussende. Früher aber nicht so zahlreich und in der Form und Zusammenstellung wie jetzt, verbunden mit einer Beschreibung und Karte der Insel Sylt. Als Vorwort weiß ich aber dem neuen Buch nichts Besseres voranzustellen als das, was ich auch schon früher zu diesem Zweck geschrieben habe.

Ich habe mich im Geist zurückversetzt in jene glücklichen Tage meiner Kindheit, in jene trauten Kreise, in welchen mir die Geheimnisse, die Heiligtümer meiner Vorfahren, meiner Insel und meines Volksstammes zuerst offenbart wurden. In diesem Buch habe ich sie noch einmal selber erzählen lassen, die schlichten Heide- und Dünenbewohner, die echtfriesischen, treuherzigen, beinahe kindlich-gemütlichen Sagenerzähler und -erzählerinnen meiner lieben Heimatinsel.

Denn dort, in den einsamen, dem Untergang geweihten, westlichen Gegenden Sylts, unter den Menschen, die einfach nach alter Weise, aber fast beständig unter den Einflüssen großer Naturereignisse leben, findet man die Sage oft noch rein und ungetrübt erhalten. — Ich betrachte mich überdies verpflichtet, dieser mir von meiner Jugend her besonders lieben und interessanten, aber ohne Zweifel im Meer bald untergehenden Halbinsel ein Denkmal zu setzen. Dasselbe gilt für ihre fast noch bemerkenswertere einstmalige Bevölkerung. Zur Erfüllung dieser Pflicht ist die vorliegende Schrift bestimmt.

Die Halbinsel, welche ich meine, ist das sand- und hügelreiche Hörnum. Das ist der südliche, schmale, aber zweieinhalb Meilen lange Bereich von Sylt. Die Bewohner dieser Landzunge, denen ich hierdurch ein Andenken stiften und bewahren möchte, sind die Alt-Rantumer und Eidumer bzw. die Hörnumer.[*)]

Diese Arbeit gewährt zugleich eine wehmütige Erinnerung an das fortwährende Zerbröckeln und den einstigen völligen Untergang aller friesischen Inseln oder Uthlande[1], vielleicht mitsamt ihren Bewohnern. Ich denke dabei also nicht allein an jene zwar abergläubischen und rohen, aber sonst geistig begabten und unverfälschten Hörnumer. Sie sind nun fast alle dahin, und ihr Heimatdorf und -land werden sie wahrscheinlich

---

*) „*Hörn*" ist friesisch, heißt auf Deutsch „*Ecke*". Die Endung „*um*" bei so vielen Ortsnamen im Friesischen hat ohne Zweifel die gleiche Bedeutung wie das deutsche „*heim*" oder dithmarsische „*hamm*", vielleicht auch wie die englische Endung „*ham*".

1 Außenlande. (Anm. Frank-Daniel Schulten).

nicht lange überdauern. Jede Flutwelle der Nordsee, welche an die langen Ufer Hörnums schlägt, nagt nämlich auch zugleich daran und reißt Teile davon ab. Eine Sturmflut spült oft ganze Berge Sand in den weiten Schoß der Nordsee. Von den ehemaligen Dörfern und Wohnstätten Hörnums sind nur noch sechs Hütten übrig. Ihre damaligen Bewohner schlummern schon lange den Todesschlaf — der Sage nach — in den Netzen und Armen der beutegierigen Meeresgöttin Ran.**)

In fünfzig Jahren wird auch das letzte kleine, noch übriggebliebene Dorf auf Hörnum (nämlich Neu-Rantum), verschwunden sein, und in hundert Jahren wird vielleicht ganz Hörnum nicht mehr existieren.

Nach abermals hundert Jahren wird man dann vielleicht vergeblich fragen: „Wo lag das Land Hörnum, das einst so seltsame, an Dünen und Sagen reiche Land? Wo haben die heldenmutigen, aber rätselhaften Hörnumer gewohnt?“ — Ganz so, wie man vergeblich nach dem versunkenen Thule und anderen verschwundenen Ländern forscht. Daher soll dieses Buch davon Kunde geben.

**) Rantum mag seinen Namen von der heidnischen Göttin Ran haben, und das einstmalige benachbarte Eidum seinen Namen vom Meeresgott Eiger, Ägir oder Ögis.

Sylter Mythen

Die Mythen der alten, heidnischen Sylter erzählen, wie die Elementargötter und –geister auf der Insel herrschten, besonders im wüsten Hörnum. Man sagt, wenn die Menschen einer Gegend fortziehen oder aussterben, so wird das Land ein Wohnplatz der Geister und Unholde der Nacht. Von Hörnum aber scheinen die Fabelwesen niemals gewichen zu sein. In den Sagen dieses wilden Dünenlandes wimmelt es daher von Hexen und Wiedergängern, von spukenden Lichtern und gespenstischen Tieren. Die Wassergeister aber haben dort die Oberherrschaft.

Die unterirdischen Erdgeister („*Önnereersken*") wiederum lassen in den Dünen Hörnums kein Wasser in den Grund sinken, sondern sie sorgen dafür, daß es immer wieder hervortritt. So erschaffen sie die Quellen und Sümpfe dort. Der Mann im Mond gießt überdies alle zwölf Stunden Wasser vom Himmel herab und ruft die Fluten hervor. Aber die Meeresgöttin Ran, die gebärende Gattin des Ekke (auch Eigir oder Ögis genannt), erregt die Stürme im Meer. Sie verursacht Überschwemmungen und Schiffbrüche. Sie zieht die Schiffbrüchigen in ihre Netze und wirft die Schiffstrümmer, die sie selber verschmäht, bei Hörnum an den Strand.

Der Meeresgott Ekke selbst hatte Hörnum in alten Zeiten zu seinem Lieblingsaufenthalt ausersehen.[*)] Die Sage berichtet sogar, daß er sich unter den Hexen oder den Jungfrauen Rantums einst eine Geliebte gewählt hatte. Viele der Frauen dort hatten freilich auch Rans Schule besucht und konnten sich sich in Meerjungfern und Tiere verwandeln, und sie wußten Stürme und Schiffbrüche zu erregen. Doch heißt es, daß es die Jungfrau bald gereute, sich ihm ergeben zu haben. Sie trachtete danach, wieder von ihm loszukommen. Ekke gelobte ihr schließlich, wenn sie ihm seinen vollen Namen nennen könne, so solle sie wieder frei werden. Sie konnte lange

---

*) Die Sage erzählt: Als Ran einst in Kindesnöten war und großen Aufruhr im Meer erregte, habe die Frau eines Schiffers aus Rantum ihr Hebammendienste geleistet. Dadurch sei Ekke auf die schönen und mitleidigen Weiber Hörnums aufmerksam geworden. Er brachte den Schiffer von Rantum um, verließ seine alte Meerfrau Ran, und nahm seinen Aufenthalt auf Hörnum.

nicht erfahren, wie ihr Freier hieß, obgleich sie schwermütig die einsamsten Orte aufsuchte und auf jeden Laut der Natur lauschte. Endlich hörte sie auf einer einsamen nächtlichen Wanderung am Meeresufer, tief unten in einem Sandhügel, folgenden Gesang:

„Delling well ik bruu;
Miaren well ik baak;
Aurmiarn well ik Bröllep maak.
Ik jit Ekke Nekkepenn;
Min Brid es Inge fan Raantem,
En dit weet nemmen üs ik alliining.[*)]

Jetzt kehrte sie fröhlich zurück und sagte bei ihrer Zusammenkunft zu dem verliebten Meeresgott: „Du heißt Ekke Nekkepenn, und ich bleibe Inge von Rantum." — Alsbald verließ der Meergeist sie und kehrte nimmer wieder zu ihr als Freier zurück. Wohl aber übte er wegen dieses Korbes an ihr und ihrer Heimat später schmähliche Rache. Durch seine dienstbaren Stürme, Meereswellen, Fluten und Strömungen zerstörte er nämlich Rantum.

Als Gegensatz zu diesen bösen heidnischen Wesen sprechen die Bewohner Hörnums auch von einem guten Geist. Es ist eine weiße Frau, die als trauernder Schutzgeist die verlassenen oder untergegangenen ehemaligen Wohnstätten der Menschen umschwebt. Sie nennen sie *„das Stademwüfke"*, beklagen aber, daß sie immer seltener den Menschen dort erscheint.

Eine weitere Sage erzählt von Ekkes Besuch bei den Zwergen auf der Heide: Als die Friesen zuerst nach Sylt kamen, hatten sie die kleinen

---

[*)] Heute will ich brauen;
Morgen will ich backen;
Übermorgen will ich Hochzeit machen.
Ich heiße Ekke Nekkepenn;
Meine Braut ist Inge von Rantum,
Und das weiß niemand als ich allein.

Leute, die schon vor ihnen da waren, nordwärts gejagt in die Heide und zu den unfruchtbaren Stellen. Dort hatten sie die Zwerge wohnen lassen. Die kleinen Leute, die wohl zu den Finnen oder Lappen gehört haben, krochen in die Hügel und Höhlen auf der Heide und in das Gebüsch, welches damals viele Niederungen im Norden von Braderup füllte.*) Sie hatten rote Mützen auf dem Kopf und lebten zum Großteil von Beeren wie Heidelbeeren und von Schalentieren wie Miesmuscheln. Sie fingen auch wohl Fische und Vögel und sammelten Eier. Sie hatten steinerne Äxte, Messer und Streithämmer, die sie sich selber schliffen, und sie machten auch Töpfe aus Erde oder Ton. Sie waren arm, aber allzeit fröhlich. Sie sangen und tanzten oft beim Mondschein auf ihren Hügeln oder in ihren Häusern.

Aber sie waren falsch. Sie arbeiteten wenig und stahlen, wo sie etwas bekommen konnten, sogar Kinder und schöne Frauenzimmer. Daher mußten die Friesen, welche nahe bei der Heide wohnten, stets wache Augen haben und aufpassen, daß ihre Weiber und Mädchen nicht gestohlen, und daß ihre Kinder nicht verwechselt wurden von den Unterirdischen. So nannte man nämlich solche, welche unter der Erde in den Hügeln wohnten. Die Vereinzelten, welche sich in den Gebüschen und später in den Häusern aufhielten, wurden *„Puken"* genannt. Eine Schlucht im Nordosten von Braderup heißt noch jetzt das *„Puktal"*.

Sie waren allesamt Heiden, konnten hexen, und sie verwandelten sich oft in Mäuse und Kröten. Sie hatten eine besondere Sprache, aber es scheint, als wenn sie später viel von der Sylter Sprache angenommen haben. Man kennt von ihnen noch einige Sprüche und Reime.*) Ihr Oberster hieß Finn. Er wohnte in dem Hügel mitten auf der hohen Heide zwischen den drei

---

*) Diese Sage ist einer alten, sehr gescheiten und gemütlichen Frau aus Braderup nacherzählt. Zur Vervollständigung der Sagen vom Meermann füge ich sie in hier ein.

*) Diese sind noch heute bekannt, wenn auch verunstaltet. Man findet sie in allerlei Kinderspielen und Kinderreimen, deren es viele noch auf Sylt gibt.

Norddörfern.[**] Damals waren diese jedoch noch nicht da. Nur einige Häuser standen dort, wo nun Braderup liegt. Es heißt, es wären einst im Winter drei junge Leute vom Festland über das Eis gekommen. Sie hießen Jeß, Dorret und Jasper. Die hatten Braderup zu bauen angefangen. Einige aber meinen, daß es nach einer Pest war, welche auf Sylt viele Menschen und alle Bewohner der Norddörfer bis auf einen Mann weggerafft hatte. — Gleichviel, es ist doch einst in alten Zeiten geschehen!

Um diese Zeit nun hatte Ekke sich in einen Unterirdischen verwandelt. Er hatte eine leere Höhle in einem Hügel auf dem „*Roten Kliff*" gefunden und begann zu einer schönen jungen Zwergmamsell zu freien. Aber diese war so hochmütig, daß sie ihm sofort einen Korb gab. Sie sang und antwortete ihm höhnisch in der Sprache der Unterirdischen mit diesem Vers:

„Einer (ist) mein, (den ich) mag:
Akel Dakel Dummeldei.
Wölfe, Hunde (bleiben) oben.
Du alte Quappe,
Ekke, bekommst:
Bundis Katze."

In der Zwergensprache:
„Ene mene mei:
Akel Dakel Dummeldei.
Ülwer, Bülwer bop.
Din uald Quop,
Ekke, fat:
Bundis Kat."

**) Die jetzigen Norddörfer auf Sylt heißen: Braderup, Kampen und Wenningstedt. — Der Hügel heißt in der Sylter Mundart: „*Reisehoog*". Nach späteren Forschungen könnte auch der „*Dänghoog*" Finns Residenz gewesen sein.

Ekke wurde böse. Er kehrte ihr den Rücken zu und rief:
„Ehre, mehre gute Freunde;
Pick, Pack weg!“

In der Sylter Sprache:
„Järe, miare gude Frinjer;
Pik Pak wegh!“

Er ging nun ostwärts zum „*Weißen Kliff*“ bei Braderup und suchte sich dort ein Loch, um darin zu wohnen. Unterwegs kehrte er ein beim Zwergenkönig Finn im „*Reisehügel*“ („Erhebungshügel“), um einen guten Rat bei ihm zu holen. Finn hatte gerade kurz vorher Hochzeit gehabt mit einer schönen Jungfrau aus Braderup und war wohlvergnügt. Er erzählte Ekke, er habe einst gehört, daß ein Braderuper Mädchen, welches, wie die meisten Sylterinnen, viel arbeiten mußte, zu einem anderen Mädchen sagte: „Wenn man's doch auch so gut hätte wie die Unterirdischen. Sie sind stets lustig, sie tanzen und singen jeden Abend und brauchen am Tag nicht mehr zu arbeiten, als wie sie mögen.“ — Einst am Morgen früh ging diese Jungfrau an Finns Hügel vorbei. Er lief zu ihr hinaus und fragte sie, ob sie auch wirklich das gemeint hatte, was sie neulich sagte. Sie antwortete ihm, sie meinte alles, was sie sagte. Er sprach: „Dann bleibe du bei mir, und sei mein Weib. Dann sollst du es ebenso gut haben, wie wir es haben.“ — Sie nahm ihn bei der Hand, sagte: „Ja“, zu allem, was er von ihr verlangte. Er führte sie in seinen Hügel, und sie machten am folgenden Abend Hochzeit.

Alle Zwerge von der ganzen „*Norderheide*“ und der „*Morsumerheide*“ waren geladen zu dem Gelage, und sie kamen auch alle froh und geschmückt, jeder mit seiner Brautgabe. Der eine brachte einen Napf oder ein Schälchen voller Beeren oder Muscheln; der andere einen Fingerhut oder ein Töpfchen mit Milch oder Honig; der dritte eine Mausefalle oder ein Fischernetz; der vierte einen Besen oder einen Haarkamm; der fünfte einen hölzernen Löffel oder einen Schleifstein; der sechste ein Nasentuch oder ein Bettlaken; der siebte einen krummen Nagel oder einen Türschlüssel. — Es wurde gewaltig aufgetischt vor den Gästen. Sie bekamen Heringsmilch und Rogen, geröstete Sandspierlinge[2], gesalzene Eier, Iltisbraten und Austern mit Heide- und Moosbeeren zu essen und Met vollauf zu trinken.

Der König Finn saß auf seinem Thron, auf dem großen „*Sesselstein*". Er hatte einen Mantel von weißen Mäusefellen über den Schultern und eine Edelsteinkrone in Form eines Donnersteins oder ein Seeigels auf dem Haupt. An seiner Seite saß seine junge Frau, die nun Königin war. Sie hatte ein Kleid an, so fein und durchsichtig, als wäre es aus lauter Flügeln der Wasserlibellen zusammengenäht. Sie trug einen Kranz von den schönsten Heideblumen, voll von Diamanten oder anderen glänzenden Steinen auf dem Kopf und goldene Ringe über jedem Finger. Die Unterirdischen tanzten und sprangen die ganze Nacht. In ihrer Freude dichteten sie ein kleines Lied und sangen es vor dem König und der Königin. Es hieß also:

„Eine feine Sippschaft, seht!
Appel Dappel donnere nicht!
Isa (die Braut) sitzt;
Halt sie fest.
Wird sie Christin,
Ist sie frei."

In der Zwergensprache:
„Ene pene Sippe, see!
Appel Dappel, dunre nee!
Iis sas;
Hul de fas.
De Krestii,
De er frii."

---

2 Würmer (Arenicola marina), die zum Fischfang verwendet wurden. (Anm. Frank-Daniel Schulten).

Auf diese Weise hatte Finn seine geliebte Iis oder Isa zur Frau bekommen, und die beiden lebten glücklich miteinander seit dieser Zeit. All das erzählte Finn dem Meermann und riet ihm, er solle es auch so machen. Es wären mehr solche schönen Mädchen in Braderup, die lieber sich verheiraten ließen, als arbeiten möchten. Ekke dachte: „In Braderup will ich mein Glück machen.“

Eines Morgens früh blickte Ekke aus seiner Höhle östlich von Braderup heraus zum Morgenrot im Osten und dem Mondschein im Westen und machte sich seine Gedanken darüber. Da ging ein schöner Jüngling das Tal entlang an ihm vorbei, um im Haff zu baden. Es war Dorret Bundis von Braderup. Ekke war so lange nicht im Wasser gewesen, daß er auch Lust bekam, zu baden. Vielleicht wollte er auch Bekanntschaft machen oder den Knaben das Schwimmen lehren. Als Ekke hinunter ans Ufer kam, wurde Dorret erschreckt und wollte flüchten, denn Dorret war kein Knabe. Sie war ein Mädchen, welches Männerkleider trug, damit die Unterirdischen sie nicht nähmen, so wie Finn sein Weib. Aber es half ihr nichts. Ekke ergriff sie und hielt sie fest, egal, wie oft sie auch bat, daß er sie gehen lassen und es niemand verraten solle, daß sie ein Mädchen sei. Er versprach ihr das, wenn sie seine Braut sein und ihn um Jahr und Tag heiraten wolle. Sie mußte ihm das geloben, sonst hätte er sie gleich mitgenommen in seine Höhle. Nun war Ekke froh, aber der arme *„Mught“* (Teufel?) — er konnte nicht verschweigen, was er wußte. Er saß wohl oft in seinem Loch oder auf den Hügeln bei Mondschein und sang:

„Ekke soll brauen,
Und Ekke soll backen,
Ekke, er will Hochzeit machen.
Dorte Bundis ist meine Braut;
Ich bin Ekke Nekkepenn,
Und das weiß niemand als ich allein.“

In der Sylter Sprache:
„Ekke skel bruu,

En Ekke skel baak,
Ekke hi wel Bröllep maak.
Dörte Bunjis es min Brid;
Ik sen Ekke Nekkepen,
En dit weet nemmen üs ik alliining.“

Das hörten die Braderuper und auch andere Leute, und so kam heraus, daß Dorret ein Mädchen und Ekkes Braut war. Dorret, die später auch Dorte und Djüür genannt wurde, ärgerte sich recht krank darüber. Es verdroß die Braderuper um sie, und auch, daß die Unterirdischen so sehr nach ihren schönen Mädchen trachteten und ihnen überdies oft etwas wegnahmen und von ihnen liehen, was sie nie wiederbekamen. Sie hielten daher Wache bei ihren Weibern und schlugen die kleinen Leute, wo sie diese sahen.

Sie waren so böse auf Ekke, daß sie nachher allzeit ihre toten Kälber und Hunde in die Schlucht dicht bei Ekkes Wohnung warfen. Man nennt die Stelle deshalb noch immer das *„Aastal“*. Einmal steckten sie sogar eine tote Katze in seine Höhle, ihm zum Verdruß, und riefen ihm zu: „Das ist Bundis Katze, mit der kannst du dich verheiraten.“ Ekke konnte es zuletzt da nicht mehr aushalten vor Gestank und Schimpf und mußte fliehen.

Er ging wieder zu Finn und klagte ihm seine Not. Finn wurde recht bitter, als Ekke ihm alles erzählt hatte, was ihn drückte. Finn sagte: „Der Sadrach[3] plagt dich! Du bist allzu dumm für einen Unterirdischen. Als du das Mädchen hattest, da solltest du es behalten, und sonst hättest du schweigen sollen. Dein Singsang verrät dich beim Pöbel und macht dir und uns anderen ein Unglück. Geh' du wieder nach Hörnum oder zur See! Bei uns auf der Heide und in den Hügeln taugst du nichts.“

Ekke wurde grob. Er sagte, er sei ebenso klug wie Finn, und er wolle ihm beweisen, daß er nicht allein auf der See Macht habe, sondern daß er

[3] Schimpfwort für einen boshaften, grausamen, wütenden Menschen. Es kann auch im Sinne von „Teufel“ oder „böser Geist“ verwendet werden. (Anm. Frank-Daniel Schulten).

auch auf dem Land mehr tauge als Finn. Er setzte sich nieder auf den großen *„Sessel"*- oder *„Sitzstein"* und rief Finn zu: „Kannst du mich nun von dem Stein wegstoßen, so bist du stärker als Ekke. Sonst bleibe ich bei euch auf der Heide und will König über euch alle sein." — Finn antwortete ihm: „Es ist nichts leichter als das." Er lief einmal gegen Ekke an und gab ihm einen tüchtigen Schlag beim Kopf. — Ekke rief „Au!", blieb aber doch sitzen. — „Warte nur!", sprach Finn — „ich will meine Axt holen." — Ekke dachte: ‚Er könnte mich wohl totschlagen', aber er sagte: „Ekke hat einen dicken Kopf und einen starken Rücken. So lange wie ich auf deinem Stuhl sitze, ist Ekke König über die ganze Heide und alle Heidehügel und Unterirdischen. Wer auf dem Königsstuhl sitzt, der ist König." — Dagegen konnte Finn nichts sagen. Er ging nun los, um seine Axt zu holen, welche er vergraben hatte.[*)] Es dauerte nicht lange, da kam er wieder zurück. Er sagte zu seiner Frau, die vor einigen Wochen ein Kleines (Kind) bekommen hatte: „Es ist ein Schiff auf den Strand gekommen." — „Wo?", — rief Ekke, der neugierig wurde. — „Hier dicht bei", antwortete Finn. — „Es ist durchs *‚Riisgap'* (ein Loch im *‚Roten Kliff')*[4] hineingetrieben. Es hat Affen am Bord, die Komödie machen. Wir, ich und meine Frau, wollen heute Abend zur Komödie, und dann kannst du auf das Kind aufpassen, welches in der Wiege liegt." — „Ich will mit!", rief Ekke und sprang vom Stein herab. „Meine Axt ist noch scharf", sagte Finn und lachte in sich hinein.

Ekke war bestürzt. Er wurde gewahr, daß er aufgestanden war, und setzte sich schnell wieder auf den Stein. Aber er wollte doch nicht zu Hause bleiben, um auf das kleine Kind aufzupassen und war neugierig, die Komödie zu sehen. Er band sich den großen *„Sessel"*- oder *„Sadelstein"* auf den Rücken, keuchte mit dem Stein westwärts und dachte, daß Finn und sein Weib schon voran wären.

---

*) Man findet noch bisweilen auf der Heide in den Dünen und auf den Kliffen einige ihrer vergrabenen oder verlorenen Äxte und Messer aus Flintstein, ebenso ihre Kochstellen mit Resten von blauen Miesmuscheln und Töpfen.

4 Hansen irrt, wenn er „Ris" mit „Riese" gleichsetzt. Tatsächlich bedeutet das Wort „Gestrüpp". (Anm. Frank-Daniel Schulten).

Als er den Stein eine halbe Stunde geschleppt hatte, war er so müde wie eine Made. Er pustete und stöhnte und war durchnaß von Schweiß. Er konnte die Last nicht länger tragen. Da mußte er den Stein fallen lassen, aber er setzte sich sofort oben darauf. Die ganze Nacht saß er da auf dem „*Sesselstein*" und hoffte, daß Finn zu ihm kommen und die Komödie beginnen sollte. Aber daraus wurde nichts. Er glotzte hinunter in die Niederung, die nachher immer das „*Affental*" genannt wurde, ob er nicht das Schiff oder die Affen sehen könne. Aber er sah nichts.

Am anderen Morgen früh, während er da noch auf dem Königsstuhl saß und die Zeit ihm schrecklich lang wurde, kam ein ganzer Trupp Zwerge über die „*Kesseldünen*" vom Strand herauf. Sie schleppten ein wunderlich großes Ding mit sich. Es war in der Mitte so dick wie eine Tonne, hatte einen Kopf wie ein Mensch und einen Schwanz wie ein Fisch. Es heulte und weinte und wollte nicht mit. — „Oho!", rief Ekke, als sie näher kamen. — „Es ist mein altes Meerweib Ran. — Kommt nicht näher!", schrie er den Zwergen zu. — „Bringt das alte *Beest* wieder ins Wasser, ich will nichts mehr von ihr wissen!" — Aber es war, als wenn sie ihn nicht gehört oder verstanden hätten. Sie kamen immer näher. — „Bleibt mir vom Leibe mit ihr!", rief er — „Ich bin nun euer König. Ekke sitzt auf dem ‚*Sesselstein*', und dann sollt ihr ihm gehorchen!" — Es half nichts, sie kamen immer näher. Als Ekke das sah, ließ er den Stein liegen, lief westwärts über das Kliff hinunter zum Strand, sprang ins Wasser und schwamm südwärts, und kam nimmer wieder zu den Zwergen. Sein altes Weib kam bald hinten nach und war ihm immer auf den Fersen. Aber der „*Sesselstein*" liegt noch immer beim „*Affental*" und dem „*Riisgap*", dem „*Riesenloch*" oder Friesenhafen, von wo die Angelsachsen und Friesen einst absegelten, um Britannien zu erobern. — Soweit die Sage.

Was nun das ältere Geschlecht der Hörnumer betrifft, so war es, abgesehen von dessen lobenswerten Eigenschaften, in anderer Hinsicht unzweifelhaft schon lange dem Untergang geweiht (ähnlich seiner versandeten Halbinsel), wenn es in seiner Heimat blieb. Es war gleichsam versteinert in alten, zum Teil rohen Sitten, z.B. den Gewohnheiten der Stranddiebe. Es war versumpft in abergläubischen Ansichten und Grundsätzen, und es versank immer mehr in Trägheit, Dummheit und Armut. So wäre es zweifellos dem moralischen Verderben, dem geistigen Tod verfallen gewesen, hätte nicht der Weltenlenker den Kindern dieses Geschlechtes andere und bessere Wege und Wohnstätten gewiesen, die Alten aber von der Erde genommen.

So ist es bisher mit Rantum auf Hörnum geschehen, und so wird es irgendwann meiner ganzen Heimat ergehen. Alle friesischen Uthlande werden zweifellos einmal eine Beute des Meeres werden. Das ist wahrlich ein trauriger Gedanke, der mich oft beschäftigt und quält!

Jedoch, ich bin vielleicht zu befangen, zu kurzsichtig, zu engherzig bei dem Gedanken, daß mein teures Friesland und dessen Volk und Name, dessen Güter, Rechte und Eigenschaften fortdauern müssen, wenn ich (als patriotischer Friese) im Weltall noch Ordnung und die Weisheit und Güte des Weltregierers erkennen und verehren soll.

Ich sehe ein, daß ich eine höhere Weltanschauung einnehmen sollte, wie schwer mir das auch vom Standpunkt eines ungelehrten Inselfriesen fallen mag. Ich sollte bedenken, daß ein Volk zu jeder Zeit nur in einer Übergangsperiode seiner Geschichte lebt. Es erreicht nie eine Stufe der Vollendung, gelangt nie in einen Zustand der Vollkommenheit. — Also auch mein Volk nicht! Ich sollte mich dessen erinnern, was die Geschichte der Menschheit und der Natur überall so eindringlich predigt: Reichtum vergeht; Schiffe zertrümmern; Menschen sterben; Gesetze und Begriffe wechseln; Dörfer, Städte, ja, ganze Länder werden zerstört; Verfassungen, Staaten, Sprachen, Religionen, selbst ganze Völker verschwinden vom Erdboden! Da soll ich in dieser Welt voller Verwüstung auf etwas Dauerndes, auf etwas Ewiges hoffen?

Da will ich für die kleinen, schwachen Land- und Volkstrümmer meiner Heimat mitten im gewaltigen, sturmreichen Nordmeer Bestand erwarten? Da soll ich für meine und meines (sich freilich nie recht einigen) Volkes Ideen, Wünsche und Hoffnungen etwas fordern, was die ganze Welt nicht hat und nicht geben kann? — Ich sollte lehren und nicht lernen wollen? — Nein, ich will mich erheben, will mich trösten und beruhigen bei dem Gedanken: Es liegt eben das Wandelbare, das wechselseitige Entstehen und Vergehen der Dinge und Erscheinungen im Plan des Schöpfers. Das geschieht, damit nichts veralte und hindere; damit die Welt sich stets verjünge und verschönere; damit die Menschheit nie in träge Ruhe und in ein Übermaß der Genüsse versinke, sondern immer zu neuem Streben gezwungen werde. Gewiß wird dennoch die Vorsehung das Wahre und Gute, auch das, was die Menschen gedacht, getan und erstrebt haben, nicht untergehen lassen in der allgemeinen Verwüstung. Es wird in immer neuen Formen auftauchen und fortwirken in Raum und Zeit, und das soll mir genügen!

Sollte nun mein friesisches Volk oder mein inselfriesischer Volksstamm als eigenständige Nation vom Schauplatz der Welt abtreten, so haben sie den Keim des Verderbens, des Veraltens, des Zwiespalts vielleicht schon lange in ihrem Inneren geborgen. Sie müssen, wenn nicht dem Meer, dann einem anderen Volk weichen. Oder, was wahrscheinlicher ist, sie werden von mehreren, mächtigeren Nachbarn gleichsam verschlungen werden.

Mögen nur die restlichen Friesen, wie wenig Zusammenhang sie auch haben und wie vereinzelt sie auch auftreten mögen, niemals die Tüchtigkeit und Treue, den Fleiß und die Sparsamkeit aufgeben, wodurch sie sich seit dem Altertum so oft ausgezeichnet haben!

Beschreibung der Insel Sylt

I.

Die Insel Sylt, auf welcher ich Sie umherzuführen gedenke, gehört zur nordfriesischen Inselgruppe, die an der Westküste des Herzogtums Schleswig in der Nordsee liegt. Früher bezeichnete man sie als *„die friesischen Uthlande“*. Sylt ist, obgleich selber nur ein Überrest eines durch Erd- und Meeresumwälzungen untergegangenen größern Insellandes, für die niedrigen Küstengegenden Westschleswigs ein äußeres, höheres, gegen die Stürme und Wellen der Nordsee schützendes Vorland. Unter den spezfisch friesischen Inseln ist sie die größte und nördlichste. Ihre zumeist seemännische Bevölkerung hat ihre friesische Sprache, Sitte und Nationalität noch ziemlich unverfälscht bewahrt. Wohl meinen einige Forscher, daß auch die Bewohner der nördlich liegenden Inseln (Fanöe, Mandöe und Römöe) friesischer Abkunft sind. Aber es gibt nach meiner Meinung keine sicheren Anhaltspunkte für diese Annahme. Die friesische Nationalität ist aber ohne Zweifel auf keiner Insel unter deren Bewohnern stärker ausgeprägt als unter den Syltern.

Doch abgesehen davon: Ich möchte Sie besonders auf die Natur und die Landschaft meiner Heimatinsel aufmerksam machen. — Es ist schon so manchem denkenden Reisenden aufgefallen, wie sehr Sylt aus solch verschiedenartigen Landflächen besteht. Es mag vielleicht kaum eine zweite so kleine Insel geben, die aus derart unterschiedlichen Bestandteilen zusammengesetzt ist. Ihr Mittelstück (vom östlichen Ufer Keitums bis zum Badestrand bei Westerland und den Abhängen der *„Kampenerhöhen"* im Norden), ist ein in der Vorzeit durch vulkanische Kräfte aus dem Meer gehobenes Diluvialland von 30 bis 100 Fuß[5] Höhe über dem Meeresspiegel. Es hat eine Länge von einer Meile und ¼ bis ½ Meile Breite.

Die südliche Hälfte dieser Landfläche (zwischen Keitum und Westerland) ist breiter, die nördliche aber höher. Dieses Mittelstück der Insel kann man betrachten wie ein Bergplateau, das vom Meer, besonders an der Westseite, stark abgenagt und im Osten und Süden hin und wieder durch ehemalige, jetzt vertrocknete Flußbetten und Talschluchten unterbrochen wird.

Die auf dem westlichen Rand dieser Landhöhe bis zu 160 Fuß über das Meer sich erhebenden Dünen sind wie ein kleines Gebirge im Meer. Die Dünen bestehen, wie Sie ohne Zweifel wissen, aus bloßem Flugsand und sind ein Erzeugnis des offenen Meeres und des Windes. Sie gehören zu den

---

[5] Längenmaß, das einem Männerfuß entspricht. Ein Tondernscher Fuß entsprach ca. 29 cm. (Anm. Frank-Daniel Schulten).

allerneuesten Bildungen auf der Erdoberfläche und sind wegen ihres lockeren Inhalts fast fortwährend Wandlungen und Wanderungen ausgesetzt.

Sie sind mit See- und Sumpfvögeln, Hasen, weidenden Schafen und Lämmern bevölkert. Durch ihre langen, schilfartigen Pflanzen bringen sie viel Nutzen. Wegen ihrer malerischen Formen und Schattierungen, wegen ihrer Pflanzen, (wozu nicht bloß der Sandroggen und Sandhafer, sondern auch die Heide und die Sandweide und verschiedene eigentümliche Gras- und Moosarten gehören), und wegen ihrer stillen, einsamen, aber oft so niedlichen Täler und Seen, sind sie oft wahrhaft schön! Besonders, wenn ein leichter Nebel sie bedeckt, erinnern sie lebhaft an schweizerische Landschaften mit weißen Bergkuppen, grünen oder violetten Abhängen, dunklen Spalten und Schluchten, grünen Tälern und kleinen, blauen Seen. Sie erregen sogar durch ihre Zusammensetzung aus lauter losen Sandkörnern, wegen der Art ihrer Entstehung und Bildung durch Wind und Meer sowie durch ihre Wanderung und ihr kurzes, ungewisses — ich möchte sagen: rätselhaftes — Dasein gewöhnlich das Erstaunen fremder Reisender, wenn sie diese Gegenden besuchen.

Aber die Dünen haben auch ihre sehr ernste Seite. Sie besitzen ihre Geschichte und tiefere Bedeutung. Doch sie haben vor allem auch einen Nutzen, der größer ist, als bisher erwähnt. Freilich können sie auch oft schlimme Wirkungen verursachen. Ja, sie bedürfen selbst, wie jede andere Kulturlandschaft, ihrer sorgfältigen Pflege, Leitung und Bepflanzung.

Man erkennt daher überall in den Dünen die fleißige, pflanzende, aber auch schneidende Hand der der Bewohner und Bewohnerinnen dieser Gegend, besonders in der Gegend von Westerland. Unter Millionen Pflanzen, die man an den Dünenabhängen und -schluchten erblickt, mag mindestens der zehnte Teil von den Einwohnern mit großer Mühe gepflanzt worden sein. Das gilt besonders für den Sandroggen. Die geraden, bisweilen etwas gebogenen, häufig parallel laufenden, oft auch sich durchkreuzenden Reihen der Pflanzen, sind in der Regel die gepflanzten.

Diese große Mühe, die Dünen sorgfältig zu bepflanzen, müssen meine Landsleute und Landsmänninnen, (denn die Frauen tun oft das meiste dabei), übernehmen und regelmäßig fortsetzen, wenn sie nicht dem Flugsand und den Meereswellen freien Lauf ins Land lassen wollen. Sonst wären ihre Felder, Gärten, Häuser und sie selbst samt ihrem Vieh, den Verwüstungen des Meeres und des Sandes preisgeben.[*)]

Im Sturm und Wogendrang aber, im Aufruhr der Natur, schwindet alles Liebliche, alle Schönheit der Dünen und des Meeres. Dann bleibt nur das Großartige, das Wilde, das Schauerliche und Verwüstende übrig. Bei östlichen Stürmen bewegt sich das Meer natürlich nach Westen. Zur Herstellung des Gleichgewichts muß aber tief unten im Wasser eine entgegengesetzte Strömung stattfinden. Diese löst nun Sandteile vom Meeresboden ab und spült sie ostwärts an die westlichen Ufer Sylts.

Bei westlichen Stürmen erfaßt aber der Wind diese Sandkörner und jagt sie weiter landeinwärts, bis sie Widerstand finden und liegenbleiben. So bilden sie Sandhügel und zuletzt ganze Dünenketten. An den Westseiten der Dünen hat jedoch, wegen der vorherrschenden Westwinde, der Sand keine Ruhe, um Festigkeit zu gewinnen und mit Dünenpflanzen bewachsen zu werden. Daher werden bei jeder Sturmflut große Mengen, teils von den Wellen wieder in den Schoß der Nordsee zurückgeführt, und teils vom Sturm fortgerissen und an die östlichen Dünen getragen.

Deren Abhänge sind daher in der Regel sanft abgerundet und wohl bepflanzt oder bewachsen. Die westlichen Dünenabhänge dagegen erscheinen kahl, schroff und oft schaufelartig ausgehöhlt. Diese Dünenbildung ist die gewöhnliche in unseren Gegenden. Derartige Dünen gibt es eine große Menge entlang der Sylter Westküste. Sie sind der Länge nach hauptsächlich von Westen nach Osten gedehnt und je nach ihrem Alter,

---

[*)] Seit 1869 läßt die Regierung auf Kosten des Staates die weitläufigen Dünen bei Rantum und nördlich von Kampen unter Aufsicht eines Düneninspektors bepflanzen. Zur Befestigung des Ufers bei Westerland läßt sie aber Steindämme anlegen. Zur Erhaltung der südlichen Marschufer Sylts geschieht aber bisher nichts.

ihrer Lage oder wegen teilweiser Zerstörung, von sehr verschiedener Größe, Form und Verbindung untereinander.

Auf dem hohen Mittelstück der Insel findet man sie auch, aber hier in geringer Breite. Auch die „*Hörnumer*"- und „*Listerdünen*" haben, obgleich ausgedehnter als die der mittleren Gegenden Sylts, im Allgemeinen denselben Charakter wie diese.

Abgesehen von den Dünen, die bedeutende Flächen der Insel bedecken, besteht die obere, größere Hälfte der älteren und festeren Landhöhe, welche das Mittelstück der Insel ausmacht, aus lehm- und eisenhaltigem Geschiebe-Sand. Man findet dort viele erratische Blöcke und Feuersteine. In ihnen kommen häufig Versteinerungen von Muscheln, Seeigeln und Korallen vor. Die untere, kleine Hälfte dieser Landhöhe besteht aus reinem, weißen Meeressand, der hin und wieder mit Porzellanerde und Glimmer vermischt ist.

Die oberste Schicht bildet fast dagegen überall ein dichtes Lager von Rollsteinen. Es ist bedeckt mit einer dünnen, ein bis vier Fuß dicken, schwärzlichen, durchaus fruchtbaren Ackerkrume, die ursprünglich Heidesand war. Der nordwestliche, hohe und steile Abhang dieser Landhöhe heißt das „*Rote Kliff*". Die nördliche Abdachung ist der „*Kampenerdeich*". Die östlichen vorspringenden Höhen und steilen Absätze nennt man das „*Weiße*" oder „*Braderupkliff*" und das „*Keitumkliff*". Es scheint, daß dieser ganze Mittelteil auf Limonitgestein oder eisenhaltigen Sandsteinriffen, vielleicht auch auf Braunkohlenlagern ruht. Zumindest treten braune Sandsteinriffe und -blöcke am Ufer bei Munkmarsch sowie am nördlichen Ende des „*Roten Kliffs*" hervor. Ähnliche Gebilde findet man in den „*Klisterbänken*" bei Keitum, Tinnum und Westerland.

Spuren von Braunkohle fand man am Fuße des „*Roten Kliffs*", sowohl südlich als nördlich, besonders am „*Riesgap*" („*Riesenloch*", eine Durchfahrt im „*Roten Kliff*"). Ungeachtet dieser harten und zähen Massen, auf welchen ein Teil der Insel ruht, zerbricht das gewaltige Meer doch auch diesen, scheinbar so festen Sylter Unterbau immer mehr. Die mittlere Landhöhe muß man sich daher jetzt wie einen Berg vorstellen, der an der Westseite bereits zur Hälfte von der See abgenagt wurde.

Von dieser mittleren Landhöhe muß man eine davon getrennte und wesentlich verschiedene östliche, höhere Landfläche unterscheiden, nämlich die *„Morsumheide"*. Zusammen mit deren nördlichen, meist steilen Abhängen (dem *„Morsumkliff"*), wurde sie zweifellos zu einer anderen Zeit als das Mittelstück der Insel durch ein Erdbeben aus dem Meer emporgehoben. Es ist hier aber ein viel stärkerer Durchbruch der Erdrinde als zwischen Keitum und Kampen geschehen. Das erkennt man daran, daß viele Stoffe aus der Tertiären oder Braunkohlen-Formation im *„Morsumkliff"* zutage treten.

Anderswo liegen sie vielleicht einige Hundert Fuß tief unter der Oberfläche. Dort findet man z.B. Braunkohle und Braunkohlenton mit vielen Schnecken und Muschelschalen und anderen Tierresten, die einer längst untergegangenen Vorwelt angehören. Die sonst in unseren Gegenden und auch im Sylter Mittelteil durchgängig horizontal aufeinanderruhenden Erdschichten, liegen im *„Morsumkliff"* in Winkeln von circa 45° gegeneinander getürmt, oder richtiger: von Südwest nach Nordost übereinandergestürzt.

Von Westen an gerechnet, wechseln sich im *„Morsumkliff"* folgende Mineralien ab, die Hügel und Abhänge bilden: Porzellansand oder Kaolin, Braunkohlenton nebst Alaunerde, Limonit oder eisenhaltiger Lehm und Sand sowie Sandstein.

Im Porzellansand kommen häufig Feuersteine mit ähnlichen Versteinerungen wie im *„Roten Kliff"* vor. Sie gehören wahrscheinlich eigentlich zur sekundären Formation. Im Brankohlenton und dem Limonitssand aber findet man die Conchylien[6] etc. der eigentümlichen tertiären Bildungen des

[6] Schalen von Weichtieren wie Muscheln etc. (Anm. Frank-Daniel Schulten).

„Morsumkliffs", z.B. Isocardia, Astarte, Nucula, Cassidaria, Fusus, Conus, Cassis, Pleurotoma, Buccinus, Natica etc.

Ursprünglich mögen diese beiden Sylter Landstriche zwei getrennte kleine Inseln im Meer gewesen sein, teilweise umgeben von versunkenen Wäldern. Von ihnen sind noch jetzt in den Seetorflagern an der Südseite Sylts bedeutende Reste übrig. Das Meer selber wird aber einst in diesen Gegenden ein ruhiges Binnengewässer gewesen sein, vielleicht durch westliche, etwa auf dem Meridian von Helgoland, einst vorhandene Felsriffe, vom größeren Becken der Nordsee getrennt. So viel ist gewiß, daß nur in einem ruhigen Binnenmeer so umfangreiche Niederschläge von Erd- und Tonteilen oder Landanschwemmungen durch das Wasser entstehen konnten, wie es die alten Seemarschen dieser Gegend waren.

Diese lehnten sich zumeist an die bereits vorhandenen höheren Landstriche und Inseln an. Sie verbanden sie teilweise miteinander und füllten nach und nach das innere, seichte Meeresbecken aus. So blieben nur Rinnen, Wehlen, Schloten, Tiefen, Meeresbuchten und See-Gaaten dazwischen. Nach der Durchstechung des britischen Kanals an den nordfriesischen Küsten entstand später ein doppelter Flutstrom. Dadurch wurde die äußere Schutzwehr durchbrochen, nämlich die Felsriffe im Westen des Landes, von denen Hans Kielholt schreibt, daß sie Eisen ähnelten. Das niedrige, innerhalb der Felsriffe liegende Land, wurde so teilweise wieder zerstört. Diesen Durchstich unternahm, einer friesischen Sage zufolge, die britische Königin Garhören einst aus Rache gegen ihren untreuen Liebhaber, den König von Dänemark, um sein ganzes Reich zu ersäufen.

Es mögen auch noch später ab und zu durch vulkanische Kräfte partielle Erdsenkungen vorgekommen sein. Dasselbe gilt auch für Erdhebungen und Landversetzungen in diesen Gegenden. Sie können Veränderungen des Landes und des Meeresbodens verursacht haben. Auf diese Weise mögen z.B. die jetzigen fruchtbaren Ackerfelder Morsums und Archsums ihre heutige Höhe erhalten haben, die um mehrere Fuß über die Seemarschen hervorragen. Dasselbe gilt für die südlichsten Felder bei Keitum und Tinnum, die ohne Zweifel ursprünglich Marschboden waren.

Die Flächen, die von den früheren alten, sehr ausgedehnten Seemarschen Sylts übriggeblieben sind, liegen fast alle zwischen den beiden noch älteren Landhöhen und südlich davon. Dort befinden sie sich entlang des inneren südlichen Meeres oder Haffs zwischen Föhr und Sylt. Sie sind nicht zu verwechseln mit den neuesten marschartigen Landansetzungen am inneren nordöstlichen Haff oder dem sogenannten „Anwachs"[7] zwischen Morsum und Keitum. Die Seemarschen sind in der Regel sandiger, höher und weniger fruchtbar als die neueren Marschbildungen.

Viel neueren Ursprungs als die alten Sylter Seemarschen, sind auch die Dünenhalbinseln, die großteils auf alten Schlick- und Sandplatten oder auf Moor- und Sandwiesen ruhen. Im Norden der mittleren Landhöhe ist das Hörnum, im Süden Listland. Sie sind wahrscheinlich durch Fluten und Strömungen des Meeres versetzte oder angespülte und durch Stürme und Überschwemmungen vielfach veränderte Landreste von untergegangenen Inseln. Einst lagen sie wohl westlich von Sylt. J. Meier nennt z.B. in seinen Karten von 1240 „*Mabberum*" und „*Ostum*", (oder „*Rüstum*", jetzt Rüstsand) als solche Inseln, die früher im Nordwesten von Sylt lagen.

Die Halbinseln Hörnum und List sind zumindest durch mehrfache, hauptsächlich neptunische Prozesse entstanden und dem Mittelstück der Insel angelagert worden. Sie sind viel loseren und leichteren Inhalts als die Keitumer und Morsumer Erhebungen oder die kompaken und zähen Tonwiesen oder Seemarschen der Insel. Zum Großteil sind sie unfruchtbar und werden zweifellos lange vor den übrigen Teilen der Insel im Meer gänzlich untergehen. Vielleicht werden sie auch auf ihrer Wanderung nach Osten noch vor ihrem gänzlichen Verschwinden durch Fluten und Strömungen wieder von der Insel losgerissen. Von Hörnum befürchtet man das bereits seit mehr als 50 Jahren.

---

[7] Vorland, das durch Ebbe und Flut angeschwemmt wird. (Anm. Frank-Daniel Schulten).

Diese beiden Halbinseln sind jetzt fast vollständig mit Sandbergen bedeckt. Deshalb haben die Dünen dort in ihren Formen, Zusammenstellungen, Schluchten, Tälern und sonstigen Abwechslungen den Charakter eines kleinen Gebirges angenommen, mehr noch als die mittleren Gegenden Sylts. Sie haben ihren eigentümlichen Charakter und ihren Zusammenhang untereinander aber hauptsächlich durch die sogenannten *„Längendünen"* erhalten. Das sind die in Süd und Nord (oder richtiger: in Südsüdost und Nordnordwest) gedehnten, oft meilenlangen, sehr hohen und kahlen Sandberge oder Dünenwälle. Ihre Entstehung und Bildung erkläre ich mir folgendermaßen:

Ein Teil des Meeres und des Flugsandes findet bei westlichen Stürmen keinen Widerstand nahe des Ufers. Der Sand fliegt daher ungehindert zwischen den Uferabsätzen und den bereits vorhandenen, vielleicht schon durch Stürme und Meereswellen halb zerstörten, älteren Dünen hindurch. Je enger diese Dünenschluchten sind, und je heftiger der Sturm ist, umso schneller und weiter wird er dadurch gejagt. Diese Sandteile finden in der Regel erst einige Hundert Schritte innerhalb der westlichsten, vereinzelten Dünen Ruhe, nachdem die Kraft des Windes sich bereits daran gebrochen und der fliegende Sand einen vor dem Wind besser geschützten Punkt findet. Dort sinken die Sandkörner dann nieder. Da dieser Prozeß unter gleichartigen Umständen oft wiederholt wird, bilden sie so am Ende einen großen, ziemlich gleichmäßig abgerundeten Sandrücken oder -berg. Er kann bisweilen eine Höhe von mehr als 100 Fuß erreichen.

Diese Längsdünen werden selten von den sonst stark wuchernden Dünenpflanzen bedeckt. Das ist vielleicht deshalb der Fall, weil sie aus gröberem Sand als die Querdünen bestehen. Bei Stürmen, (denen sie umso mehr ausgesetzt sind, je höher sie sind), gleichen sie aber wegen ihrer Kahlheit Vulkanen, welche große Massen Sand über das ostwärts liegende Land schütten und sich unaufhaltbar todbringend ostwärts wälzen. Die Querdünen sind die Folge der westlichen und südwestlichen Stürme, die Längendünen aber jene der nordwestlichen.

Die Regierung hat durch das Bepflanzen einer Längen- oder Wanderdüne nördlich von Kampen diese jetzt zum Stehen gebracht. Ob aber die Bepflanzung des *„Klappholttals"* mit Bäumen durch den Düneninspektor Hübbe erfolgreich sein wird, ist noch unentschieden. Bisher haben Baumpflanzungen im Freien auf Sylt nicht sonderlich gedeihen wollen. Es wurden schon 1814 Versuche dieser Art in einem Dünental bei *„Eidum-Inge"* gemacht. 1820 und 1821 fanden Versuche auf der *„Keitumheide"* statt, und in neuerer Zeit durch eine königliche Baumschule bei Tinnum. Aber alle diese Anlagen kränkeln mehr oder minder durch häufig wehende, scharfe und salzhaltige Seewinde. Die Anlage bei Eidum ging durch salzhaltige Fluten zugrunde. Lornsens Holzanlage auf der Heide scheint am besten gelungen zu sein und wird jetzt von Badegästen oft besucht. Birken, Eichen und Nadelhölzer sind dort am besten gewachsen.

II.

Nachdem ich Sie mit der Lage und Beschaffenheit der Landschaft meiner Heimatinsel bekanntgemacht habe, muß ich nun auch einige Notizen über ihren Namen, ihre Größe, die Dörfer dort, die Einwohner und andere statistische Gegenstände zum besseren Verständnis hinzufügen:

Ich bin der Meinung, daß Sylt nur der Rest einer untergegangenen größeren Landmasse namens *„Seeland"* ist, und daß der Name Sylt (oder vielleicht richtiger: *„Silt"*) die Abkürzung oder Zusammenziehung des alten Namens *„Silandi"* oder *„Seeland"* darstellt. Die Namen *„Seeliger"*, *„Salliger"* und *„Söldring"*, welche die übrigen Friesen den Syltern beilegen, bedeuten soviel wie „Seeleute" oder, im Spott gebraucht: „Seehunde".

Die Insel Sylt liegt zwischen 54° 44' und 55° 3' nördlicher Breite. Der größere, südliche,[*)] zum Herzogtum Schleswig gehörige Teil (die

[*)] seit 1386.

Landschaft Sylt), reicht nur bis zu 55° Nordbreite. Der kleine, nördlicher liegende Rest der Insel ist das „*Listland*". Es gehörte bis zum Jahr 1864 zu Jütland. Die Länge der ganzen Insel von „*Hörnumodde*" oder dem „*Vortrap*" im Süden bis zur Nordwestecke des „*Listlandes*", dem „*Ostindienfahrershuk*", beträgt demnach 4¾ Meilen. Davon gehört kaum eine Meile zu *Listland*.

Die Breite der Insel ist sehr unterschiedlich. Sie schwankt von ⅛ bis 1½ Meilen in Ost und West. Vom Badestrand bei Westerland bis zu „*Nösse*", der Ostspitze des „*Morsumfeldes*", sind es 1½ Meilen. Der Flächeninhalt der Insel beträgt ungefähr 1½ Quadratmeilen, von welchen ⅜ Quadratmeilen auf das „*Listland*", 1⅛ Quadratmeilen aber auf die Landschaft Sylt fallen.

Vom „*Listland*" ist ¼ Quadratmeile und von der Landschaft Sylt sind ⅜ Quadratmeilen mit Dünen bedeckt. Nur ca ¾ Quadratmeilen der Landschaft Sylt sind Acker-, Wiesen- und Heideländereien. Man kann annehmen, daß die zum Ackerbau benutzten Ländereien jetzt ¼ Quadratmeile, die unter Flut liegenden (d. h. den Überschwemmungen ausgesetzten, nicht eingedeichten) Wiesen und ehemaligen Weiden auch ¼ Quadratmeile ausmachen. Die wüst liegenden Heideländereien machen ebenfalls ¼ Quadratmeile aus.[**)] Nach den neuesten preußischen Messungen hat ganz Sylt ca. 9000 Hektar Fläche.

Im Jahre 1850 nahm ich auf eigene Hand eine Häuser- und Volkszählung sowie einige Entfernungsmessungen auf Sylt vor. Zum Teil sammelte ich

---

[**)] Der Landmesser N. Woegens in Keitum gab um 1790 die Ackerländereien Sylts mit 2483 Demath an (à Demath fast ½ Hektar), die Wiesen und Weiden mit 3238 Demath, und die Heideländereien mit 2314 Demath. Aber die Wiesen haben seitdem Land verloren, die Äcker zugenommen, und das Heideland war noch nicht vollständig gemessen und verteilt. Kielholt zufolge war die Insel um das Jahr 1400 drei Meilen breit gewesen, in Ost und West. Nach J. Meier (um 1638) war sie (ohne Hörnum und Listland) 18,550 Demath groß gewesen. 1805, (Brun zufolge), nur 11,297 Demath. Die Verluste durch Fluten betrugen in 167 Jahren an der Westseite der Insel circa 2700 Demath, an der Südseite circa 4500 Demath gemessenes Land.

auch ähnliche Notizen von anderen kundigen Männern. Ich maß von der Schule in Keitum, dem ungefähren Mittelpunkt des Dorfes und der Insel ausgehend, in verschiedenen, meist geraden Richtungen. Dabei fand ich die Entfernung von der Mitte Keitums bis zur „*Landvogtei*", dem östlichsten Haus in Tinnum, $^{3}/_{16}$ Meile, bis zur Westerländer Schule und Kirche ⅜ Meilen, bis zu den Westerländer Dünen ½ Meile und bis zur Nordsee noch ca. 1000 Fuß weiter nach Westen.

Von der Mitte Keitums bis zu den westlichsten Häusern Morsums im Osten fand ich ⅜ Meilen, bis zur Mitte Morsums ½ Meile, auch bis zum Nordwestzipfel des „*Morsumkliffs*" ½ Meile, und bis zur Ostspitze der Insel kaum eine Meile (reichlich ⅞ Meilen nach *Nösse*), aber nur ca. ¾ Meilen bis zur Südostspitze „*Morsumodde*". (Die Meile stets zu 26,285 Fuß gerechnet).

Nach einer Messung und Angabe des Landmessers und Navigationslehrers H. P. Köster in Tinnum ist die Entfernung von „*Nössespitze*" bis zur „*Morsumkirche*" 660 Ruten[8] (à 18 Fuß, wie auf Sylt gebräuchlich). Von der „*Morsumkirche*" bis zur nordwestlichen „*Keitumkirche*" beträgt die Entfernung 1,136 Ruten. Von der „*Keitumkirche*" zur „*Westerlandskirche*" im Westen sind es 596 Ruten, und von der „*Westerlandskirche*" zum westlichen Badestrand noch 245 Ruten. In Meilen gerechnet hat Köster demnach gefunden: von der „*Morsumkirche*" zur „*Keitumkirche*" ca. ⅔, und von dieser zur „*Westerlandskirche*" ca. ⅓ Meile Entfernung.

Von der Mitte Keitums aus hat Köster folgende Entfernungen gemessen: Bis zur Südgrenze Braderups ½ Meile, bis zum nördlichen Abhang der „*Kampenerhöhen*" am „*Kampenerdeich*" eine Meile, bis zur „*Vogelkoje*" und der Nordgrenze der Landschaft Sylt 1½ Meilen, bis zum Dorf List 2¼ Meilen. Von Keitum nach Munkmarsch, dem besten Lösch-

[8] Längenmaß. Eine Tondernsche Rute entsprach ca. 4,23 m. (Anm. Frank-Daniel Schulten).

und Ladeplatz der Insel nördlich von Keitum am Ostufer, rechnet man ⅜ Meilen. Ebensoviele Meilen rechnet man von Munkmarsch bis nach Westerland.[*)]

Das „*Listland*“ in der Gegend des Dorfes List ist ½ Meile breit, und der „*Ellenbogen*“, das Nordende der Insel, in Ost und West ½ Meile lang. Der „*Königshafen*“, zwischen dem Ellenbogen und dem Dorfe List liegend, ist 11,500 Fuß lang und 4,380 Fuß breit. — Von der Kirche in Westerland bis zur Südspitze Hörnums mögen es ca. 2½ Meilen Entfernung, und von Westerland bis zum jetzigen Rantum mindestens ⅞ Meilen sein.

Der Strandvogt N. P. Taken gibt die ganze Länge des Rantumer Gebietes auf Hörnum mit 18.000 Schritten oder ca. 50.000 Fuß, d.h. ca. 1⅞ Meilen, an.

Das „*Rote Kliff*“ am westlichen Strand ist ungefähr ½ Meile lang. Es reicht vom „*Riesenloch*“ bei Wenningstedt bis zum „*Kampenerdeich*“ im Norden. Die höchste Dünenspitze auf dem „*Roten Kliff*“, der „*Uwenberg*“, ragt 160 Fuß oder bei der niedrigsten Ebbe 166 Fuß über das Meer hervor. Die „*Inhockdüne*“, etwas südlicher, ist 150 Fuß hoch.

Der Leuchtturm bei Kampen auf dem „*Roten Kliff*“ wurde im Jahre 1855 am Fuße des „*Großen Brönshügels*“, des Grabmals des friesischen Königs Bröns, gebaut. Er ist 113 Fuß hoch. Der Turm ragt jedoch 200 dänische Fuß über das Niveau des Meeres hervor und leuchtet bei wechselndem Licht fünf bis sechs Meilen über die See hinaus. Er steht auf 54° 56' 51" N. B. und 8° 20' 30" O. L. von Greenwich.

---

*) Von Munkmarsch oder Keitum sind es drei Meilen bis Hoyer, vier Meilen bis Wyck auf Föhr und neun Meilen bis Husum. Rechnet man aber die Buchten der Wattströme hinzu, in welchen die Schiffe gewöhnlich segeln, so sind es bis Wyck fünf Meilen und bis Husum elf Meilen, von Keitum aus gemessen. Die von Hoyer kommenden Post- und Fährschiffe landen jetzt stets bei Munkmarsch. Reisende, die von Husum kommen, landen bei Nösse. Mehrere Dampfschiffe verbinden im Sommer jetzt die Insel mit dem Festland.

Sylt besteht aus drei Kirchspielen, nämlich Morsum, Keitum und Westerland. Um 1800 gab es außerdem noch das kleine Kirchspiel Rantum mit einer kleinen Kirche. Sie wurde aber 1801 abgerissen, weil der Flugsand anfing, sie zu verschütten. Seit dieser Zeit wird Rantum zum Kirchspiel Westerland gezählt. Westerland selbst ist ein Neubau des um 1436 durch eine Überschwemmung untergegangenen Kirchspiels Eidum.

Vor 1436 sollen (Kielholt zufolge) sechs Kirchen auf Sylt gewesen sein mit zehn Predigern. Zuvor waren bereits um 1300 und 1362 viele Kirchen und Kirchspiele rings um die heutige Insel verschwunden. Zu den im Westen, im Meer untergegangenen Kirchspielen Sylts rechne ich: Alt-Rantum mit der „*Westerseekirche*", Alt-Eidum und Alt-Wenningstedt, das damals am „*Friesenhafen*" oder dem „*Riesenloch*" (dem Abfahrtsort der Angelsachsen nach Britannien) lag, und Alt-List, das sich früher wahrscheinlich im Nordwesten befand.

Ein späteres „*Listum*" scheint durch Sandflug untergegangen zu sein. Seine Kirchstätte und mehrere dazugehörige Dorfstätten, z.B. „*Blidsum*" und „*Bargsum*", kann man noch heutzutage in den „*Listerdünen*" nachweisen. Ähnliches könnte von dem einstmaligen Kirchlein und Kirchspiel „*Wardum*" oder „*Wardyn*" auf Hörnum gelten. Auch das scheint im Dünensand begraben zu liegen, da man die Stätte, wo es einst lag, noch „*das Wardyntal*" nennt. Durch Überschwemmungen sind überdies im heutigen südlichen Sylter Haff das Kirchspiel „*Stedum*" (oder „*Steidum*") und im nördlichen Haff das freilich etwas ungewisse Kirchspiel „*Lägum*" (oder „*Leghörn*") zerstört worden und gänzlich verschwunden. Nur eine Sandbank hat noch den Namen „*Leghörn*". Eine Wiese mit dem Namen „*Steidum-Inge*", erinnert wiederum an das alte „*Steidum*".

Die heute noch stehenden Kirchen zu Morsum und Keitum sind sehr alt, aber solide gebaut und gut gepflegt. Sie sind mit Blei gedeckt, und ihre Mauern bestehen zum Teil aus behauenen Granitblöcken.

Sie liegen, wie die Kirchen auf Föhr, etwas entfernt von den Dörfern, doch fast in der Mitte jener Orte, die zu einem Kirchspiel gehören. Beide haben Orgeln, und die größere, die Keitumer, ist mit einem 90 Fuß hohen, aber stumpfen Turm geziert. Die Kirche zu Westerland ist ein kleineres, mit Schilf gedecktes, mitten im Dorf stehendes Gebäude. Es wurde nach dem Abbruch der letzten *„Eidumkirche"* im Jahre 1635 an die Ostgrenze Westerlands gebaut und 1789 vergrößert und umgebaut.*)

Der Altar dieser Kirche soll aber schon in der „E*idumkirche"* gestanden haben und ursprüglich aus der *„Listerkirche"* stammen. In einer Sage von Kielholt heißt es dazu:

Als dieser Altar in die *„Eidumkirche"* gestellt wurde, war er mit den Bildern der Apostel und anderer Heiligen geschmückt. Nachdem man das Volk dann aufforderte, diese Bildnisse und die Heiligen zu verehren, da hat ein alter Mann (ein Friese der alten Zeit), der dabei stand und zugesehen hatte, sich in der Kirche im Zorn selbst den Hals durchgeschnitten, weil er sich nicht mit diesen Dingen des neuen Glaubens beladen wollte.

Auch der Altar der *„Keitumkirche"* stammt aus katholischer Zeit. Er hat Bilder von Gott dem Vater und dem Sohn, von der Mutter Maria, dem Papst oder Bischof St. Severin, (nach welchem die Kirche benannt ist), sowie den Aposteln. Alle sind aus Holz kunstreich geschnitzt und gut erhalten.

Der Turm der *„Keitumkirche"* ist neuer als die Kirche selbst. Die Sage erzählt, daß er auf Kosten zweier mit der Welt zerstrittenen, alten Sylter Jungfrauen gebaut wurde. Sie hießen Ing und Dung. Dabei soll der folgende Wunsch bzw. diese Prophezeiung ausgesprochen worden sein: Die Glocke im Turm soll einst niederstürzen und den schönsten und mutwilligsten Jüngling erschlagen. Der Turm selbst aber soll eines Tages zusammenstür-

*) Es ist jetzt beschlossen, die Kirche bald wieder zu vergrößern und sie mit einer Orgel und einer Turmspitze sowie mit einem Schieferdach zu versehen. Das geschieht 1875, mit Ausnahme des Orgelbaus.

zen und die schönste und eitelste Jungfrau zerschmettern. Als nun um Weihnachten 1739, durch mutwilliges und unvorsichtiges Läuten veranlaßt, die Glocke wirklich niederstürzte und einen schönen Jüngling aus Keitum erschlug, schien die erste Hälfte der Prophezeiung in Erfüllung zu gehen. Es heißt, daß seit dieser Zeit manche eitle Jungfrau nur mit Zögern und geheimer Angst sich dem Kirchturm zu Keitum genaht habe.

In der *„Morsumkirche"* befindet sich eine Tafel mit einer Inschrift, welche mitteilt, daß diese Kirche im Jahre 1627 mit Schanze und Graben umgeben und zu einer Festung eingerichtet worden sei. Die Sage fügt hinzu, es wäre dabei der ganze Kirchhof umgewühlt und alle Gräber geöffnet worden. Ein witziger Morsumer hätte aber, zur allgemeinen Beruhigung der Gemüter über diese Entweihungen, ein Bild malen lassen. Darauf ließ er alle Morsumer, Tote sowohl als Lebende, bis auf einen, nämlich seinen Nachbarn, der ihm viel Schabernack zugefügt hatte, in den Himmel fahren. Den bösen Nachbarn aber ließ er durch den Teufel in die Hölle schleppen. Dieses Bild soll noch in der Kirche zu Morsum vorhanden sein.

Doch eigentlich wollte ich Ihnen die Ergebnisse meiner Volkszählung mitteilen. Bitte verzeihen Sie, daß ich zu voreilig in die alten Sagen hineingeraten bin. Das ist nun einmal meine Passion.

Im Jahre 1850 fand ich auf der Insel Sylt 613 Wohnhäuser, von denen jedoch damals nur 594 wirklich bewohnt wurden.[*)] Von diesen Häusern gehörten 175 zum Kirchspiel Morsum, welches aus den Dörfern Groß-Morsum, Lütje Morsum, Osterende, Wall und Schellinghörn besteht. Seine Kirche, Schule, Ackerfelder und zwei Mühlen liegen in einem großen Kreis auf der östlichen, fruchtbaren Sylter Halbinsel.

[*)] Die Häuser auf Sylt stehen ziemlich entfernt voneinander. Sie sind fast alle einstöckig gebaut und mit Schilf gedeckt, ruhen auf soliden Mauern oder Ständern, sind luftig und reinlich, mit Brunnen und Gärten versehen. Die Viehställe sind größtenteils in den Scheunen. 1871 waren 670 Häuser auf Sylt, in Keitum allein 180. — Schulen gibt es acht auf Sylt: in Morsum, Archsum, Keitum, Tinnum, Rantum, Westerland, Kampen und List je eine, insgesamt mit elf Lehrern besetzt.

Im Kirchspiel Keitum, dem mittleren und größten auf der Insel, waren damals 331 Wohnhäuser: Im Dorf Archsum 44, in Keitum 160, in Tinnum 62, in Braderup 21, in Wenningstedt elf, in Kampen 23, und auf List zehn.

Das Dorf Archsum hat das fruchtbarste Ackerland auf Sylt. Es liegt aber niedrig und ist, wie alle südlich gelegenen Dörfer auf der Insel, oft den Überschwemmungen des Meeres ausgesetzt. In Archsum fand sich bis 1860 noch ein kleiner Rest einer um 1360 vom dänischen General Waldemar Zappy zur Bezwingung der Sylterfriesen gebauten Ringburg. In Tinnum befindet sich noch ein vollständiger ringförmiger Erdwall einer ähnlichen Burg, die von dem (wahrscheinlich friesischen) Edelmann Claes Limbeck um 1370 erbaut wurde. In diesem Dorf war mindestens seit 1600 der Wohnsitz der Sylter Landvögte. Auch die alte Thingstätte der Sylter lag nördlich von Tinnum auf den sogenannten „*Thinghügeln*". Das Dorf Keitum ist fast auf der Mitte der Insel, nämlich auf dem hohen Ufer einer Bucht des nordöstlichen Haffs. Es hat zwei Ziegeleien, treibt Schifffahrt, Austernfischerei und — neben Ackerbau und Viehzucht — auch Handel. Es besitzt viele stattliche Häuser und chausseeähnliche Straßen.

Hier befinden sich eine königliche Zollstätte, ein Postbüro, eine Telegraphenstation, eine regelmäßige Fähre nach Hoyer, ein landschaftliches Versammlungshaus, eine Schule und eine Apotheke. Man findet zwei Ärzte und zwei Mühlen. Etwas nördlich des Dorfes liegt die Kirche. Noch nördlicher befindet sich der zu Keitum gehörige kleine Ort Munkmarsch sowie eine Graupenmühle und neun Häuser an dem bequemsten und am meisten benutzten Landungsplatz für tiefergehende Schiffe.

Braderup, Wenningstedt und Kampen liegen auf einer hohen Heidegegend. Fast in der Mitte zwischen diesen Dörfern steht der hohe, schöne Leuchtturm mit einem vortrefflichen Leuchtfeuer.*) List liegt auf dem

---

*) Zwischen Kampen und List liegt am Ostufer eine sogenannte „*Vogelkoje*", eine Anstalt zum Fangen wilder Enten, 1767 angelegt. 1874 ist eine ähnliche Vogelkoje am Fuße der Dünen zwischen Westerland und Rantum angelegt worden.

nördlichen Teil der Insel, fast völlständig mit Dünen umgeben, an einer tiefen und geschützten Reede. Sie wurde in alten Zeiten mehr noch als heutzutage von Schiffen (und selbst Kriegsflotten) benutzt.

Christian IV., der König von Dänemark, schlug hier 1644 eine schwedische Flotte. Die *„Lister-Tiefe"* ist durch Tonnen und zwei Leuchttürme, die auf dem *„Ellenbogen"* (der Nordspitze der Insel) stehen, kenntlich gemacht. Die Einwohner auf List sprechen Dänisch. Sonst spricht man auf ganz Sylt Friesisch. Die Kirchen- und Schulsprache ist aber überall, auch auf List, stets Deutsch gewesen.

Das Kirchspiel Westerland besteht aus einem reinlichen und durch die Seefahrt, Arbeitsamkeit und Sparsamkeit der Bewohner wohlhabend gewordenen Dorf. Im Jahre 1850 zählte es 101 Häuser.[*)] Es liegt in der Nähe der Dünen und des westlichen Strandes. Oft hat es durch Sandflug und Überschwemmungen gelitten. In neuerer Zeit erwartet es aber durch die dortige Anlage eines vortrefflichen Seebades eine Art Entschädigung für seine früheren Verluste vom nahen Meer, wenn es verdientermaßen immer besser besucht wird.[**)]

Das kleine Annexkirchspiel, nämlich das Dorf Rantum, liegt weit südlich von Westerland am Fuße der Hörnumer Dünen. Es zählte 1850 nur noch sechs Häuser und ist jetzt als letzter Rest einer untergehenden Ortschaft anzusehen. 1725 hatte Rantum 40 Gebäude, 1777 noch 26, 1810 noch dreizehn Häuser, und 1858 nur noch fünf Hütten, die von Sand und Wasser bedrängt sind. Um 1700 steuerten die Rantumer noch für 2¼ Pflüge zu den 52 Pflügen der Landschaft Sylt bei. Um 1800 hatten sie bereits allen Ackerbau aufgeben müssen. Jetzt ernähren sich die Einwohner von der Viehzucht, der Seefahrt, dem Fischfang und dem Strickedrehen aus Dünengras.

---

*) In Westerland sind wegen des Bades seit 1855 ca. 40 neue Häuser hinzugekommen, darunter acht Hotels. 1867 waren in Westerland 507 Einwohner.

**) 1872 war die Zahl der Badegäste dort 1504. Im Jahre 1873 ca. 1300, und 1874 waren es ca. 1460 (ohne die in Wenningstedt Badenden.)

Im Jahre 1850 zählte ich auf der gesamten Insel Sylt 2764 Einwohner. Im Kirchspiel Morsum waren 767 Ortsansässige, nämlich: in Groß-Morsum 149; in Lütje Morsum 240; in Osterende 135; auf Wall 124; und auf Schellinghörn 119 Einwohner.

Im Kirchspiel Keitum gab es 1511 Ortsansässige, nämlich: in Archsum 200; in Keitum 772; in Tinnum 260; in Braderup 98; in Wenningstedt 39; in Kampen 92; und auf List 50 Einwohner.

Im Kirchspiel Westerland samt Rantum lebten insgesamt 486 Einwohner, nämlich: in Westerland allein 450 und in Rantum 36 Menschen.*) Unter der Bevölkerung der ganzen Insel waren: 1209 männliche und 1555 weibliche Bewohner, 729 Kinder, 437 Ehepaare, 56 Witwer, 172 Witwen, 300 Seefahrer (darunter 136 Schiffer und Steuerleute oder Schiffsoffiziere, zum Großteil auf größeren deutschen Handelsschiffen fahrend), ferner 148 Handwerker und 209 Dienstboten. Diese waren größtenteils Jütländer und Nordschleswiger, Fanöer- und Römöerinnen.

Die Überzahl der Witwen im Vergleich zu den Witwern sowie die der weiblichen Bevölkerung überhaupt zu der männlichen, kommt vom frühen Tod so vieler Sylter Seefahrer in ihrem gefährlichen Beruf. In der ersten Hälfte des 19. Jahrhunderts haben bereits mehr als 600 von ihnen das Grab im Meer oder in der Fremde gefunden.

Mit der Austernfischerei waren in den letzten Jahren gewöhnlich zehn Boote auf 20 Austernbänken im südlichen, östlichen und nordöstlichen Haff bei Sylt beschäftigt. Sie fischten circa 2000 Tonnen Austern im Jahr, pro Tonne 1000 Stück.

---

*) Im Jahre 1860 lebten auf ganz Sylt 2870, im Jahre 1870 aber 3050 Einwohner. In Keitum wohnten 890 Menschen. Die meiste Zunahme hatten außer Keitum die westlichen und nördlichen Dörfer der Insel.

Nach den gesammelten Notizen des Rats- und Landmannes Uwe Petersen in Keitum gab es auf Sylt (ohne List) im Jahre 1847: 226 Pferde, 790 Milchkühe, 603 sonstiges Hornvieh, 675 Schweine und Ferkel sowie 6563 Schafe und Lämmer. Das *„Listland"* gehört zwei dortigen Festebauern, die ihre Sand- und Sumpfländereien fast nur zur Viehweide und hauptsächlich zur Schafweide (circa 600 Stück) benutzen.

Nach U. Petersen hat die Ernte im Jahre 1847 auf Sylt (ohne List) geliefert: 58 Tonnen Weizen, 3693 Tonnen Roggen, 7189 Tonnen Gerste, 1673 Tonnen Hafer, 99 Tonnen Buchweizen, 133 Tonnen Erbsen, 4203 Tonnen Kartoffeln, 4213 Fuder Stroh, 5169 kleine Inselfuder Heu und 676 Fuder Heide (zur Feuerung).

Zur Ausfuhr haben die Sylter vorzugsweise Gerste, die sehr gerühmt wird. Außerdem führen sie gestrickte Wollwaren (z.B. Jacken und Strümpfe, oft 10-11000 Stück), Austern und Krick-Enten aus. An Krick-Enten wurden z.B. 22916 Stück im Jahre 1848 in der *„Vogelkoje"* auf Sylt gefangen.

Im Jahre 1874 besaßen die Sylter an Eigentumsschiffen 18 Segelschiffe mit zusammen 113¾ Prisen Lasten, außerem zwei Dampfschiffe.*) — 1861 hatte die Insel (ohne List) 229 Pferde, 1401 Stück Hornvieh (darunter 825 Milchkühe), 8043 Stück Wollvieh (darunter 5234 Mutterschafe) und 485 Bienenstöcke. — Die Sylter Austernfischerei beschäftigte 1874 elf Fahrzeuge und 23 Mann auf ca. 16 Austernbänken in den Wintermonaten, vom ersten September bis zum ersten Mai.

III.

Obgleich in den letzten Jahren die Zahl der Sylter Seefahrer sehr abgenommen hat, so ist doch nicht zu leugnen, daß noch immer der Großteil

---

*) Die Dampfschiffe heißen *„Germania"* und *„Bismarck"*. Auch die Dampfschiffe *„Sylt"* und *„Concordia"* sind zum Teil Sylter Eigentum. Erstere fuhren bisher zwischen Sylt und Hoyer, letztere zwischen Sylt und Husum.

der männlichen Bevölkerung Keitums und Westerlands aus Seeleuten besteht. Es handelt sich dabei nicht etwa um sogenannte „Kleinschiffer" und „Küstenfahrer" (wie die Mehrzahl der Fanöer und Blankeneser) oder um Grönlandfahrer und Robbenschläger, wie es früher die meisten Föhrer und Römöer waren. Vielmehr sind es zumeist auf großen Hamburger Schiffen segelnde Kauffahrer, die ihre Navigation auch theoretisch beherrschen.

In alten, heidnischen Zeiten trieben die Sylter und andere Friesen aber vorzugsweise Seeraub und Seekrieg. Sie nahmen nicht bloß an den Beutezügen der Dänen und Normannen nach Britannien, Irland und Frankreich teil, sondern sie hatten bereits früher bei der Eroberung Englands durch die Angelsachsen eine nicht unbedeutende Rolle gespielt. Nicht selten beunruhigten, plünderten und verheerten sie auch auf eigene Faust die westlichen Küstenländer Europas.

Als Hauptsammelplätze und Abfahrtsorte der Nordfriesen galten während dieser Seezüge (und auch später noch) die Insel Helgoland, der *„Friesenhafen"* oder das sogenannte *„Riesenloch"* bei Wenningstedt und die *„Reede*[9]*"* am *„Rüst"* in der *„Lister-Tiefe"*.

Es sind noch — der Sage nach — Spuren alter Wege in den *friesischen Uthlanden* sichtbar, die ehemals nach Helgoland, nach Alt-Wenningstedt und Alt-List, ja sogar nach Ripen geführt haben sollen. Auf der *„Keitumer"* und *„Tinnumer Heide"* erkennt man noch hin und wieder die Spuren eines ehemaligen Pfades. Er soll von Keitum zum *„Riesgap"* oder dem *„Friesenhafen"* geführt haben. Eine alte Trinkstelle (Zisterne) namens *„Klenterkühl"* liegt an diesem historischen Weg auf der Heide.

Ein anderer alter Pfad, der von Westerhever in Eiderstedt über Pellworm, Föhr oder Amrum, Hörnum, Alt-Rantum und Eidum

---

[9] Ankerplatz vor einem Hafen oder der Mündung einer Wasserstraße. (Anm. Frank-Daniel Schulten).

(Alt-Westerland) nach Alt-Wenningstedt am „*Friesenhafen*“ führte, wird selbst in uralten Chroniken „ein allgemeiner friesischer Heerweg“ genannt. Von Wenningstedt aus soll er weiter nach Norden über List nach Ripen gegangen sein. Man bezeichnet noch immer eine Strecke dieses Weges an einer Niederung auf der Heide (nordwestlich von Kampen) als „*Riperstieg*“. Ein Wall, den die Westerlandföhrer, wenn sie mit ihren Waren und Schätzen über Sylt nach Ripen reisten, über diese Niederung anlegten, um das laufende Wasser aufzuhalten und eine Trinkstelle für sich und ihr Zugvieh zu gewinnen, ist ebenfalls noch erkennbar. Er wird noch heutzutage „*Föhringwall*“ genannt. — An der Ostseite Keitums führt ein Hohlweg zum Haff, der noch jetzt „*Hoyerstieg*“ heißt, also einst nach Hoyer geführt haben mag.

Die Sylterfriesen pflegten in heidnischer Zeit, ebenso wie die Dänen, ihre Toten zu verbrennen und ihren Helden ansehnliche Grabhügel zu errichten, zumeist auf den Heidehöhen ihrer Insel. Sie sind zum Teil noch erhalten, und man kann sie oft selbst aus weiter Ferne erkennen. Auf den Heidehöhen und Flächen rings um den alten „*Friesenhafen*“ lagen einst ganze Kirchhöfe voll heidnischer Grabstätten. Zu solchen, in neuerer Zeit abgetragenen, ehemaligen Gräbern und Hügelgruppen unweit des alten „*Friesenhafens*“ gehörten die „*Kats*“- und die „*Barminghügel*“ im jetzigen Westerland. Es lag nämlich Alt-Westerland oder Eidum an der Südseite des alten „*Friesenhafens*“, und Alt-Wenningstedt befand sich an seiner Nordseite.[*)]

Die Gegend des heutigen Badestrandes bei Westerland mag aber in alter Zeit ein Haupttummelplatz der Alt-Eidumer im Leben und später ihr Hauptruheplatz im Tode gewesen sein. Südöstlich des „*Riesenlochs*“, der inneren engen Schlucht, welche das Wasser des Wenningstedter Teichs durch das „*Rote Kliff*“ zum „*Friesenhafen*“ abführte, liegen noch die hoch emporragenden „*Ringhügel*“, die Gräber des einst berühmten Seekönigs

*) Die jetzigen Dörfer Westerland und Wenningstedt wurden nordöstlich von den älteren Dörfern, von welchen sie stammen, erbaut: Ersteres um 1450, und letzteres nach 1362.

Ring und seiner Familie. Etwas nördlicher findet man die kleinen, aber zahlreichen *„Stippelstienhügel"*.

Noch weiter nördlich, auf der hohen *„Braderup-Kampenerheide"*, liegen auch viele Hügel und Hügelgruppen. Sie sollen früher teils Wohnstätten eines zwergenhaften Urvolks gewesen sein. Teils mögen sie auch Gräber einzelner Friesen oder Friesenhäuptlinge sein. Manche werden auch als gemeinschaftliche Grabstätte vieler in Schlachten Gefallener bezeichnet. Als einstmalige Wohnorte eines Urvolks gelten unter anderen der *„Ennenhoog"* und der *„Dänghoog"*. Den *„Reisehoog"* nördlich von Braderup betrachtet man aber als Residenz des Zwergenkönigs Finn.

Als gemeinschaftliche Grabstätten der im Kampfe gegen das Urvolk gefallenen Friesen bezeichnet man die *„Börder"* bei Kampen. Die *„Brönshügel"* beim großen Sylter Leuchtturm auf dem *„Roten Kliff"* gelten als Grabhügel des friesischen Königs Bröns und seines Sohnes. Beide waren die Anführer der siegreichen Friesen und sind in diesem Kampf gefallen.

Es heißt in der Sage: Die Sylter haben den Leichnam ihres Königs auf seinem goldenen Wagen sitzend dort begraben, wo er gefallen war. Ringsum warfen sie dann einen großen Hügel auf. Ähnlich dem König sollen auch dessen Sohn und der Seekönig Ring bestattet worden sein, letzterer mitsamt seinem goldenen Schiff. Die Sylter sollen aber erst nach diesem Krieg dort, wo der Hauptkampfplatz gewesen war, das Dorf Kampen errichtet haben. In der Gegend, wo sie gewonnen hatten, legten sie dann den Ort *„Wonstadt"* oder Wenningstedt an.

Auch auf der *„Tinnumer"* und *„Keitumer Heide"* sind noch viele heidnische Grabhügel und Hügelgruppen. Zu den letzteren gehören z.B. die *„Korshügel"*, die *„Panderhügel"* und die *„Jerk-Neghels-Hügel"*. Selbst auf den Ackerfeldern in der Nähe dieser Dörfer liegen noch manche Hünengräber, z.B. unweit von Keitum die *„Bramhügel"*, die *„Boikenhügel"*, der *„Tipkenhügel"* und der *„Klöwenhügel"*. In der Keitumer

Marsch sind ebenfalls einzelne, z.B. der *„Oewenhügel"* und der *„Zeethügel"*. — Ganz abgesehen von vielen Gräbern, die in neuerer Zeit abgetragen wurden.

Zu den in der Nähe von Keitum errichteten Grabhügeln der alten Sylter Kriegshelden, die heute noch vorhanden sind, gehört im Osten des Dorfes der hoch und schön am Ufer liegende *„Tipkenhügel"*. Er bietet eine herrliche Aussicht über Keitum, das innere Meer und die nördlichen, östlichen und südlichen Gegenden der Insel. Der Hügel soll das Grab des Wächters der Sylter Kämpfer im Krieg gegen die Dänen sein.[*] Tipken, auch der *„Heidumer Hahn"* genannt, hatte überdies an der äußersten südöstlichen Spitze der Keitumer Landhöhe einen Wachturm. Kielholt erwähnt ihn zur Zeit Waldemar IV. Seine Stätte bezeichnet man noch heute mit dem Namen *„Tipkenturm"*. Am Fuße dieser Festung und der Landspitze war in alter Zeit ein Hafen. Von ihm sind noch Spuren vorhanden, und er wird noch immer unter dem Namen *„Ualdhagen"* oft erwähnt.

Zu den Gräbern Alt-Sylter Seehelden rechne ich ferner den *„Oewenhügel"* und den *„Klöwenhügel"*, die südwestlich von Keitum liegen.[**] Der *„Oewenhügel"* befindet sich am südlichen Marschufer Keitums, und der *„Klöwenhügel"* an der Grenze zwischen der Keitumer Marsch und Geest. Die in ihnen begrabenen Helden sollen Ow und Klow geheißen haben. Anscheinend besaßen beide großes Ansehen sowohl bei ihrem Volk als auch bei den Frauen der friesischen Inseln und der norddeutschen Küsten. Die Unholde der Nacht, besonders die Hexen Frieslands, hielten nämlich — der Sage nach — später oft ihre nächtlichen Tänze auf den Gräbern des Ow und Klow ab. — *„Steit Oewenhoog, steit Klöwenhoog, steit Stippelstien nogh?"*, pflegten sie zu fragen, wenn sie einander begegneten, oder wenn sie

---

[*] Bei der Öffnung des *„Tipkenhügels"* im Jahre 1870 fand man im Hügel einen großen Steinhaufen, aber kein Begräbnis. Der Hügel scheint also bloß ein Schutz- oder Beobachtungspunkt gewesen zu sein.

[**] Bei der Untersuchung dieser beiden Hügel durch Professor Handelmann fand er in ihnen keine Spuren von Begräbnissen mehr.

Sylter Seefahrer fern von deren Heimat trafen. Sie rühmten dann diese Orte, indem sie hinzufügten: *„Da hebben wi so mannige bliede Naght gehat."* — Der Sage nach wurde mit dem berühmten Klow auch sein goldenes Schiff im *„Klöwenhügel"* begraben. Die goldenen Anker des Bootes ruhen aber in der nahen Marsch.

Die heidnischen Sylterfriesen errichteten auch in alter Zeit ihren *„Droghten"* oder Göttern zu Ehren heilige Hügel. Dort brachten sie ihnen bei gewissen Anlässen Opfer dar. Sie türmten sogar zum Andenken an besondere Ereignisse bisweilen kleine Anhöhen auf. Das Dorf *„Heidum"* oder Alt-Keitum war gleichsam von einem Kranz heidnischer Opfer- oder Götzenhügel umgeben. Die Keitumer der Vorzeit scheinen in der Tat sehr eifrige Verehrer der altnordischen Gottheiten gewesen zu sein. Sie opferten auf heiligen Hügeln dem Wedn und Thor sowie der Todesgöttin Hel. Im Nordwesten, auf einer Anhöhe nahe am Dorfe, liegt noch ein Rest des alten Opfer- oder Biikenhügels mit dem Namen *„Winjshoog"* oder *„Wednshügel"*. Er war dem Wedn, Weda oder Wodan geweiht, der vielleicht identisch mit dem dänischen Odin ist.

Weda war für die Friesen der oberste Kriegsgott. Er gab den Seekriegern nicht allein Glück in ihren Schlachten, sondern auch guten Wind auf ihren Fahrten. Sie opferten ihm Teertonnen auf den *„Wedns"*- oder *„Winjshügeln"*, ehe sie im Frühjahr ihre Seezüge antraten. Am Abend vor dem 22. Februar zündeten sie ein großes Strohfeuer auf diesen Hügeln an, tanzten rings darum und riefen oder sangen: *„Vikke tare!"* („Lieber Weda zehre, nimm unser Opfer an!")

Arnkiels Buch *„Cimbrische Heyden Religion"* zufolge haben die Dänen im April dem Kriegsgott Odin zu Ehren ein Fest gehalten, *„welchen sie umb Sieg wider ihre Feinde angeruffen"*. Der Mittwoch war bei den Friesen dem Weda oder Winj geweiht (so wie dem Odin bei den Dänen). Dieser Tag wird daher auf Sylt *„Winjsdei"* genannt.

Südwestlich von Keitum lag einst der „*Törshoog*", der zweifellos dem Thor, Tör oder Tönner (dem Donnergott) geweiht war, welcher in der Luft regierte und die Fruchtbarkeit der Erde veranlaßte. Arnkiel schreibt, daß man ihm in Zeiten des Hungers und der Teuerung Menschen opferte. Im Herbst feierte man alljährlich zu seinen Ehren ein Erntedankfest. Der Donnerstag, (im Friesischen „*Türsdei*"), war nach ihm benannt.

Arnkiel schreibt: „*Bey den Unsrigen waren die Altäre gemeiniglich unten, an der Wurzel des Berges, mit großen Steinen rund umher besetzet; oben aber drei oder mehr noch größere Steine aufgerichtet und darüber ein sehr großer breiter Stein gelegt, darauf man geopfert; darunter war eine Höle oder Gruft, dahin man das übrige Opfer-Blut, welches bei den Opfer-Ceremonien nicht ist gebraucht, hingeschüttet. Dergleichen Altäre hat man an unterschiedlichen Orten drei neben einander gehabt, eines dem Thor, das andere dem Odin, das dritte der Freya geheiliget.*" — Schedius beschreibt dagegen, „*daß die Altäre von grünen Soden oder Rasen gewesen.*" — Beide Arten der Hügelaltäre mögen auf Sylt existiert haben.

Arnkiel zufolge und auch nach Meyers Nordfrieslandkarte von 1240 (in Dankwerths „*Chronik*"), sollen auf Sylt einst sechs verschiedene heidnische Tempel oder wahrscheinlicher Hügelaltäre gewesen sein. Darunter sollen sich auch Tempel der Venus befunden haben. Die Friesen werden aber unter der Göttin der Liebe und des Friedens die Freda, Freia oder Frigge (Wedas Gattin) verstanden haben. Sie widmeten ihr den Freitag und nannten ihn „*Friidei*". Eine geliebte Freundin sprachen sie mit „*Frikke*" an, und sie hatten ohne Zweifel heilige Plätze, die ihr geweiht waren, z.B. das „*Küssetal*" („*Taatjemglaat*") auf Hörum und den „*Taubenhügel*" („*Düfhoogh*"), etwas nördlich vom „*Winjshoogh*" bei Keitum. Es scheint, daß die „*Keitumkirche*" auf einem ehemals der Freya geweihten Platz erbaut wurde, oder zumindest in seiner Nähe. — Ihr Fest wurde im Dezember gegen Ende des Jahres gefeiert. Es begann mit Freien und Hochzeithalten der Verliebten. Die Seefahrer waren dann heimgekehrt; die

Halfjunkengänger[10] fingen wieder an, abendliche Freiervisiten zu machen und Tänze zu veranstalten. Es wurden Schweine geschlachtet oder geopfert, und man richtete Gastmahle aus. Unter Tänzen, Schmausereien und ausgelassenen Spielen dauerte dieses Fest Tage, ja, oft sogar mehrere Wochen lang.

Die Friesen nannten es *„das Jöölfest"*, die Dänen *„das Juulfest"*. Arnkiel schreibt darüber: *„Das Fest ist im Dezember um Lucien Tag* (den 13. Dezember) *der Göttin Freya zu Ehren sieben Tage lang gehalten und Juul geheißen, von dem Umblauff der Sonnen, welche zu der Zeit ihren sogenannten Stillstand hält, und beginnet ihr lauffendes Juel oder Radt näher zu uns zu lencken. Das ist ihr Neu-Jahrs-Fest gewesen, an dem sie das Jahr angefangen und ihre Götter umb ein gutes, neues, fruchtbares Jahr gebeten und Juel-Gaben oder Neu-Jahrs-Geschenken ausgeteilet. Sie haben an diesem Fest ein gemästetes Schwein geopffert. – Man hat anneben weidlich gegessen und getruncken. – Man hat dabei gespielet und getantzet, welches Juel Spiel ist genannt. – Bey diesem Fest der Freya haben auch junge Leute gefreyet, geheyrathet und Hochzeit gegeben. Summa, alles ist zum guten Anfang des neuen Jahres voll Freuden gewesen, das war ihre Juel-Freude."*

Von diesen Festen des Weda, des Thor und der Freia sind noch manche Reste übrig auf Sylt. Sie haben nur einen christlichen Anstrich und Sinn erhalten. Das Fest des Weda heißt jetzt *„Petristuhlfest"*. Es ist aber im Grunde noch eine Abschiedsfeier der Seefahrer, wobei noch immer ein Opfer- oder Biikenfeuer auf den altheidnischen Opferhügeln gebrannt, viel Kuchen verzehrt, viel Wein und Bier getrunken, viel getanzt und gespielt, aber am wenigsten an den Apostel Petrus gedacht wird. Freilich ist der *„Petritag"* auch ein Thing-Tag, an welchem Verbote, Beliebungen und Vergleiche gemacht und öffentlich verlesen und dadurch erst mit Gesetzeskraft versehen werden.

---

[10] „Halbdunkelgänger", die Sylter Freier. (Anm. Frank-Daniel Schulten).

Ein Erntefest wird heute alljährlich um *„Michaelis"* in den Kirchen der Insel gefeiert. Außerdem werden dem Vieh an diesem Tag alle Fesseln gelöst, und es erfreut sich dann während des ganzen Herbstes der freiesten Weide auf der ganzen Insel.

Das *„Jöölfest"* heißt auf Sylt noch heute so wie in heidnischer Zeit, und es besitzt immer noch fast alle aus dem Heidentum stammenden Kennzeichen, mit Ausnahme des der Freia zum Opfer gebrachten gemästeten Schweines. Mittlerweile hat es aber auch auf Sylt einen christlichen Sinn angenommen. Es wurde nämlich, hier wie überall, zum christlichen Weihnachtsfest, das zum Andenken an die Geburt des Welterlösers gefeiert wird.

Die altfriesischen heidnischen Feste bildeten seit frühesten Zeiten die bedeutendsten Abschnitte im Jahr und im Leben der Sylter. Nach dem *„Frühlings"*- oder *„Wedafest"* traten die Männer ihre Seefahrten und die Frauen ihre Feldarbeiten an. Um *„Michaelis"* bzw. um die Zeit des Erntefestes, waren Heu und Korn eingefahren und das Vieh losgelassen. Die Frauen beschäftigten sich von nun an vorzugsweise im Haus, während die Männer nach und nach von ihren Seefahrten heimkehrten. Im Dezember begannen die *„Jööl"*- und Winterfreuden, die Freierfahrten, Tänze, Hochzeiten und Gastereien, nachdem die Seefahrer heimgekehrt und die Schweine geschlachtet waren. Die Winterfreuden endeten erst mit dem *„Weda"*- oder *„Petrifest"*, wie bereits erwähnt. So waren die Jahre und das Leben der Sylter eingeteilt.

In ungewöhnlichen Zeiten, in Phasen der Angst und Trauer, der pestartigen Seuchen und des häufigen Sterbens; in Zeiten großer Not und Ratlosigkeit, da wandte sich das Sylter Volk an Zauberer und Hexenmeister, an Wahrsagerinnen und weise Frauen (*„Feien"*, *„Nornen"*, *„Walkyrien"*), um Rat und Hilfe zu erlangen, besonders in den Tagen des Heidentums. Dann opferte man der Todesgöttin Hel. Ihr war im Osten des Dorfes Keitum ein besonderer Hügel geweiht, der *„Helhoog"*. Die der Todesgöttin gefallenen Opfer brachte man durch die Todesschlucht („*Helhooggap*") im nördlichen Haff dorthin.

Man schrieb der Todesgöttin viele Krankheiten zu, welche in ihrem Entstehen „*Helligding*" genannt wurden. Dagegen brauchte man „*Helbloster*" und „*Helbeien*" (Fliederblüte und Fliederbeeren). Daher wird der Flieder- oder Holunderstrauch auf Sylt in den Gärten häufig gesehen. Man hält ihn für sehr nützlich. In alten Zeiten betrachtete man ihn sogar als heilig und nannte ihn „*Helbost*" oder „*Helboom*".

Arnkiel schreibt in seinem Buch „*Heyden-Religion*" von einem krank gewesenen, aber wieder gesundeten Mann: „*Er hat sich mit dem Hel versühnet; er hat dem Hel was geopfert; er hat dem Hel ein Scheffel*[11] *Hafer gegeben, sein Pferd damit zu füttern.*"

Doch er schreibt auch: „*Wo die Pest an einem Orte aufhöret, spricht man: Der Hel ist da verjagt. Man will sich auf Exempel beziehen, daß der Hel aus dieser oder jener Stadt oder Dorfschaft von gewissen Leuten sei vertrieben worden.*"

Die neueren Hügelausgrabungen auf Sylt brachten folgende Resultate: Im „*Dänghoog*" bei Wenningstedt fand Dr. Wiebel aus Hamburg im Jahre 1868 eine unterirdische Wohnung von 17 Fuß Länge, zehn Fuß Breite und fünf Fuß Tiefe. Darin waren eine Feuerstätte, die Knochen eines kleinen Menschen, viele schöne Urnen aus Ton sowie mehrere Steinwaffen und Steingeräte. Es führte von diesem Kellerraum ein 27 Fuß langer Gang nach Süden hinaus, welcher, wie die Höhle selber, mit großen, teilweise bearbeiteten Steinblöcken umgeben war.

Professor Handelmann aus Kiel fand in den Jahren 1870 und 1871 Grabkeller in den „*Krockhügeln*" nördlich von Kampen. Sie hatten acht bis neun Fuß Länge und drei bis vier Fuß Breite. Darin lagen Skelette von

[11] Hohlmaß. In Altona faßte es ca. 17,38 Liter. (Anm. Frank-Daniel Schulten).

sechs bis sieben Fuß langen Menschen, ferner schöne bronzene Schwerter sowie verschiedene bronzene und goldene Schmucksachen.

In dem von ihm untersuchten „*Großen Brönshoog*", dem Grab des Königs Bröns am Fuße des Leuchtturms bei Kampen, fand er im Jahre 1872 nur einen kleinen Keller von 2½ Fuß im Durchmesser, welcher nichts enthielt als den Schädel des in einer Schlacht dort gefallenen friesischen Königs. In dem „*Kleineren Brönshoog*" fand er auch einige Menschenknochen, zwei kleine bronzene Schwerter und einige Reste von einem wollenen gewebten Kleidungsstück in einem acht Fuß langen Grabkeller. Der König Bröns, der im Kampf mit dem Urvolk gefallen war, mag von den Feinden beraubt, entkleidet und enthauptet worden sein. Daher wurde vielleicht später von seinem Volk nur sein Kopf gefunden und mit Ehren bestattet.

Sagen und Erzählungen der Sylter

1. Von Wilhelm litj Ahnen und dessen Sagen

Wir wandern nun von Keitum westwärts zwischen Kornfeldern auf einem Fußsteig den Landrücken entlang, den man „*Wenken*" nennt. So nähern wir uns dem schmalen und mageren Inneren der Insel. Ich werde aber dabei Gelegenheit finden, Sie durch ein Hauptgebiet unserer Sylter Hügel und Altertümer und meiner Sagen zu führen.

Ich habe von meinem Vater ein altes Buch voller Sagen und Geschichten geerbt. Eine Tante oder Großtante hatte es ihm einst geschenkt, und diese Tante soll es wiederum von dem Sylter Schulmeister Wilhelm litj Ahnen erhalten haben. Da nun das Titelblatt des Buches und auch andere Blätter fehlen, kann ich also keinen wirklichen Verfasser namhaft machen. So habe ich mich daran gewöhnt, es als Wilhelm litj Ahnens Werk anzusehen. Aus diesem Buch möchte ich Ihnen nun zuerst einige alte Sagen und Geschichten mitteilen, da sie auch die Sylter Sagenwelt berühren:

In Schweden war einst ein grausamer großer Riese, der hieß Stark Otter. Der reiste umher und schlug alle Tyrannen und Könige tot, die nichts taugten. Selbiger hatte Wicar, den König in Norwegen, mit einem Strick erdrosselt und sich aller seiner Schiffe bemächtigt. In Irland erwürgte er den König Hugleth. Er drang mitten in Rußland ein und vertrieb Floccum, den Fürsten selbigen Ortes. Er brachte Wisin, den Tyrannen der Slaven, ums Leben. Er erschlug in Byzanz den Riesen Tanna und in Polen den Helden Wilze. Auch der Sachse Hama mußte seinen Streichen erliegen.

In Dänemark regierte zu dieser Zeit ein weibischer und wollüstiger König namens Ingel. Zu dem ging Stark Otter auch. Er beschuldigte ihn, daß er die Laster weit mehr liebte als Tugend und Tapferkeit, daß er seines Vaters Frodes Tod nicht rächte an dessen Mördern, sondern mit ihnen sogar an seiner Tafel schwelgte. Zudem warf er ihm vor, daß jene, welche gute Schleckereien zuzurichten wußten, bei ihm im größten Ansehen standen. Der König wurde gerührt und besserte von Stund an sein Leben so, daß Stark Otter ihn nicht umbrachte.

Viele Jahre später hatten die Dänen einen König Namens Ole oder Oluf. Der führte ein hartes und strenges Regiment, sonderlich wider die Vornehmsten des Reiches, welche daher auf Rache bedacht waren, ihn aus dem Wege zu räumen. Doch es hatte keiner das Herz, ihn zu töten, sondern sie bestellten durch große Geldmittel den Riesen Stark Otter hierzu, welcher die Sache so anstellte, daß er den König im Bad erstach.

Stark Otter empfing 120 Pfund Gold dafür, aber es reute ihn die Tat bald dermaßen, daß er darüber weinte. Er erschlug diejenigen, welche ihn zum Mord gedungen hatten und wurde sogar seines eigenen Lebens überdrüssig. Er war auch schon mehr als dreihundert Jahre alt und noch niemals krank gewesen. Er ging zu seinem Freund Hather, dem Erbauer von Hadersleben und bat den, ihm den Tod zu geben. Hather erbarmte sich seiner, schlug ihm den Kopf vom Rumpf und — tot war der Riese Stark Otter.

Nicht lange nach danach geriet Hather mit seinem Bruder Hother in Streit. Diese beiden Riesenbrüder kämpften lange miteinander. Endlich besiegte Hather den Hother und jagte ihn von seiner Residenz fort. Hother floh westwärts durch die Wälder und über die Heide bis er ans Meer und die Marsch kam. Hier ließ er sich nieder, baute einen neuen Ort, der ihm zu Ehren *„Hotherby"* und später *„Hoyer"* genannt wurde. Mein Gewährsmann nennt ihn sogar „einen König" und rühmt etwas parteiisch von ihm: „In seinen jungen Jahren übertraf er an Leibesstärke sehr weit alle anderen seiner Mitgesellen. Er hatte auch aus hohem angeborenem Verstand viele gute Künste gelernt, weswegen ihm im Schwimmen, Bogenschießen und Fechten niemand zu seiner Zeit überlegen war. In der Musik tat er es den besten Künstlern bevor."

Es gab damals auch im nahen Friesland viele große, starke Riesen, *„Kämper"* genannt, aber auch viele schöne Frauen. Der weiseste und beste aller Riesen war jedoch Bolder oder Balder. Er erbaute Boldixum auf der Insel Föhr. Wilhelm Schulmeister nannte ihn „des Zauberers Odins Sohn". Die schönste aller friesischen Frauen war aber Nanna, die Tochter Gevers des Reichen. Bolder freite sie und zeugte mit ihr Forsete, welcher auf Helgoland erzogen wurde, dort zu großem Ansehen gelangte und der Insel den Namen *„Forsetes Land"* gab. Er wurde auch „ein Richter und Schlichter aller Streitigkeiten der Friesen" genannt.

Unterdessen hatte Hother, der ein Säufer und Wollüstling und keineswegs so lobenswert war, wie einige erzählen, die schöne Nanna zu sehen bekommen und versuchte sie zu verführen. Nun entstand ein gewaltiger Kampf zwischen Hother und Bolder. Der Sieg schien dabei lange zweifelhaft, bis die Zauberin und Todesgöttin Hel, deren Liebling Hother war, diesem ein hieb- und stichfestes Kleid schenkte und ihm offenbarte, wie er seinen Feind überwinden könnte. Hother überfiel nun den edlen Bolder, ermordete ihn und nahm mit Gewalt die schöne Nanna zu seiner Frau.

Nicht lange danach kehrte Bolders Bruder zurück, der gewaltige Meeresriese Boh oder Buh, der lange auf See gewesen war. Er scheint seine Heimat auf Sylt gehabt zu haben. Als er am „*Rüst*" in der „*Lister-Tiefe*" ankam, erhielt er die Nachricht vom schmachvollen Tod seines Bruders Bolder. Er ergrimmte dermaßen gegen Hother, daß er, als die Ebbe eben eingetreten war, nicht wartete bis zur nächsten Flut, um zu Schiff nach Hotherby zu fahren und den Tod seines Bruders zu rächen. Er bestieg sofort sein Pferd und trat, nur von seinem treuen Hund begleitet, die Reise von List nach Hoyer an. Er ritt durch dick und dünn, über Land und Sand, durch Schlick und Wasser in rasender Eile, so daß er unweit von List bereits seinen Hund verlor. Das treue Tier konnte ihm nicht weiter folgen, blieb dort liegen und krepierte. Die Stelle, wo das geschah, heißt noch immer „*Höntje*" und ist heute eine reiche Austernbank. In der „*Westerlei*" glitt dem Seeriesen der Futtersack (die Tracht) vom Rücken des Pferdes und trieb an die Sandbank, welche fortan „*die Draght*" genannt wurde. Er ließ sich nicht Zeit, den Sack mit dem Futter für sein Tier wiederzuholen, sondern jagte immer weiter, bis das arme, hungernde Pferd auch erlag.

Das geschah auf der großen Sandbank, die noch heute dem Tier zum Andenken „*der Hengst*" heißt.

Jetzt war der rasende Seeriese aber bereits dem Festland so nahe, daß er mit großen Schritten zu Fuß den Rest des Weges zurücklegte. Er schnaubte und fluchte, als wenn es donnerte. Er warf mit Hagel und Steinen um sich und fuhr wie ein Sturmwind ans Ufer. Den Mörder seines Bruders traf er auf dem Feld beim Pflügen und fiel ihn sogleich mit seinem riesigen „*Jeßfork*" (dreizackige Schiffsgabel) grob an und verwundete ihn an der Lende. Jedoch Hother wehrte sich tapfer, riß seine Pflugschar aus der Erde und warf sie nach Boh. Aber der Wurf war zu weit und traf nicht. Nun durchbohrte Boh mit leichter Mühe den Hother, der, weil er unerwartet angefallen wurde, sein stichfestes Kleid nicht anhatte. So rächte Boh den Tod seines Bruders Bolder.

Unter den Friesen, wenigstens unter den Syltern, scheint Boh noch lange als ein Rächer des Unrechts in großem Ansehen gewesen zu sein. Vermutlich dachten sich die Sylter in dem nördlich von Keitum liegenden „*Boiken-*

hügel", den Sie dort rechts von unserm Fußweg in einiger Entfernung sehen, sein Grab oder den ihm geweihten Hügel. Wenn den Insulanern ein Unrecht widerfuhr, forderten sie ihn nicht selten zur Rache auf. Noch gegen Ende des vorigen Jahrhunderts, als sich die Sylter von einem Landvogt hintergangen fühlten, fand man auf dem *„Boikenhügel"* einen Pfahl mit einer Klageschrift gegen den Vogt an ein Brett genagelt.

Der *„Boikenhügel"* liegt an der Südseite des Tales *„Jückersmarsch"*. Der *„Galgenhügel"*, das angebliche Grab des großen Seeräubers und Freiheitshelden Pidder Lüng oder „des Langen Peters von Hörnum", liegt an der Nordseite dieses Tales. Ein ruheloses Gespenst, der *„Jückersmarschmann"*, wandert, der Sage nach, allnächtlich vom *„Galgenhügel"* zum *„Boikenhügel"* hinüber. Es mag der ruhelose Geist des Langen Peter sein, der den unbesiegten Helden Boh zur Rache und zur Herstellung der Freiheit und des Rechtes der Friesen auffordert, nachdem er, Pidder Lüng, vergeblich das Seinige getan hatte.[*)]

Ein schwermütiger Mann aus Keitum, dem die Welt und die Menschen ohne Zweifel zu wunderlich und verkehrt geworden waren, zog vor einigen Jahren während dieses Jahrhunderts zum alten Boh. Er richtete sich in dessen Hügel wohnlich ein, wenn auch ziemlich seltsam und verrückt, und er hauste dort wirklich eine Zeitlang von der Welt abgeschieden.

Sie werden es schon bemerkt haben, daß nicht alles, was ich Ihnen bisher von Boh und den anderen mythischen Gestalten erzählte, aus Wilhelm Schulmeisters Buch oder sonst von diesem gelehrten Sylter stammt. Es gab auch andere Weise und besonders viele alte Weiber auf der Insel, die dergleichen zu erzählen wußten. Sie berichten, daß Wilhelm litj Ahnen es mit Hother hielt. Er schimpfte daher oft gröblich auf Boh und nannte ihn sogar „einen Teufel". Über den Tod seines Lieblings Hother steht in seinem Buch nichts weiter als folgendes: *„Nachdem er sehr löblich und weise eine geraume Zeit regieret hatte, wurde er dann von Balders Bruder, dem*

[*)] Nach meinen neuesten Forschungen ist der Lange Peter im Jahre 1520 in Westfriesland eines natürlichen Todes gestorben.

Riesen Boe, erschlagen im Jahr 482 vor Christi Geburt." — Ich habe lange darüber nachgedacht und geforscht, woher diese Parteilichkeit des sonst so gründlichen und gerechten Mannes für Hother und gegen Boh gekommen sein könnte. Ich meine, endlich den Grund dafür gefunden zu haben und will Ihnen den auch keineswegs verhehlen:

Wilhelm litj Ahnen klagte selten über seine Lebensverhältnisse und Berufsgeschäfte. Aber er machte oft Vergleiche und sagte unter anderen einmal: „Ein Schulmeister ist wie ein lahmes, hungerndes Pferd, das bei knapper Kost einen schweren Lastkarren auf einem Heideweg schleppen muß. Dazu werden ihm, damit er es nicht allzu gut und zu bequem habe, Gebiß und Hemmschuhe angelegt, und der Wagen immer mehr mit Kindern und neuen Lehren und Forderungen bepackt, bis der Karren umstürzt und das arme Schulpferd krepieren oder davonlaufen muß. Daher wird der Schulwagen, der auf Rungen[12] schleppt, für ihn zu schwer und muß wohl steckenbleiben."

Wilhelm wird aus Erfahrung gesprochen und sauer genug geschleppt haben an seinem Schulkarren. Er war nämlich Schulmeister in den Norddörfern der Insel, wohnte aber sonst in Keitum, wo er ein Eigentumshäuschen besaß. Er pflegte am Sonnabend nach Hause zu gehen, um sich für die folgende Woche neuen Speisevorrat zu holen. Am Montagmorgen oder in der Sonntagsnacht kehrte er wieder zu seinen Berufsgeschäften in die Heidedörfer zurück, wo er mit großer Treue für einen geringen Lohn die Jugend dreier Dörfer unterrichtete.

Nun traf es sich einst, als er mit einem Korb voller Speisevorräte in der Nacht von Keitum nach Braderup gehen wollte, daß ihm beim *„Boikenhügel"* ein gespenstisches Ungetüm in den Weg trat. Einige sagen, daß es der *„Jückersmarschmann"* war.

Der prosaische Schulmeister war sonst nicht so leicht in seinem Gleichmut gestört. Aber diesmal wähnte er den alten Boh selber oder den

[12] Seitliche Haltestange für lange Güte wie Holz etc. (Anm. Frank-Daniel Schulten).

leibhaftigen Satan vor sich zu sehen. Zu allem Unglück war ihm eben jetzt der Spruch entfallen, durch welchen er Gespenster zu bannen pflegte. Er setzte daher in dieser Anfechtung seinen Korb nieder und kehrte eilig wieder nach Keitum zurück, um sich in der Bibel Rat zu holen. Als er gefunden hatte, was er suchte, ging er, geistig gestärkt, wieder dem Unhold entgegen. Jedoch, das Gespenst war verschwunden und zugleich die schöne Wurst samt allem Speck aus seinem Korb. Nur Brot, Käse und sein Topf mit Kohl waren unberührt geblieben. Von diesem Ereignis scheint sein Haß gegen Boh zu stammen. Er schimpfte nun den Alten einen Teufel, einen Räuber, ein Leckermaul. Wohl oft sagte er spottend: „Ich hab's erfahren, denn er hat mir meinen Speck und meine Wurst gestohlen. Aber Käse und Brot mag er nicht und meinen Kohl verschmäht er. Recht tut er nimmer! Ich glaube nicht an ihn!"

Zum Glück glaubt jetzt auch kein Sylter mehr, daß das Recht und die Bestrafung des Unrechts auf den friesischen Inseln von den alten heidnischen Wesen Boh oder dessen Brudersohn Forsete oder von der Anrufung ihrer Geister und Schatten abhängt. Das Sylter Volk wählte sich bereits vor vielleicht tausend Jahren (ähnlich den anderen Friesen) auf jenen Thinghügeln selbst seine Gesetze (*„Willküren"* und *„Beliebungen"* genannt) sowie seine Vertreter, Aufseher und Richter (die zwölf Ratmänner und die sogenannten *„Sechsmänner")*. Erst nach den unglücklichen Ereignissen, welche um die Mitte des 14. Jahrhunderts das Volk der Uthlande trafen, rissen die Limbecker und andere Adelige alle Macht auf den Inseln an sich und verlegten die Sylter Thingstätten auf die Hörnumer *„Ratsburg"*. Später, als Landvögte eingesetzt waren, wurden die Volksthinge der Sylter gewöhnlich in Keitum gehalten. Jedoch wurde 1867 das Alt-Sylter Ehrwürdige Volksgericht der Ratsmänner durch die preußische Regierung aufgehoben.

Jetzt sind viele Beamte mit der Verwaltung der Insel betraut. Das Amtsgericht in Tinnum beschäftigt vier Personen, die Polizei zehn, darunter einen Landvogt und acht Bauernvögte. Die ökonomische Verwaltung der Insel hat neun Bevollmächtigte; das Steuer- und Zollwesen vier Personen, und das Kreuzzollwesen sechs. Das Post-, Fähr- und Telegraphenwesen acht; das Strand- und Dünenwesen (außer einem Inspektor) zehn Personen; das Leuchtfeuerwesen fünf Personen usw.

2. Sagen der Sylter Seefahrer und Halfjunkengänger

Jetzt sind wir auf den *„Bramhügeln"* angelangt, und es trennt uns nur noch ein Tal von den bereits erwähnten Thinghügeln. Lassen Sie uns hier niedersetzen auf den weichen Rasen und einen Augenblick verweilen; denn die Gegend, die man hier überblickt, hat viel Interessantes zu bieten. Ich möchte hier den Abend und den Aufgang des Mondes erwarten. Im Mondschein auf der öden Heide und den Grabhügeln der alten Seehelden lassen sich die Sagen der Alten besser erzählen und gleichsam miterleben als sonst irgendwo und -wann. Jedoch der Rest des heutigen Tages und des von uns noch heute zu wanderenden Weges könnte etwas zu lang dafür sein. Sehen Sie: Dort im Süden über den grünen Wiesen und dem hellen, bläulichen Meeresarm liegen die Inseln Föhr und Amrum und das wilde, an Sagen so reiche Hörnum.

Im Südwesten, auf der dunstigen Ebene, erblicken Sie zunächst die jetzige Königliche Landvogtei.*) Etwas westlicher aber, unter den Dünen Alt-Rantums und Eidums, sehen Sie das Dorf Tinnum und den alten ringförmigen Erdwall der *„Tinnumburg"*, an der Nordseite vom niedlichen *„Döplemsee"* umgeben. Im Westen, den Dünen und dem westlichen Strand noch näher, liegen die Mühle, die Kirche und die bunten Häusergruppen Westerlands, unseres neuen Badeortes. Im Nordwesten und Norden erheben sich über die nebelreiche Niederung, welche wir *„Liighiid"* nennen, eine Menge Grabhügel, Heidehöhen und Dünen. Sie sind mitsamt den Thinghöhen und *„Bramhügeln"*, auf denen wir verweilen, ein besonders reiches Feld geschichtlicher und sagenhafter Erinnerungen.

---

*) Die jetzige Landvogtei ist ein ansehnliches Gebäude und wurde 1748 erbaut. Eine ältere, 1649 erbaute Landvogtei, steht fast in der Mitte Tinnums noch jetzt, nämlich das sogenannte *„Deutsche Haus"* auf Königskamp. Eine noch ältere lag in der Nähe der *„Tinnumburg"*. Sie ist aber längst abgerissen.

Denken Sie sich diesen ganzen öden Erdfleck voller Heidehöhen und Sandberge, voller Schluchten und Sümpfe, voller Grabhügel und –steine. Sehen Sie, wie es inmitten des wilden, sturmbewegten Nordmeeres liegt, gehüllt in das blasse Mondlicht eines langen Herbstabends oder in die Finsternis einer stürmischen Winternacht, bewohnt von lebensmutigen und kräftigen Männern und Jünglingen, die nach ihren Seefahrten und langer Abwesenheit heimgekehrt sind. Stellen Sie sich die lebensvollen und frohen Frauen und Jungfrauen vor, die sich nach den Mühen des Sommers gerne zu den lustigen Tänzen und Gastmählern des Winters führen lassen von ihren Männern oder Freiern, den raschen, mutwilligen Söhnen des Meeres! Still mögen unsere Eilande am Tage gewesen sein. Wenn aber die langen Herbstabende kamen, die Seefahrer heimkehrten, die *„Halfjunkengänger"* ihre Freierfahrten und Tänze begannen, dann gab es stets ein frohes, freies und oft wildes Leben auf den Inseln: Da zog eine Schar schäkernder Mädchen oder tobender Jünglinge umher, dort wiederum schlichen ein verliebtes Paar oder ein einsamer Nachtschwärmer in der Dunkelheit entlang.[*)]

Alle trachteten nach Freude und Genuß, waren aber auch voller abergläubischer Furcht, sobald sich in der Nacht etwas Unerwartetes oder Unerklärliches hören ließ. Mal wähnten sie sich von bösen Geistern verfolgt, von neckischen und verführerischen Hexen. Ein anderes Mal waren es gute Geister, schützende Feen oder Weiße Frauen, die sie leiteten und von ihren falschen Wegen zurückführten. Manchmal wurden sie durch den *„Loghtermann"* oder das *„Braderuper Licht"* in die Irre gelockt. Dann wieder wähnten sie, einem vorspukenden, sie hindernden Leichenzug zu begegnen oder einem klagenden *„Weddergunger"*, der im Grabe keine Ruhe fand.

Viele rätselhafte Erscheinungen wechselten sich fast allnächtlich mit verliebten Szenen und mutwilligen Streichen ab. Daher war das Leben der

---

[*)] Das sogenannte *„Fenstern"* ist übrigens nie auf Sylt wie auf Föhr in Gebrauch gewesen, sondern auf Sylt fand das sogenannte *„Türen"* oder *„Bi Düürstuunen"* statt. Nachdem der Freier abends in der Wohnstube seines Mädchens eine Pfeife geraucht hatte, begleitete die Schöne ihn zur Tür.

friesischen Seefahrer daheim nicht minder mit seltsamen Dingen und Erfahrungen durchflochten als ihre Zeit auf dem Meer. Malen Sie sich diese nächtlichen Ereignisse, dieses Leben der Sylter Seefahrer in ihrer öden, sturm- und sagenreichen Heimat mitten im Meer recht wild und romantisch aus, nur mischen Sie keine Säufer und Unzüchtigen, selbst nicht einmal Betrunkene in Ihre Vorstellung hinein. Dann können Sie ermessen, welche tief ergreifenden, dem Gemüt unauslöschlich bleibenden Eindrücke das Inselleben sowohl in dem weithin schiffenden Seefahrer wie auch in dem ruhigen Beobachter zu Hause zurücklassen mußte, wenn er nicht ganz für diese Welt abgestorben war. So habe ich selbst es in meiner Jugend noch gekannt.

Es wimmeln daher die Sagen und Erzählungen der Seefahrer und „*Halfjunkengänger*" von Gespenstern, von Hexen und anderen nächtlichen Unholden, aber auch von guten, warnenden und schützenden Feen und weißen Frauen. — Die „*Bramhügel*" waren schon immer berüchtigt wegen der Hexentänze und Gespenstererscheinungen, die hier geschahen. Auch wegen der bösen Blicke und Ratschläge, welche die Hexen und die herrsch- und eifersüchtigen Weiber dort gaben, gleichsam als Gegenstück zu den Gesetzen, welche ihre Männer auf den nahen Thinghügeln schmiedeten.*) Daher heißt das Tal, welches diese Hexenhügel und die Thinghügel trennt, noch jetzt „*Glüüreglaat*", d.h. „*das Tal der bösen Blicke*". Die Männer wählten sich auf den Sylter Thinghöhen (ähnlich wie die Ostfriesen auf dem „U*pstalsboom*") in ihren Urversammlungen z.B. folgende „*Welkuaren*" (Regeln oder Grundsätze):

„Dreimal im Jahr kommen alle eingesessenen Sylter zusammen: Zweimal (im Frühjahr und im Mittsommer) um Rechte (Gesetze, Beliebungen und Verbote) zu machen und einmal (nämlich im Herbst), um Recht zu sprechen (Gericht zu halten). Wenn einer Not oder Unrecht leidet, sollen die anderen ihm zu Hilfe kommen oder zu seinem Recht verhelfen. —

*) Die Thinghügel bilden eine Reihe von fünfzehn noch vorhandenen, ehemaligen Grabhügeln. Südwestlich davon lagen früher die zwei „*Bridfiarhügel*". Sie wurden einst zum Andenken an ein Wunder errichtet.

Wenn einer ungehorsam wird gegen ein Gesetz des Landes, sollen die anderen ihn im Thing verurteilen und bestrafen."

So sollen sich auch die Hexen auf den *„Bramhügeln"* Regeln gemacht haben, welche sie herzusagen pflegten, wenn sie sich zu ihren nächtlichen Fahrten und Tänzen salbten, z.B: „Sei hier und da und überall! — Stoß hier und da und nirgends an!" — Man kennt auch sonst noch manche Reime und Sprüche der Inselhexen oder dieselben betreffend.*) In einer Sylter Mythe heißt es:

Es hatten sich einst drei Hexen während der Nachttänze verspätet. Eine von ihnen, „Glühauge" genannt, saß auf einem Sand- oder Steinchenberg und stierte in das aufdämmernde Tagesrot. Da gewahrte sie zwei andere Hexen, die „Lahme Ente" und die „Mannstolle Kuh" genannt; erstere heranwatschelnd, letztere über das Feld eilend. Sie rief neckend der Lahmen Ente zu: „Lauf, lauf, Lahme Ente, um die Wette mit der Kuh, die den *„Rekel"* (großen Kerl) aß." Aber in diesem Moment stieg die Sonne herauf, zerriß die Dämmerung und ließ den Berg wie von Feuerschein erglänzen. „Huh! Was war das?", rief sie erschreckt und — flog zum Henker.

Diese kleine Mythe heißt in der sylterfriesischen Mundart:

„Gleesooge seet üp Stinkenbarig
En glüüret ön de Daageruad.
Jü terret höör Sester:
Laap, laap, lam Enk,
Hur de Kü rent,
Diar Rekel eet! –
Hu! wat wiar dit? –
De Daageruad spleet;
De Barig bruan önder.

---

*) Zu den Hexenbeliebungen oder -regeln gehörte auch folgende: „Leg' Knoten hin vor jedermann! — Bring' jeden, nur dich nicht zu Fall!"

Gleesooge floog naa de Hinger.“

Auf einem Schiff fuhren einst drei auf Sylt verheiratete Seefahrer. Einer war Kapitän, die anderen Steuermänner. Während ihrer Abwesenheit von der Heimatsinsel ergaben sich ihre Weiber der Hexerei, um ihnen in der Nacht in allerlei Gestalten stets nahe sein zu können. Einst lag das Schiff in einer fernen Seestadt, aber die Hexen waren ihren Männern auch dahin gefolgt, freilich ohne deren Wissen.[**)] Da entdeckten sie, daß ihre Eheherren auch mit anderen Weibern Umgang hielten. Das reizte ihre Eifersucht und ihren Zorn in hohem Maße. Eines Abends, als sie wähnten, die ganze Mannschaft sei an Land gegangen, um sich dort zu vergnügen, verabredeten sie daher auf dem Schiff den Plan, den Kahn auf der Rückreise in Gestalt dreier Sturzwellen zu überfallen und mit Mann und Maus zu versenken. Die jüngste und unerfahrenste Hexe äußerte die Besorgnis, ob sie nicht selber dabei zu Schaden kommen würden? — „Nein, nur dann, wenn ein Reiner mit reinen Waffen uns abzuwehren versucht“, belehrte sie die Älteste. Es hatte aber der Schiffsjunge heimlich die Unterredung der Hexen gehört, ohne daß sie es ahnten. Ehe das Schiff nun heimwärts segelte, kaufte der Junge sich einen neuen Degen und ging oft damit auf Deck spazieren, zum großen Gespött der übrigen Mannschaft. Eines stürmischen Abends während der Rückreise stand er, ebenfalls mit seinem Degen in der Hand, an der Windseite des Schiffes auf dem Verdeck.

Da näherte sich eine turmhohe, schaumbedeckte Welle dem Schiff. Alle glaubten ihrem Untergang nahe zu sein. Jedoch der Schiffsjunge stieß seine Waffe in die Welle, und sie glitt vorüber, nur eine Blutspur hinterließ sie. Da kamen eine zweite und endlich gar eine dritte gefährliche Woge und wälzten sich mit großem Getöse an das Schiff heran. Der unschuldige Schifssjunge wehrte mit seiner unbefleckten Waffe auch diese glücklich ab. Sie versanken wie die erste, ohne Schaden anzurichten, und nur ein roter Streifen zeigte an, wo sie gewesen waren. Als das Schiff bald darauf ohne

---

[**)] Die jetzigen Sylter Schiffskapitäne sind klüger. Sie laden, wenn sie eine Seereise gemacht haben, ihre Frauen ein, sie in Hamburg oder Holland zu besuchen, was diese denn selbstverständlich gerne und fleißig zu tun pflegen.

weitere Gefahren die Heimreise vollendete, erfuhren die drei Schiffsoffiziere, daß ihre Weiber alle in derselben Nacht, in welcher der Schiffsjunge die drei Sturzwellen abgewehrt hatte, krank geworden und gestorben waren. Da gingen ihnen die Augen auf, daß ihre Weiber Hexen gewesen und welcher Gefahr sie entgangen waren.

Das ist eine der gewöhnlichen Sylter Hexen- oder Seefahrer-Sagen. Ich möchte Ihnen aber auch eine neuere, besser begründete und dennoch seltsame und interessante Geschichte erzählen, deren Hauptschauplatz die *„Bramhügel“* waren, auf welchen wir gerade verweilen:

In Tinnum lebte einst ein junger, lebenslustiger Seefahrer namens Jens Andersen, geboren am 30. Juni 1716. Es gab damals keinen schöneren Jüngling und keinen flinkeren Seemann auf Sylt als Jens von Tinnum. Er hatte seine Navigation leicht und gut gelernt und war schnell zum Seefahrer geworden. Mit noch nicht einmal zwanzig Jahren war er bereits Steuermann auf einem großen Handelsschiff. Alle ledigen, heiratslustigen Jungfrauen warfen ihre Netze aus, um ihn zu fangen, wenn er daheim war. Alle übrigen Freier und Nachtläufer beneideten ihn und lauerten ihm auf, wenn er abends als Freier ausging. Die Hexen und boshaften Weiber aber, die er verschmähte, neckten und verfolgten ihn überall und suchten ihn zu hindern, wenn er des Nachts heimlich zu seiner Geliebten ging. Denn er hatte, noch sehr jung, bereits seiner schönen Nachbarin Marin Mannis die Ehe versprochen. Sein Herz war jedoch leicht und wankelmütig, und er war durchaus nicht unempfindlich gegen andere Schönheiten. Einst hatte er — neben anderen — eine schöne Jungfrau aus Keitum gesehen, sie kennengelernt und sich spornstreichs in sie verliebt.

Am folgenden Abend ging er nun heimlich von seinem Heimatsdorf ostwärts nach Keitum, um der neuentdeckten Schönheit seine Huldigung darzubringen. Er war voller leichtsinniger Gedanken und Liebespläne, als ihm auf halbem Wege etwas Unheimliches begegnete. Hinter einem Dornenbusch, unweit des Weges, traten plötzlich zwei in weiße Gewänder gehüllte Gestalten hervor, die sich ihm vertraulich näherten. Sie faßten ihn, ohne zu sprechen, unter die Arme. Dann zogen sie ihn seitwärts vom Wege in Richtung Norden. Der Jüngling sträubte sich anfangs gegen die unheimliche Entführung, denn das Abenteuer kam ihm sehr ungelegen. Aber er fügte sich bald den schönen, weißen Damen und ging, wohin sie wollten. Nach mehrstündiger schweigender Wanderung über Äcker und Heiden näherten sie sich wieder dem Keitumer Kirchturm, der in die düstere Nachtluft ragte. Die Feen öffneten die Kirchhofspforte und zogen, wie widerwillig der junge Seefahrer sich auch gebärdete, ihn mit leichter Mühe auf den Kirchhof bis zu einem frisch geöffneten Grab. Hier verschwanden sie plötzlich hinter Grabsteinen, und ließen den Freier allein mit seinen Gedanken. Jens erfaßte endlich den Sinn dieser nächtlichen Entführung, die in der Sylter Sprache *„Trakkin"* genannt wird. Er bedachte, daß sie eine Warnung vor gänzlicher Verwilderung und Entsittlichung für ihn sein sollte. So beschloß er, in Zukunft seiner ihn so innig liebenden Braut allein anzuhangen und ihr stets treu bleiben zu wollen, und er begab sich sich auf den Heimweg nach Tinnum.

Es war um Mitternacht, als er bei den *„Bramhügeln"* ankam, wo der Tinnumer Kirchweg eine Biegung hat. Dort begegnete ihm ein zweites Abenteuer. Jens Andersen sah sich plötzlich umringt von einer Schar unheimlicher Wesen. Es waren Hexen, die Katzengestalt angenommen hatten. Sie hüpften und rannten im Wirbel rings um den armen Halfjunkengänger. Ja, einige sprangen ihm sogar auf den Nacken, liebkosten und kratzten ihn abwechselnd, während die anderen im Chor einen infamen Katzengesang anstimmten. Der Seemann stieß schreckliche Flüche und Verwünschungen aus und versuchte vergeblich, die unheimliche Gesellschaft zu verscheuchen. Die höllischen Wesen aber wurden immer zudringlicher.

Da ergriff er die letzte Waffe des Matrosen — sein Messer. Er stieß es nach den Unholden und schleuderte es in der Hitze des Kampfes mit dem Ausruf: „Aus meinen Händen in des Teufels Lenden!", mitten unter sie. Es entstand ein großes Jammergeschrei, und die Hexen in Katzengestalt verließen ihn. Sein Messer fand er aber, ungeachtet seines späteren Suchens und Nachforschens, auf Sylt nicht wieder. Seiner Braut blieb er jedoch von nun an stets treu.

Im nächsten Frühjahr, nicht lange danach, fuhr Jens Andersen wieder zur See hinaus. Ihm wurde in Hamburg ein Schiff anvertraut, das er in Zukunft als Kapitän führen sollte.*) Das Schiff hatte neun Mann Besatzung, darunter drei Sylter, nämlich den Kapitän Jens Andersen aus Tinnum, den Steuermann Schwenn Peters aus Morsum und den Schiffsjungen Manne Philipps, ebenfalls aus Morsum. Das Schiff segelte mit günstigem Wind von Hamburg ab und war nach Porto bestimmt. Es war bereits ohne Unfälle unweit von *„Cap Finis-Terre"* an der Nordwestspitze Spaniens angekommen. Doch am 15. April 1737 wurde es von einem algierschen Seeräuber überfallen und nach kurzem Widerstand der Mannschaft gekapert, wobei einer der Männer umkam.

Am 13. Mai landete der Seeräuber mit seiner Beute in Algier, und der Kapitän Jens Andersen wurde zusammen mit den übrigen Gefangenen als Sklave verkauft. Nachdem diese Schiffsmannschaft etwa ein Jahr in der Sklaverei in Afrika gewesen war, wurde man sich wegen ihrer Auslösung einig. Dem Kapitän wurde für 2000 Taler, dem Steuermann für 1970 Taler, dem Schiffsjungen für 1000 Taler und jedem der fünf Matrosen für 700 Taler die Freiheit zugesagt. Da diese großen Summen nicht sogleich herbeigeschafft werden konnten, wurden — freilich gegen sichere Bürgschaft — im Mai 1738 Kapitän Andersen sowie die Matrosen und der Schiffsjunge wieder freigelassen. Nur der Steuermann Schwenn Peters mußte in Algier als Geisel zurückbleiben, bis die volle Summe aller Lösegelder bezahlt war. Er kehrte erst im Sommer 1742 wieder heim. Solche Lösegelder wurden gewöhnlich damals von den Verwandten und Landsleuten der in die afrikanische Sklaverei geratenen friesischen Seefahrer bezahlt, bisweilen auch von der dänischen Regierung oder von den Schiffsreedern in Hamburg.

Als Kapitän Jens Andersen auf seiner Rückreise von Algier in Livorno (anderen Berichten zufolge in Amsterdam) gelandet war, begab er sich in ein Gasthaus, welches damals oft von seinen seefahrenden Landsleuten

---

*) Nach anderen Berichten gehörte das ihm anvertraute Schiff Kaufleuten aus Eckernförde.

besucht wurde, um sich dort zu erquicken. Eine alte, lahme Frau bewirtete ihn. Ehe er jedoch zu speisen begann, betrachtete er mit Verwunderung das ihm vorgelegte Messer. Es war dasselbe, welches er einst auf Sylt unter die Katzen geworfen hatte. — „Kennst du das Messer?", fragte ihn die mürrische Wirtin. — „Ach ja", antwortete er — „als ich es das letzte Mal in den Händen hatte, war es meins." — „Ich wollte, daß du es nie aus den Händen gelassen hättest; dann wäre ich nicht lahm geworden", — sprach die in Zorn geratende Frau und fügte hinzu: — „Ich habe so manche fröhliche Nacht auf deiner Heimatinsel zugebracht; aber du hast mir die Flügel gelähmt. Möge es deinen Kindern wie mir ergehen! Mögen sie lahm wie ich umherhinken!" — Der Sylter Seemann beeilte sich natürlich, aus dem Haus der Hexe wegzukommen. Er setzte seine Heimreise fort und beendete sie glücklich.

Nach einigen Jahren heiratete er seine Braut Marin Mannis und zeugte mit ihr vier Töchter, die alle lahm waren, wie noch lebende Sylter bezeugen können. Er selber fuhr noch viele Jahre als Kapitän zur See, lebte dann als Ratsmann und als begüterter und geachteter Landwirt noch manche Jahre in seiner Heimat. Dort starb er am 10. Dezember 1786, weit über 70 Jahre alt.

Zu den Sagen der Sylter Seefahrer gehört vor allem auch die Erzählung vom Riesenschiff *„Mannigfuald"*. Das Schiff soll so groß gewesen sein, daß der Kapitän, (der *„Uald"* genannt), beständig zu Pferde darauf ritt, um seine Befehle zu erteilen. Der Koch mußte in einem Boot in der Suppenschüssel umherfahren, um die Klöße herauszufischen. Die Matrosen kletterten jung in die Takelage hinauf, aber alt und grau wieder hinab. Einst segelte das Schiff, vom Atlantik kommend, in den britischen Kanal hinein. Es fand aber das Fahrwasser bei Dover zu schmal. Da ließ der Kapitän die Backbordseite des Schiffes mit weißer Seife bestreichen. Das half. Das Schiff drängte sich glücklich hindurch und gelangte in die Nordsee. Die Felsen erhielten bei Dover aber von der abgescheuerten Seife ihre jetzige weiße Farbe. — Bei dem Versuch, in die Ostsee hineinzusteuern, wäre das Schiff aber im seichten Meer steckengeblieben, hätte man nicht den Ballast ausgeworfen. Daraus entstand nun die Insel Bornholm.

Ein Gegenstück zu diesen Sagen bildet eine Geschichte, in der eine Jungfrau aus Eidum oder Westerland die Hauptrolle spielt. Sie hieß Karen Knut Teidis und war seit vielen Jahren einem Seemann aus Tinnum namens Nickels Jensen versprochen. Obwohl der sie in mehreren Jahren weder besucht noch während seiner Abwesenheit zur See ihr eine Nachricht gesendet hatte, hing sie dennoch mit immer gleicher Liebe an dem Mann ihrer Wahl. Ja, ihr Ohm, bei dem sie erzogen war, bestürmte sie, einem anderen, unbescholtenen und wohlhabenden Mann, welcher ihr seine Zuneigung erklärt hatte, ihre Hand zu geben. Dennoch konnte sie sich nicht entschließen, ihr Wort zu brechen, so sehr sie sich auch von ihrem Verlobten vernachlässigt fühlen mochte.

Endlich erklärte ihr der harte Ohm, daß er ihr nur noch eine Frist von einem Vierteljahr geben wolle. Danach sollte sie entweder ihren reichen Freier heiraten, oder der Oheim würde sie aus dem Hause verstoßen. In dieser trüben Zeit schiffte am 21. Oktober 1686, wie das in alter Zeit auf Sylt so oft geschah, die Jungfrau mit vier Landsleuten in einem offenen Boot aufs Meer hinaus, um Schellfische zu fangen. Die Namen ihrer Gefährten waren Erk Boh Tamen, Jens Boiken, Bunde Schwennen und Bunde Frödden. Während die Sylter mit der Fischerei beschäftigt waren, erhob sich der Ostwind. Er wurde bald zu einem Sturm, welcher es ihnen unmöglich machte, den heimatlichen Strand wieder zu erreichen.

Willenlos mußten sie sich vom Sturm und den Wellen in ihrem schwachen, zerbrechlichen Fahrzeug forttreiben lassen, immer weiter westlich von ihrer Heimat fort. Die Kälte war groß, und der Sturm hielt mehrere Tage an. Hunger und Durst wüteten in ihren Leibern, und ständig drohte ihnen der Tod. Das Meer hatte schon dreimal das Boot fast bis zum Rand mit Wasser gefüllt. Es schien, als wäre keine Rettung möglich. Zwei volle Tage und drei Nächte verlebten sie in Todesnot und Angst.

Endlich, am dritten Morgen, näherte sich ihnen ein Schiff. Es war eine holländische Fregatte, die von Danzig kam und heimwärts segelte. Man warf den erschöpften, weit verschlagenen Sylter Fischern im Vorbeisegeln Stricke zu, welche sie ergriffen, und man zog sie aufs Schiff. Ihre Rettung geschah am 24. Oktober auf der *„Weißen Bank"*, 25 Meilen westsüdwestlich von Sylt. Am folgenden Tag kam das Schiff glücklich zu Hinlopen in Westfriesland an. Von da fuhren die fünf Sylter sofort in ihrer Jolle nach Harlingen, wo sie vom dortigen Bürgermeister mit Proviant und mit einem Zehrpfennig versehen wurden. In dieser Stadt trafen sie — unerwartet, aber zu ihrer und besonders der Jungfrau größten Freude — den lange abwesenden Landsmann und Bräutigam Nickels Jensen aus Tinnum mit seinem Schiff.[*)] Auf dieses glückliche Ereignis folgte bald die frohe Wiedervereinigung der lange Getrennten. Nickels Jensen lud die Braut und ihre Landsleute und Leidensgenossen zu sich an Bord ein, in neuerwachter herzlicher Liebe. Er schiffte mit ihnen auf die Heimatinsel zurück, wo sie alle wohlbehalten am 4. November 1686 wieder anlangten. Nicht lange danach feierte Nickels Jensen Hochzeit mit seiner vielgeprüften, aber stets treuen Braut Karen Knut Teidis.

Ich muß noch eine weitere, sehr merkwürdige Sage der Sylter Seefahrer erwähnen: Sie vergleicht den Himmel mit dem Dach eines großen Hauses und die Erde mit seinen unteren Teilen. Jeden Abend sinkt die Sonne am westlichen Rand des Himmelsdaches (*„bi Wester Ökken"*) nieder, und die verstorbenen alten Jungfern in der anderen Welt beschäftigen sich damit, Sterne aus den alten, abgenutzten Sonnen zu schnitzen. Die verstorbenen alten Junggesellen, die an einer Leiter beständig auf- und niedersteigen müssen, schieben sie dann am östlichen Himmelsrand (*„bi Uaster Ökken"*) auf das Himmelsdach hinauf, damit sie dort während der Nacht glänzen.

[*)] Die Sage berichtet genauer: Während die schiffbrüchigen Sylter sich die Stadt Harlingen ansahen, stürzte Karen plötzlich auf einen vor ihnen gehenden Mann zu und rief: *„Neghels aa! min Neghels aa!"* — Der Mann sah sich befremdet um, und mochte eher an den Ruf des Erzengels zum Weltgericht gedacht haben, als von seiner Sylter Braut auf der Straße in Harlingen angerufen zu werden.

3. Die Brautfahrtshügel auf Sylt*)
Eine Alt-Sylter Sage in Sylter Mundart
In Reime gebracht von K. J.

De Bridfiarhoogher üp Sölth,**)
of dit Miraakel fan Eidem.
En ualthing Tial, ön Riim braagt fan Kristjan Iappen[13]

En Uurd fuarof.

Meenst, dat ik ek dört
Dit, wat ik haa jert,
Fuar üthern nü skriif,
Om dat 's mi ek liif?
Of meenst, dat 'k ek kjen?
Alstunds wel 'k bigenn!
Da feist dü tö weeten,
Dat 'k nönt haa auriiten.
Man skriif 'k ol te fuul,
Da täänk: wat en Gruul!
Sin Hingster slit Wein;
De Rest es nogh Lein.

1. Taam Earik en sin Daaghter.

Ön Eidem üp Sönthdik
Diar uunet Taam Earik,
Hed Hüs diar en Lönth
Ek für fan de Strönth.

---

*) In den dreißiger Jahren des 19. Jahrhunderts wurden die Hügel abgetragen.
**) Das „th“ ist ein weiches „d“. Es wird wie das englische „th“ ausgesprochen.
13 C.P. Hansen wurde auf Sylt „Christian Jappen“ gerufen. (Anm. Frank-Daniel Schulten).

Sin Jilth hed hi roowet,
Bi Strönth hed hi kloowet,
En Skepman de Haud,
On Sönth höm beklaud;
Wilth earelk dagh skiin
En biltj höm wat iin:
Hi wiar jaa sa rik,
Hi hed ek sin Lik.
Dagh wiar hi ek lethen
En aaft üntöfreethen:
„Me Ünroght dit Lek,
Dit jenthigt me Skrek!“
Sa seid sin Geweeten,
Diar aaft höm jens betten;
Sa waath er uk seid
Fan danen, diar skreid, –
Hi hed en litj Faamen,
Höör Noom wiar Uas Taamen,
Jü wiar wel sa deilk,
Man arkjen sin Reilk.
En Miarnem da slöps,
En Injem da löps,
En Deiem da spuans,
Bi Naght wiar s' tö Daanz
Me Dräänger sa wilj,
Sa glääd üs en Jilth.
De Faather hi seid:
„Bliif dü man tö Steid,
Dü stjüürst naa Nuuthwäást hen
Tö Pitje fan Skotlönth.
Braaf Friiers ja kjen
Di jir uk nogh finj.

De Hexen en Trööler
Üp Hiith haa jaar Hööler,
Kumst dü jam wat nei,
Da uust dü balth fei.“

2. De Füghelspraak.

Uas swaaret höm:
„Üp Hiith haa 'k Rüm;
Ithüüs es 't naar
Diar fing de Dräänger mi ön Snaar;
Uk mei I't weet: Hat es de Saak,
Üp Hiith liir ik de Füghelspraak. –
Ik kjen al üs en Lörke sjung,
En üs de Störk üp jen Biin gung;
Ik weet al wat de Kliire seid,
Wan jü höör Eier heeth jest leid:
„Kliire, kliire klötj!
Ik warp min Eier üp rüghe Tötj;
Diar kumt en Arm en geith 's fuarbi,
Diar kumt en Rik en nemt jam me.“
En Barigenth, diar rääpt: „Guddei!“
De swaare ik: „Dank fuar din Ei!“
Ik kjen al me de Spreenen snakke,
Ik weet al wat de Kreeken krake.
De Swaalken weske üp jaar Wiis
Mi alle Daagen lütter Niis.
Ön 't Weeter sen ik uk ek dum,
Ik kjen al me de Swaanen swum;
En fan de gurt wit Möen
Liir 'k neistens uk dit Flöen.“

3. De Friier fan Nuuthen.

Taam Earik seid:
„Min Daaghter! min Daaghter! ik wel di wat sii:
Dü skudt di fuul lewwer anständig befrii.
Dü liirst man dit Hexin,
Dit Weskin en Tweskin,
Bringst Lidden aural
En di sallef tö Fal."
Uas Taamen swaaret:
„Sa slim es 't jit ek.
Leest kam er en Gek,
En Mantje fan Nuuthen
Sa poltig üs Juuden,
Me Ausen fuar Plogh,
Me Gris ön sin Skogh.
Hi skauet üüs Haagen, hi skauet üüs Skiin,
Da braaght hi döör Bööster sin Waref mi iin:
„Min kjäre litj Faamen, wan dü wel mi haa,
Saa skel dü, for Skam! mine Griskin al faa."
Skuld 'k sa jen nem?
Ik swaaret höm:
„Kjenst dit forstuun?
Grip eeder de Muun,
En bring mi de,
Da feist dü mi."
Me Skanth en blö Sken
Fuar hi wether hen
Sa mal üs en Stiir
Bï Naght nü aurstjüür.
Dagh maaket 'k tö Spaas
Höm bang üs en Haas,

Forfölgt höm üp Stölken
Me muurdelik Belken.
Fan Ungst waath hi blinj,
Küth Wei ek muar finj,
Stört dial aur de Klef:
Sa kam hi om 't Lif."

4. De Hexendaanz üp Almböögsbarig.

De Wolpernaght de es sa grä;
De Füghler en de Hexen flö,
Me Hexen en wilj Gös
Floog Uasken uk fan Hüs
Tö Daanz üp Almböögsbarig,
Diar huppet Kreek en Sparig.
Diar kam 's töhop fan alle Sidden
De Trööler üp jaar Böösmer ridden.
Ja slüt en brokket Kraanz
Eu hölth en lüstig Daanz.
Ön Medden stönth üp aghter Biin sa stram
De Duiwel sallef üs en huurent Ram.
Hi lukket wel sa bliith
En dör ark sin Beskiith.
Ja slekket höm om Stört,
Sa üs 't sin Jüngers jert.
Hi seid: „Fan juu es nemmen
Üs Uasken sa welkjemmen;
Jü es de jungst en deilkst fuar mi,
Ik wiale diar fuar höör tö Brid!" –
Man nü bigent de Ualthen
Tö skempin en tö skrualin:
„Diar fing wü jen üp Snüt,

Nü es de Daanz nogh üt."
Uk Uasken waath forfiirt,
Jü hed wat Gröghelks jert.
Jü waath sa litj alk üs en Müs,
Jü buad de Duiwel: „Let mi thüs!"
Hi swaaret Uas:
„Dü kumst ek luas,
Dü best nü min
En ik sen din.
Dü welligst iin
Dat jer tö Stiin
Forwandelst jir
Üs tö en Ütherns Brid.
Wan dit mi lööwest,
Niin Falskheid weegest,
Da let 'k di desmaal gung,
Dü best mi jit wat jung.
Ik wel mi da tö Fiirens iif
En soowen Jaar fan Hüs of bliif;
Da kum 'k töbeck en haale di,
Da uust min Wüf en blefst bi mi."
Dit arem Uas! naa sin Bigiar
Maast jü alstunds de Satan swiar.
Jü wiar üs Guus fan Hüs of löppen
En kam üs Müs töbeck nü kreppen.

5. Uas Taamen höör Kemmer.

Uas bleef nü ään
Me breeken Sen.
Jü skrualet fuul
Aur sok en Gruul;

Sok her 's ek taagt,
Jü wiar forsaagt.
De Lidden fraaget:
„Wat munth höör plaaget?"
En braagt 's bi Skorstiin
En Pöös me Flenstiin.
Hat holp höör nönt,
Jü bleef dagh skäänt.
„Jü heeth en Sjught!" – höör Faather seid;
„Wan 't nü man jest tö Harefst geith,
Da kumt er nogh en beeter Tid.
Da kumt er uk muar Leewent jir."
De Harefst kam, de Wunter ging,
Man Uasken bleef allikwel ring.
De Friiers löp
Wan Uasken slöp,
En stönth 's bi Düür,
Hed Uas de Tüür.
Tö leest, da kam de Wolpernaght
Jit jens; – man nü küth Uasken saagt;
Jü drämt; de Duiwel hi wiar duad,
Jü wiar nü frii fan al höör Nuad.
Jü waath sa bliith, dat 's hoog ap sproong
En üs en Lörke Triller soong.
Jü biljt et höör nü sallef iin:
Jü wiar nü sünth, jü wiar nü riin.

6. De Friier fan Keidem.

De Sölthring Seelid stönth alwether
Ön Buurd üp See en soong bi 't Röther:
„Wü siil, wü siil tö Kaagelönth,

En bring en Skep fol Roghel hen.
Wan de Roghe ripet,
Wan de Berri pipet,
Da haale wü ruad Aapler,
De Faamnen uk Waagstaapler.
En wan wü lekkelk kum aurstjüür,
Da stuun wü Stünthen lung bi Düür.
En da bigenn fan Niien
Wü Dräänger om tö friien." –
Sa kam er nü tö Harefsttid
En Skep töbeck bi Süthersid,
Me trii jung Friiers ön de Floot.
Hokken wiar de förderst?
Dit wiar Buh fan Keidem,
Hur säät hi sin Spöören?
Fuar Taam Earik's Düür.
Hokken kam tö Düür?
Uas Taamen sallef,
Me Krük en Bekker ön de jen Hunth,
Me gulde Ringer aur de üther Hunth.
Jü nööthigt höm en sin Hingst iin,
De Hingst dör 's Haawer en Buh dör 's Wiin.
Jü toog höm iin tö Kest
En wilth höm nimmer muar mest. –
Uk Taam seid: „Jaa;
Dü meist höör faa;
Man earelk skel at Bröllep hualth,
Dat Nemmen spüttet ön junk Kual."
Dit wiar uk Buh en Uasken roght,
Üs jat jam diar aur hed betaagt.
Jat waath jam jens, üp ualthing wiis,
De Bröllep skulth ön Keidem wiis. –

De Bridman bliith
Aur sin Beskiith
Reed leet jest thüs
Tö sin ein Hüs.
De Hingst de sproong,
De Rütter soong:
„Rid, rid me Kuast bi Sid!
Miaren kumt de Brid
Me höör gulde Ringer
Aur höör Jerm en Finger;
Me höör Siist en Rokker,
En höör kraaget Smokker,
Sölwer Eier üp höör Hüif,
Sküüret Knoppen üp de Sliif,
Meesing Bialt runt om de Lif,
Guldet Kaartel üs jung Wüf.
Miaren skel ik Bröllep haa
En min ein litj Uasken faa!
Toonk, toonk! fuar des gud Dei!
Al de Brid en Bridmaaner of Wei
Olter Buh en Uasken alliining!"
„Alliining! alliining!"
Rööp Wetherskal. – Hat kam höm fuar,
Diar wesket hokken höm ön 't Uar,
„Dü best omsonst dagh rädden,
Din Brid jü es forswäären!"
Hi lukket om – diar floog en Kreek;
Man taagt: naan sa let 'k mi ek skrek;
Hat es Forgönst,
Man niin Gespenst,
Diar jir üp Warelth spooket,
En lekkelk Lidden raaket.

7. De Miaren fuar de Bröllep.

Help Gott! wat wiar er fuul tö dön,
Jer alles üp sin roght Steid stönth,
Üs 't üp en Bröllep Moode wiar;
Dat 's fan jaar Lagh uk hed wat Ear!
Jung Ing en Sei
Stönth ap fuar Dei,
En bruud jaar Biir,
En slaghtet jaar Stiir.
De Piisel waath faaget,
De Bridbääd waath maaket,
De Skilken waath fält,
De Staaler roght stelt,
De Matbuurder leid
Al üp de roght Steid.
Jaar Moother, sa wialig
Jü maaket üp Ealig
En jölth üs en Biiken
Om Wetling tö stiikin,
Om Bruader tö baaken
En trättein Weetkaaken,
Om Skinken tö rookin,
De Briikrogh tö köökin.
Jaar Meid wiar ön Krükken
De hed ek sin 's Glikken.
De Keller waath lethigt,
De Frinjer waath nööthigt.
Sa wiar bi Buh Tetten
Dit Hüs nü üp Stötten.

8. *De Bridfiar.*

De Dei de kam, de Bröllepsdei,
En fuanth de Bridman leet üp Wei,
Hen om de Brid tö haalin,
Höör Lefheid tö betaalin. –
De Togh ging luas
Me püntjet Uas
Fan Taam sin Hüs ön Eidem
Tö Buh sin Hüs ön Keidem.
Fuarof ging Taam,
Da Brid en Bridman kam.
Dit wiar de hiile Ked,
Diar wilth nün Mensk muar me.
Diar weid niin Flagh
Tö Uas höör Lagh.
Diar fääl uk ek en Skot,
Ek jens en Blöös ofbat.
Man Hünther hüület üs tö 'n Lik.
En Katter fleeset üp de Dik;
De Kreeken kraket dial fan Hüs,
En aur de Wei löp Haas en Müs.
De Brid bigennt tö bleeken
Aur al de Ünleks Teeken.
Üp hualef Wei
Kam gurt Geskrei:
„Uu! wat es dit?" –
Bigennt de Brid –
„Dit diar ualth Wüf
Wel üüs tö Lif!
Jü kumt fan Duiwels weegen
Tö Ünlek üüs önteegen," –

De Bridman trööstet Uas:
„Ik let di nimmer luas!
Jü heeth niin Maght aur üüs,
Wü sen nü balth itthüüs."
Taam heeft de Swööp;
De Wüf jü rööp:
„Uu Eidemböör! Uu Keidemböör!
Juu Brid, jü es en Hex!"
De Fuarman swaaret höör:
„Üüs Brid en Hex?
Da wilth ik wenske,
Dat wü jir dialsoonk altemaal
En wether apkam üs grä Stiin!"
Knap wiar dit seid,
Da soonk 's üp Steid
Diip ön de Öört,
Dat Nemmen 's spöört.
Ek lung, da wiar
Ja wether diar;
Man üs grä Stiin
Kam 's nü tö Sjüün. –
De Sölthring waath so röört,
Dat 's fan dit sallef Öört
Tau Bridfiarhoogher maaket,
Uk Geil- en Falskheid eedert wraaket.

Kurzer Inhalt der Sage

In Eidum wohnte Tam Erichs. Er war ein reicher Mann, hatte aber sein Geld durch Strandraub erworben. Seine Tochter hieß Ose Tamen. Sie war schön, aber eitel und leichtsinnig und schwärmte nachts mit ihren Buhlen umher. Einen dänischen Freier jagte sie fort, so daß er über das Kliff hinabstürzte und sich den Hals brach. Zuletzt ergab sie sich der Hexerei, sagte aber ihrem Vater, daß sie die Vogelsprache erlerne. Als Hexe flog sie mit vielen anderen einst in der Walpurgisnacht zum Hexentanz auf dem *„Ellenbogens Berg"*. Der Teufel verliebte sich in sie, erklärte sie für die Schönste und für seine auserwählte Braut. Sie erschrak, mußte aber schließlich dem Teufel schwören, daß sie eher zu Stein werde als eines Anderen Braut. Doch die Reue blieb nicht aus. Sie schloß sich ein und grämte sich sehr, bis ihr einst träumte, der Teufel sei gestorben. Sie glaubte dem Traum, und verlobte sich bald darauf mit einem Freier aus Keitum, der Buh Tetten hieß.

Der Hochzeitstag wurde festgesetzt. Die Hochzeitsgäste wurden geladen, und es wurden große Vorbereitungen für das Gelage gemacht. Niemand wollte jedoch kommen zum Fest der Hexe. Der Brautzug, aus Tam Erichs und dem Brautpaar allein bestehend, setzte sich in Bewegung von Eidum nach Keitum.

Auf halbem Wege begegnete ihnen eine alte Frau, die rief ihnen zu: „Eidumer, Keitumer, eure Braut ist eine Hexe!" Der Vater antwortete: „Ist unsere Braut eine Hexe, so wünsche ich, daß wir alle hier niedersinken und wieder emporwachsen als graue Steine!" — Sofort geschah es, wie er gesagt hatte.

Die Sylter errichteten zum Andenken an dieses Wunder am Orte des Geschehens zwei kleine Hügel, die *„Bridfiarhooger"*. Der Verfasser hat sie vor fünfzig Jahren noch gesehen, samt der in graue Steine verwandelten Hochzeitsgesellschaft. — Es heißt aber auch, die Hügel und Steine sollten warnen vor Geilheit und Falschheit.

4. Das Bröddehooggespenst

(Eine Sage aus den Norddörfern)

Wenden wir uns nun der düsteren Heide zu, welche die drei Sylter Norddörfer umgibt. Auf ihrem Rücken erheben sich eine Menge Grabhügel. Sie sind zum Teil noch in ihrer ursprünglichen Vollkommenheit erhalten, mit Kellern, Urnen, Asche, steinernen oder bronzenen Waffen. An sie knüpft sich manche interessante Sage der Vorzeit. Einer dieser Hügel liegt fast auf dem höchsten Punkte der Insel, zwischen Kampen und Braderup. Er heißt *„der Bröddehoog"* (Brütehügel). Seit geraumer Zeit versetzten diese Anhöhe und ein rätselhaftes Wesen, das dort spukt, einen großen Teil der friedlichen Bevölkerung dieser Gegend in Unruhe. Meine Nachforschungen über diese Erscheinung haben mich bislang nur zu der folgenden Sage geführt:

In alten Zeiten gab es hier auf Sylt (nach Kielholts glaubwürdiger Aussage) sehr reiche Leute. Einer der Bewohner dieser altfriesischen Berg- oder Nordwestharde hatte besonders große Schätze gesammelt, aber auf eine sehr gottlose Weise. Er hatte nämlich in vielen Jahren Seeräuberei und betrügerischen Seehandel getrieben und war endlich mit seinem erbeuteten Geld glücklich heimgekehrt. Wie alle, welche sich durch unrechtes Gut bereichert haben, war er mißtrauisch gegen jedermann und suchte daher seine Schätze möglichst vor den Augen seiner Landsleute zu verbergen. Er entdeckte in dem bereits erwähnten Hügel einen günstigen Ort, um seinen Reichtum zu verstecken. Als er nämlich eines Tages die Anhöhe besteigen wollte, stieß sein Fuß zufällig an einen großen, platten Stein. Dieser rutschte zur Seite hinab, und eine Öffnung tat sich vor ihm auf. Er kroch hinein, sah sich um, und fand in der Höhle einen Tontopf nebst etwas Asche, einigen halbverbrannten Knochen und einem zweischneidigen Dolch. Außerdem war das altertümliche Totengewölbe ungewöhnlich geräumig, und er beschloß sogleich, seine Schätze hier in Sicherheit zu bringen. Er führte seinen Vorsatz in einer finsteren Nacht aus, und verschloß alsdann die Öffnung mit dem Stein. Dann ging er wieder fort.

Doch die Sorge um sein Geld ließ den Geizigen auch jetzt keine Ruhe finden. Jede Nacht schlich er heimlich wieder in seine Schatzkammer, saß hier stundenlang auf seinen Geldkisten und brütete darüber, wie er seinen Reichtum weiter vermehren könnte. Endlich kam er auf den Gedanken, in der Goldmacherei und Falschmünzerei sich zu versuchen und durch Herstellung unechten Schmucks und anderer betrügerischer Gegenstände seine Güter zu vervielfältigen. Er arbeitete von da an jede Nacht in seiner verborgenen Höhle. Am Tage war er bei den Seinigen und ruhte aus. Schon damals sprach mancher nächtliche Wanderer davon, daß es an jenem Hügel nicht richtig sei, weil er es darin hämmern und lärmen gehört und einer sogar Rauch und Feuer darin bemerkt haben wollte. Die damalige Zeit ließ den Gedanken an eine Untersuchung solcher nächtlicher Erscheinungen gar nicht erst aufkommen. So wurde alles den unterirdischen Zwergen zur Last gelegt, die ebenfalls in den Grabhügeln hausen sollten.

Als seine zwei Söhne heranwuchsen, wußte er nichts Besseres für ihre Erziehung zu tun, als daß er sie frühzeitig zu seiner geheimen Werkstätte führte. Dort zeigte er ihnen seine Schätze, lehrte sie deren Besitz als das einzige Glück, und leitete sie an, seine Lebensweise einmal fortsetzen zu können. Schon begannen die Söhne an diesem nächtlichen, abenteuerlichen „Brüten auf den Goldeiern" — wie es der Vater nannte — Vergnügen zu finden. Bald begaben sie sich bisweilen auch ohne den Vater zu dem geheimnisvollen Ort, wenn ringsum die Nacht ihre schwarzen Fittiche über das stille Eiland ausgebreitet hatte. Aber eines Tages bereitete ein unerwartetes Geschehnis der Situation ein schlimmes Ende!

In einer finsteren Sturmnacht waren die Söhne nämlich zum Goldkeller gegangen, um den verborgenen Schatz zu bewachen. Ihre Rückkehr verzögerte sich jedoch diesmal ungewöhnlich lange. Es begann bereits im Osten der Morgen zu dämmern, und noch immer erschienen sie nicht. Da konnte der Vater seine Sorge und Ungeduld nicht länger zügeln. Er begab sich zu der unterirdischen Behausung. Doch — wer malt sich seinen Schrecken aus! — Der Hügel war eingestürzt! Seine Söhne waren lebendig begraben; die Werkstätte war zerstört, und all seine Schätze verschwunden!

In seiner Verzweiflung über das Unglück, das er seinen eigenen Kindern bereitet hatte und über den Verlust seines Reichtums, verlor der alte Bösewicht den Verstand und beendete sein verfehltes, nutzloses Leben durch Selbstmord.

Doch auch im Grab hatte er keine Ruhe. Es zog ihn immer wieder zum Hügel, zu seinen Kindern und seinen Schätzen, und so umschwebte die alte

Grabesstätte und Geldkammer fortwährend ein wundersames Etwas. Mal machte es sich durch ein leises Seufzen oder Stöhnen bemerkbar, mal durch ein unbestimmtes Nebelgebilde, manchmal schließlich als bleicher, bekümmerter Greis, wie die Sage erzählt.

Daß der Hügel wegen des gleichsam noch immer über den verborgenen Schätzen brütenden Gespenstes den Namen *„Bröddehoog"* oder *„Brütehügel"* verdankt, wird dem Leser auch ohne meine Versicherung einleuchten.

Noch im Jahre 1844 erzählte man sich oft von dem vermeintlich gesehenen Bröddehooggespenst, und das Interesse daran war so lebhaft auf der Insel, daß sich am 23. November 1844 ungefähr 40 Personen zum Hügel begaben, um ihn zu durchzuwühlen und sorgfältig zu untersuchen. Der Erfolg dieser Bemühungen entsprach freilich nicht den Erwartungen. Aber er trug wesentlich dazu bei, den Aberglauben und das abergläubische Gerede auf Sylt zu vermindern.

Ungefähr drei Fuß innerhalb des äußeren Hügelrandes fand man eine kreisförmige Reihe von Feldsteinen. Ca. sechs Fuß weiter einwärts, an der Südseite, war ein kleiner Keller von 1½ Fuß im Quadrat und einem Fuß Tiefe. Er war mit Erde, halbverbrannten Knochen und Holzkohlen angefüllt. Etwas nördlicher, an der Ostseite des Hügels, standen drei kleine Urnen, welche mit glatten Steinen umgeben waren, aber bei der geringsten Berührung auseinanderfielen. In derselben Entfernung vom äußeren Rand des Hügels, aber an dessen Südseite, fand man einen größeren Keller, welcher durch pyramidenartig aufeinandergehäufte Steine gebildet war. Er maß in Nordnordwest und Südsüdost 3½ Fuß in der Länge, bei 1½ Fuß Breite und 1½ Fuß Tiefe. Das ganze Gewölbe war ziemlich mit Erde ausgefüllt. Oben auf der Erde lag jedoch (an der Ostseite) ein zweischneidiges, bronzenes Schwert von 2¾ Fuß Länge und 1⅞ Zoll[14] mittlerer Breite. Der Griff der Waffe war drei Zoll lang und einen Zoll breit. Er war platt und dünn und mit drei Löchern und etwas hervortretenden Rändern

---

14 Mit „Zoll" wurden andere Längenmaße unterteilt, z.B. der „Fuß", der in 10 oder 12 Zoll geteilt wurde. (Anm. Frank-Daniel Schulten).

versehen, aber ohne Knopf oder irgendwelchen Zierrat. Es schien, als ob er ehemals in einer hölzernen, aber längst zerfallenen Scheide gesteckt habe. Auf dem Boden des Kellers, an dessen Westseite, fand man noch eine kleine Urne mit schwarzer, fetter Erde gefüllt. — Das entdeckte man in dem Hügel, der so viel Unruhe auf der Insel hervorgerufen hatte!

5. Szenen aus dem Krieg der Sylter mit den Zwergen auf der Heide*)

Früher, wenn es Nacht wurde, war es wie ein Bienenschwarm auf den Heidehügeln. Da waren Finn und Elfinn, Eske und Labbe, Hatje und Pilatje, die Puken und die Talmännchen, die Nissen und Klabautermänner, jeder mit seinem eigenen Hügel. Sie schnatterten und schwatzten, als ob die Enten zu Markt sind im Keitumer Hafen, oder als wenn die Rottgänse Thing halten im „*Börthing*" (einem Wattstrom im Osten von Keitum). Und mitten in den Hügeln war es so voll von Zwergenweibern „wie in Jenschens Ofen, als siebenhundert Mäuse dort im Wochenbett lagen", wie das Sprichwort sagt.

Als das Geschnatter und Gewäsch in und auf den Hügeln kein Ende nehmen wollte, da blies Finn beide Backen auf und rief mit grober Stimme: „Erhebet Euch!" „Erheben, erheben!", antworteten ihm sofort viele Münder. — Nun wurde alles still. Finn sprach:

„Der Meermann hat uns viel Verdruß gemacht, der Sadrach[15] plagt ihn. Er war von seinem alten Weib fortgelaufen und hatte den Schiffer von Rantum totgemacht, um dessen Witwe zu freien. Aber er hatte dummes Zeug geschwatzt und von der Tochter des Schiffers ein ‚*blaues Schien*' (d.h. einen

*) Die Schilderung dieser Szenen ist entworfen nach den merkwürdigen Erzählungen jener Frau Inken Teidis aus Braderup, die bereits in der Vorrede erwähnt wurde.

15 Schimpfwort für einen boshaften, grausamen, wütenden Menschen. Es kann auch im Sinne von „Teufel" oder „böser Geist" verwendet werden. (Anm. Frank-Daniel Schulten).

Korb) erhalten. — Da meinte er, sein Glück bei uns zu finden, kroch in die Haut eines Zwerges, dachte, sich in den ‚*Ennenhügel*' einzufreien und wollte Akel Dakel Dummeldeis Braut verführen. Aber da bekam er kurzen Bescheid! Enken jagte ihn schnell von der Tür weg. Darauf fand er Dorret, eine schöne Jungfrau von den Verwandten meiner Frau, im Haff beim ‚*Weißen Kliff*', und er wollte sie mit Gewalt haben.

Das arme Mädchen konnte nicht von ihm loskommen. Sie mußte ihm versprechen, daß sie seine Braut sein wolle, so lange, wie er es verschweigen könne. Allein der Dummkopf verriet sich bald mit seinem Singsang, sich und uns allen zum Schaden, zum Schimpf und zur Schande! Denn seit der Zeit sind die Braderuper und alle Riesen (Kämpfer) auf ganz Sylt böse auf uns. Sie wollen uns nichts mehr leihen und nichts anderes geben als tote Hunde und Katzen. Sie lassen uns nirgends in Frieden und schlagen uns überall, wo wir uns sehen lassen. Den Sesselstein haben wir verloren, den hat der Meermann weggetragen. Ich bin jetzt kein König mehr. Was sollen wir nun anfangen? — Ihr antwortet wie Bundes Böcke, — die sagten: ‚Nichts'. — Ich sage: *Reise*!" (Das heißt: „Wir müssen uns ermannen, erheben!")

— „*Reise, reise!*", — rief nun die ganze Versammlung. — „Ich sage: Wir müssen unsere Messer und Zähne wetzen und unsere Äxte und Hämmer wieder ausgraben und dann kämpfen wie die Eesling[16]!" — „Kämpfen wie die Eesling!", riefen alle nach. — „Wir sammeln uns morgen bei den ‚*Stapelhügeln*'!", wiederholte die Menge. — Nun gingen die Unterirdischen auseinander, jeder heimwärts zu seinem Haus, um sich zum Krieg zu rüsten.

In derselben Nacht hatte Dorret oder Djüür Bundis auch keine Ruhe. Es verdroß sie, daß Unfriede über sie gekommen war. Am Morgen vor Tagesanbruch, als alle Zwerge schliefen, schlich sie sich leise im Nebel hinaus, über die Heide zum „*Reisehügel*". Die Braderuper hatten nämlich wohl bemerkt, daß die Zwerge in der Nacht so umhergelaufen und laut gewesen waren auf ihren Fußsteigen, draußen bei den Hügeln. Als Djüür

16 Flöhe. (Anm. Frank-Daniel Schulten).

beim Hügel ankam, war alles still. Sie legte sich nieder, mit dem einen Ohr auf die Türschwelle und horchte. Da hörte sie, daß Finns Frau wach war und ihr Kindchen wiegte. Die Zwergenfrau sang über der Wiege:

„Heia hei!
Das Kind ist mein.
Morgen kommt sein Vater Finn
Mit eines Mannes Kopf.
Heia hei, heia hei!"

In der Sylter Mundart:

„Heia hei!
Dit Jungen es min.
Miaren kumt sin Faader Fin
Me en Mann sin Haud.
Heia hei, heia hei!"

Als Dorret das hörte, dachte sie, es ist höchste Zeit, daß die Sylter Kämpfer geweckt werden. Sie könnten von den Zwergen überfallen und geschlagen werden. Sie lief sogleich zum *„Friedenshügel"*[*] südwestlich von Braderup und zündete das Braderuper Licht an. Immer, wenn es brannte, war es in alten Zeiten ein *„Biiken"* oder ein Zeichen für die Sylter, daß Krieg nahte. — Es dauerte nicht lange, da wurde getutet (in Hörner geblasen) in Tinnum, in Eidum und in Keitum, und ehe es Tag wurde, brannte schon ein *„Biiken"* in jedem Dorf auf Sylt.

Gleich nach Mittag kamen die Sylter Riesen von Osten, Süden und von Westen. Sie waren zu dieser Zeit *bestig* (ungeheuer) große Leute, die Sylter Kämper oder Friesen. Sie waren ebenso derb und roh wie sie lang waren, und Hans Kielholt schreibt, sie wären fünf bis sechs Ellen groß gewesen.

---

[*] Jetzt heißt der Hügel *„Fredden"*- oder *„Fröddenhoog"*, vielleicht weil ein Fred oder Frödde, der als ein heidnischer Priester oder Heiliger bezeichnet wird, darin begraben ist.

Die meisten hatten sich wunderlich angetakelt und mit seltsamen Waffen versehen. Einige hatten wollene Kleider, wie Filz so dick an, andere trugen Pieröcke von geteertem Segeltuch. Aber die meisten trugen einen Pelz von Schaf- oder Robbenfell, und viele hatten sich bloß eine Kuh- oder Pferdehaut über die Schultern gehängt. Der Seeriese König Ring hatte einen vergoldeten Hut (*Schraper*), ein Ding wie ein umgekehrtes kleines Boot auf dem Kopf, und er soll, als er gestorben war, damit im großen"*Ringhügel*" begraben sein. Der König Bröns fuhr mit seinem Sohn, dem Kleinen Bröns, auf einem vergoldeten Wagen. Piar war sein Kutscher. Der fuhr ihn von Stedum (welches früher südlich von Tinnum im heutigen Haff lag), hinauf nach „*Oewenhoog*" und „*Klöwenhoog*" auf seinem eigenen Land.

Der Große Bröns und sein Sohn hatten eine vollständige Rüstung an, wie es in der Zeit Gebrauch war. Der Vater trug einen eisernen Wams aus lauter Ringen und einen vergoldeten Helm mit einem Adler auf dem Kopf. Der Bramm von Keitum war ihr Freund. Er war derjenige, welcher das Sagen hatte, und er war gewaltig stolz darauf. Ratgeber des Königs war er und trug vergoldete Knöpfe auf seinem Rock, so groß wie Austern. Er und seine Familie liegen jetzt in den „*Brammhügeln*" begraben.

Der Bull von Morsum hatte ein Kuhfell mit goldenen Hörnern um sich gehängt, und die Hörner ragten über seinen Kopf hinauf. Sein Grab, der „*Bullhügel*", wurde 1842 geöffnet, als der König Christian VIII. auf Sylt war. Aber die Hörner wurden nicht gefunden.

Der große Urdig trug einen eisernen Bügel um den Kopf und einen eisernen Dreschflegel in der Hand. (1628 grub man noch eine Hirnschale auf dem Morsumer Kirchhof aus, die mit einem eisernen Bügel versehen war.) Der Schmied von Morsum, welcher immer durstig war, hatte eine Tonne Bier auf dem Rücken. Aber er tat so, als wäre nichts darin, und er nannte die Tonne „seine Trommel". Wenn er meinte, daß die anderen es nicht sahen, dann nahm er sich einen Schluck daraus. Aber die anderen wurden es bald gewahr und fluchten, Niß Schmied solle vorangehen, und sie wollten bei der Trommel bleiben. Seitdem wird auf Sylt noch oft geflucht: „Bei der Trommel!“.*)

Tjül von Archsum war ein Bauer und so breit wie ein Fuder Heu. Er kam gefahren und hatte seine Scheunentür mit auf dem Wagen. Er sagte: „Die ist nützlich, wenn ich in die Schlacht komme, dann halte ich sie vor mir hoch, und dann können die Feinde mich nicht treffen. Und kommen sie mir etwas nahe, so kann ich ein Stieg zugleich damit quetschen.“ Tjüls Land und Staven kennt man noch heute im Süden von Archsum.

Der Große Eber von Stedum war Stallknecht bei König Bröns. Er hatte einen Strick um den Hals und einen Heubaum auf dem Nacken. Der Strick war ein Zeichen dafür, daß er diente, und der Heubaum war sein Springstock und seine Waffe. Hauleke hatte eine große Sense, und Boh und Boik trugen große Bootshaken in den Händen. Der Aarn (Adler) von Keitum war von königlicher Abkunft und hatte seinen Hut mit Federn geschmückt. Man kennt noch heute die Stelle, wo er begraben ist. Tix und Thör waren aus Tinnum. Tix war der Schreiber des Königs Bröns und trug eine vergoldete Halsbinde. Aber Thör war der Narr des Königs und hatte ein Tonnenband oder einen Weidenzweig um den Hals, weil er unfrei war.

Die Männer vom Geschlecht der Uwen kamen von Osten, und die vom Geschlecht der Mannen von Westen.*) Barming kam mit einem ganzen Haufen. Er war weit in der Welt herum gewesen und hatte gläserne Töpfe von der Mittelländischen See mitgebracht. Er wohnte in Eidum. Vor einigen Jahren hatte Henning Rinken noch eine gläserne Urne, die aus den

---

*) Die Sylter Riesen waren abscheulich hungrige und durstige Leute. Sie aßen viel Grütze und Fische, hatten aber auch Brot, Fleisch und Speck. Sie tranken meistens Wattig (=Molke, Anm. Frank-Daniel Schulten) und Bier.

*) Es gab in alter Zeit viele solche Geschlechter und Geschlechtsnamen, die genau unterschieden wurden und wahrscheinlich zu manchen Orts- und Volksnamen Veranlassung gaben. Es gab z. B. in Morsum ein besonderes Geschlecht, welches vorzugsweise „die Friesen“ genannt wurde. Dessen Gräber waren später unter dem Namen *„Frishooger“* bekannt, bis sie im vorigen Jahrhundert abgetragen wurden.

„Barminghügeln" ausgegraben war, aber er verkaufte sie 1843 an den König Christian VIII.

Niaul und sein Haufen wurden „die Westerländer Katzen" genannt, weil sie falscher und kleiner als die übrigen Sylter Kämpfer waren. Ihre Gräber wurden stets *„die Katzhügel"* genannt. In ihnen fand man später Töpfe, Dolche und Ringe.

Sialle und Kialbing waren Fischer aus Eidum. Sialle war in eine Robbenhaut eingezwängt, aber hatte den Kopf und Schwanz stehen lassen. Der Robbenkopf ragte über seinen eigenen Kopf hinauf, und der Schwanz schleppte hinten nach wie ein Schniepel. Er roch wie ein Aas, aber er meinte, das hätte keine Not, dann liefen die Zwerge umso gewisser vor ihm fort. Kialbing schleppte einen großen Walfisch-Kinnbackenknochen und wollte die Nordbewohner damit totschlagen. Unding und Wirk (oder Widerich) aus Rantum hatten sich ringsum mit getrockneten Rochen behängt, und jeder hatte einen großen Glattrochen auf dem Rücken. Sie sagten: „Durch diese schießt der Feind nicht, auch brauchen wir nicht Hungers zu sterben, wenn die Schlacht etwas länger währt." Sie hatten Fischergabeln in den Händen.

Die meisten der Sylter Riesen trugen kupferne, bronzene oder eiserne Schwerter und Beile oder Streithämmer aus Metall. Aber diejenigen, welche gut schießen konnten und leicht zu Fuß waren, hatten Flitzebogen oder Armbrüste. Ihre Pfeile waren aus Holz oder Fischgräten und die Bolzen aus Kupfer oder Eisen.

Sie zogen allesamt zu den Thinghügeln auf der *„Tinnum-Heide"*, wo immer Thing gehalten wurde im Frühjahr und im Herbst. Da kam das Volk mit seinen Ratsleuten und dem König zusammen, um sich zu beratschlagen über das Beste des Landes. Es wurden Willküren gemacht und Recht gesprochen über die, welche Unrecht getan hatten.

Als die Sylter Riesen versammelt waren, trat der König Bröns auf den größten Thinghügel und rief: „Euer Heil allesamt!“*) „Euer auch!“, riefen die Riesen. „Sind Fremde unter euch?“, fragte Bröns. „Hier sind Jeß und Jasper von Braderup!“, antwortete der Schreiber. *„Wi sin och Siljringer!“*, rief Jasper. „Das klingt etwas dänisch“, sagte Bramm, — „das müssen wir näher untersuchen. Sag' mal: *Da liegen drei neugelegte Kiebitzeier in einem Nest auf Rans-Ecke.*“**)

Jeß sagte: *„Dar liegen drei nü Hüüser op aa Heed, o dem sin altisammen bestjahlen von die Underjordisken.“* „Das hast du klug gemacht“, sprach Bröns. „Darauf kommt's eben an. Probiere du das auch, Jasper.“ Jasper sagte: *„Där liegt ein Wief i Barsel (Wochenbett) me tree Jungen i een Huus i Brarop, aa de sin min Wief, ä skall su Hjem, aa passe op, at de tree lilje Siljringer nicht bliwen stjahlen, wenn J nicht will kommen, om su hjelpen mir.“****) „Das war noch besser“, sprach der König.

„Was haben die Zwerge euch denn gestohlen?“, fragte Bröns. *„Finn han hat min Tjenstpieg stjahlen, o su sein Wief nommen, aa Ekke han wollte min Söster Dorret vorföhr, men han fik (bekam) en Katt, ä narrte ihm“*, sagte Jeß. *„Aa mich haben de Rackers Pack Lammer a Skinken nommen“*, antwortete Jasper.

„Da haltet ihr nicht mit den Zwergen, wollt ihr denn mit uns kommen, um sie totzuschlagen?“, sprach der Ratgeber des Königs. *„Ja, min Seel, de skall bekommen en pienlich Dodt!“*, antworteten sie beide. „Das ist gut“, sprach der König. „Habt ihr anderen etwas zu klagen über die Unterirdischen?“ „Ja“, antwortete Niß Schmied, „sie saufen mein Bier aus in meinem

---

*) Sylterfriesisch: *„Juu Hial altemaal!“*

**) Auf Sylter Mundart: *„Diar lii trii nii worpen Wiipeier ön jen Nääst üp Raandshörn.“* (Schibolethe gebrauchten die Friesen oft, um Fremde zu prüfen.)

***) Die Bradruper wissen noch genau, wo Jeß, Dorret und Jasper gewohnt haben. Sie erzählen auch, daß Jaspers Frau drei Kinder zugleich geboren habe.

Keller." — „Sie wollten mir mein Weib stehlen", rief Tipken, der ‚Hahn von Keitum', „aber ich ertappte sie und zwang sie, mir sie wiederzugeben."*)

„Schreibe das alles auf", sagte der König zu Tix. „Stop! Das auch: Sie haben mir ein Kind verwechselt", sprach Manne von Eidum. „Sie melken unsere Kühe und machen, daß wir nur Hexenbutter erhalten", klagten die Tinnumer.

„Sie laufen mir immer um die Füße und treten mir auf die Fersen, wenn ich über die Heide gehe", rief der große, stockblinde Erk Nickels von Keitum. „Das sind Klagen genug über die Unterirdischen, wir müssen sie strafen! Wir müssen fechten mit ihnen und sie allesamt auf unserem Land ausrotten!", sprach der König. „Seid ihr Mannes genug, um Diebe und Bettler, um Krüppel und Menschenreste zu schlagen?", rief nun der König Bröns.

Die Sylter begannen darauf greulich zu fluchen und zu schimpfen auf die Zwerge. Sie versicherten, da sollte nicht einer mit heilen Knochen davonkommen! Sie schwuren zu siegen oder zu sterben. Zuletzt wählten sie, als der Sturm sich etwas gelegt hatte, auf des Königs Aufforderung ihre Anführer für den Krieg. Sie wählten den Bull von Morsum, den Aarn von Keitum und den Ring von Eidum zu ihren Offizieren. Niß Schmied mußte vorangehen mit der Trommel, und Jasper auch, um den Weg zu weisen. Er bekam einen Stock mit einer toten Krähe darauf und trug die vor sich her, hoch in der Luft, damit die anderen ihn stets sehen und ihm folgen konnten. Er wurde deshalb später gewöhnlich „Jasper Krag" (Krähe) genannt. Ehe die Sylter nordwärts zogen in den Krieg, sprach der Heilige Frödde von Stedum: „Wir müssen zuvor opfern, ehe wir in den Krieg gehen." „Wir haben schon heute Morgen ‚*Opfer-Biiken*' gebrannt", antwortete Hai. Frödde sagte: „Habt ihr denn auch gerufen: ‚Oh, Weda, rette uns! Oh, Wedke, zehre unser Opfer?'" „Ja, das ist getan und gesagt

---

*) Tipken war der Wächter der Riesen. Er hatte einen Turm in seinem Besitz und erhielt, als er tot war, einen großen Grabhügel bei Keitum.

worden auf den *‚Windshügeln'*, auf *‚Wedas Hügel'* und auf dem *‚Heiligen Ort'*.*) Wir sind fertig."

Nun zogen die Sylter Krieger nordwärts über die Heide. Als sie nach Braderup kamen, war des Schmieds Tonne schon lange leer, und jedermann sehr durstig. Sie lagerten rings ums „Moor"**) (den Teich), um ihren Durst zu löschen und ein wenig zu ruhen. Sie tranken fast das ganze Moor leer, welches doch ein großer Schlot ist. Dann zogen sie weiter nordwärts, den König auf seinem Wagen in der Mitte, Niß mit der Trommel und Jasper mit der Krähe voran. Direkt nach ihnen kamen Tjül mit seiner Scheunentür und die zwei Rantumer mit ihren Stachelrochen und Glattrochen. Dann folgten Ring und Barming mit all den Eidumer Seeleuten und „Katzen", die flink waren und gut schießen konnten, und mit ihnen gingen die übrigen Rantumer Fischer und Strandläufer.

Nun kam der königliche Wagen mit dem Großen Bröns und dem Kleinen Bröns, mit ihrem Schreiber und dem Kutscher. Neben dem Wagen lief der große, gefleckte Hund des Königs, und dort gingen auch die übrigen Steidumer und Tinnumer. Darauf folgten Aarn und Bramm mit allen Keitumern, und hinter ihnen gingen Bull und Urdig mit den übrigen Morsumern und Archsumern. Zuletzt hinter der ganzen Armee folgten der Eber mit dem Heubaum, Kialbing mit dem Walfischknochen und Sialle mit der Robbe. Thör, der Narr des Königs, folgte ebenfalls mit seinen Tonnenbändern um den Hals, einer Klingelglocke auf seiner blauen Mütze, einem Weidenzweig in der einen Hand und einem Kuhhorn in der anderen. Er blies jeden Augenblick in das Horn und sagte, er jage seines Vaters Rinder und Schweine in die Heide, sie könnten das grüne fette Wiesengras nicht vertragen. Er schlug mit seinem Zweig bisweilen auf die Robbe, doch Sialle fühlte es nicht.

---

*) Die *„Winjs-"* *„Weens-"* oder *„Wedns-Hügel"* liegen nordwestlich von Keitum und Tinnum. Der *„hilligen Ort"* war zwischen Morsum und Archsum. Alle diese Höhen waren altheidnische Opferhügel. Sie sind als Biikenhügel noch bekannt. Man rief beim Opfer: *„O Wia wuket nei! O Vikke tare!"*

**) In der Sylter Mundart *„Müür"* genannt.

Jeß war nicht so tapfer wie Jasper. Er blieb immer zurück, so wie die Sylter weiter nach Norden kamen, und zuletzt blieb er beim „*Reisehügel*" stehen. Thör rief ihm zu: „Jüß! Jüß!" (wie man die Schweine ruft), aber es half nichts. Jeß sagte, er wolle Wache halten beim „*Reisehügel*" und sehen, ob da noch seine Dienstmagd oder die Unterirdischen wären. Er riß das Heidekraut und die Erde von den Seiten des Hügels ab*) und suchte nach einem Eingang. Doch die Zwerge hatten, als sie ihre Häuser verließen, alle Löcher so dicht verstopft, daß nachher gar keine Türen in den Hügeln zu finden waren, nur bisweilen ein niedriger Gang von Südost hinein in den Keller oder die Wohnung.[17]**)

Die Riesen zogen immer weiter nordwärts. Als sie das Land erreichten, wo jetzt der Sylter Leuchtturm steht, kamen die Zwerge ihnen entgegen. Als die Kleinen die Krähe gewahr wurden, sagten sie zueinander: „Oh, sind es keine *Anderen*!", und sie waren froh, daß die Feinde kein Kreuz als Zeichen vorantrugen.***) Aber als die Zwerge all die großen Krieger und Tjül mit der Scheuntür sahen, als sie die Trommel hörten und der Gestank der Robbe, des Stachelrochens und des Glattrochens ihnen entgegenkam, da krochen sie schnell in ihre Löcher und unter das Gestrüpp und die Heidebüschel, von denen das Land damals überall voll war.

Es war, als ob sie auf einmal wieder verschwanden, und die Riesen hatten es schwer, sie zu finden und zu treffen, doch traten Tjül und Erk Nickels manche tot, ohne sie zu bemerken. Zuletzt fanden die Katzen von Eidum sie in ihren Büschen und Löchern. Sie hetzten den großen Hund des Bröns in die Höhlen, um sie herauszutreiben. Dann schossen sie mit ihren Pfeilen und Bolzen, sobald sie sich sehen ließen. Doch es dauerte nicht lange, da

---

*) Der „*Reisehügel*" steht noch, aber seine Seiten sind abgerissen. Allerdings hat auch ein Nachkomme von Jeß später einen Teil des Hügels abgetragen und zum Bau einer Scheune weggefahren.

**)Der Name des Vaters von Jeß und Dorret soll übrigens „Bunde" gewesen sein. Alten Sagen zufolge scheint es, daß er das Haus in Braderup hatte bauen lassen, welches später Dorrets Eigentum war.

***) Die Zwerge fürchteten sich überall vor dem Kreuz und dem Christentum.

hatten die Zwerge dem Hund etwas eingeflößt, wovon er krepierte. Das ärgerte den König. Er befahl nun, Sialle mit der Robbe solle voran, um die Unterirdischen aus ihren Löchern zu stinken, denn er hatte bemerkt, daß die Zwerge sehr feine Nasen hatten. Die Puken und Zwerge flohen nun von einem Gebüsch und Loch zum nächsten.

Die Pukleute wurden als erste müde und verzagt. Ihr König Nißchen lief sogar zum König Bröns und fiel ihm zu Füßen. Die übrigen liefen ostwärts hinunter in Richtung *„Wolde"* (eine Marsch, die früher ein Wald war), in ein Tal hinein, welches später *„das Puktal"* genannt wurde. Dort verbargen sie sich in den Büschen und Löchern. Als der Krieg vorbei war, lange nachher, schlossen sie Frieden mit den Friesen und wohnten sogar in den Häusern der Sylter, in den Scheunen und auf den Böden, wachten und trieben ihr Unwesen in der Nacht. Sie halfen und klüterten am Tag, wo sie etwas konnten und für ihre Herren erledigen wollten. Bisweilen folgten sie ihnen sogar auf deren Schiffe und fuhren mit ihnen als Klabautermänner zur See.

Als die Unterirdischen sahen, daß die Pukleute verzagt und ihnen untreu geworden waren, da wurden sie böse und tapfer. Sie krochen und sprangen, schnell wie die Flöhe, auf die großen, langsamen Riesen hinauf. Sie glitten unter ihre Kleider und an den Beinen entlang in die Höhe und stachen und schnitten in der Hast manche tot mit ihren Flintsteinmessern und -äxten. Sogar der König Bröns und sein Sohn, aber auch der König Nißchen, verloren das Leben in der Schlacht, denn die Zwerge waren klug und am meisten erbittert auf diese. Am allerschlimmsten ging es aber dem Teufelchen (*„Tewelken"*), dem Leibdoktor des Bröns, dem Zauberer von Stedum: Die Zwerge begruben ihn lebendig in einem Hügel bei Kampen, der später *„Tewelkenhügel"* genannt wurde. Dieser gehört zu den *„Brönshügeln"*, aber nicht der *„Nissenhügel"*.

Doch die Riesen wehrten sich wie Löwen. Sie schlugen und stießen und schossen wie Kerle, so daß auch viele Zwerge fielen. Aber als sie ihren

König Bröns und einige Hundert ihres Volkes verloren hatten, da zogen sie sich nach Südwest, nach „*Riisgap*", zurück.*)

Zu allem Glück kamen ihnen hier ihre Frauen und Töchter mit Breitöpfen entgegen. Die Sylter Weiber hatten große Sorgen um ihre Männer, daß sie vor der Nacht etwa nicht wiederkommen oder Hungers sterben würden. Deshalb hatte jede von ihnen einen Grapen voll Grütze gekocht, und alle waren mit ihren Breitöpfen gegen Abend zur Heide gegangen, um ihre Männer zu stärken.

Aber als sie vernahmen, daß die Friesen auf der Flucht waren, wurden sie zornig. Sie schalten und schimpften auf die Riesen und warfen mit der Grütze nach den Zwergen. Einige bekamen den Brei in die Augen und wurden blind, andere bekamen zu viel in den Hals und erstickten, und wiederum andere vergaßen zu fechten wegen der vielen schönen Weiber.

Zuletzt kamen die Riesen auch wieder zum Stehen und zu sich selbst. Sie kehrten um und schlugen nun so grimmig auf die Unterirdischen ein, daß, ehe die Nacht kam, alle Zwerge tot waren. Sie lagen auf der Heide rings um das „*Affental*" und den Teich, welcher durch das „*Riisgap*" nach Südwesten abfließt. Bloß der Zwergenkönig Finn lebte noch. Aber er saß und weinte auf dem Sesselstein, den er hier wiedergefunden hatte, gerade als die Schlacht verloren war. Er wollte nicht sein Volk und sein Reich überleben. So nahm er sein steinernes Messer und stieß sich selber tot, als die Sonne untergegangen war.

Der Seekönig Ring war verwundet. Er starb unterwegs, ein wenig südlicher, ehe er wieder zu seinem Haus in Eidum zurückkommen konn-

*) Der Name „*Riisgap*" bedeutet „*Loch der Riesen*". Es liegt im „*Roten Kliff*", wie bereits erwähnt.

te.[**)] — So waren nun vier Könige an einem Tag auf Sylt ums Leben gekommen!

Als die Schlacht gewonnen war, da waren die Sylter Kriegshelden froh, welche noch am Leben waren. Sie aßen nun die Reste der Grütze sowie den Stachel- und den Glattrochen der Rantumer auf. Außerdem verzehrten sie eine große Menge Käse, welche ein Archsumer zum Verkauf mitgenommen hatte. Dann gingen sie mit ihren Weibern vergnügt nach Hause.

An den folgenden Tagen mußten alle Sylter wieder nach Norden, um ihre Toten zu begraben. Die Vornehmsten wurden dort beerdigt, wo sie gefallen waren. Ihre Leichname wurden verbrannt, die Asche in Töpfe getan, und ihre Waffen dabeigelegt. Dann wurde eine Menge großer und kleiner Steine rund um diese Urnen aufgestapelt. Danach warfen sie einen großen Haufen Erde auf das Grab. Wer am meisten Ansehen gehabt hatte oder am besten gelitten war, erhielt das größte Grab. Das des Königs Bröns wurde ein ganzer Berg von ca. 26 Fuß Höhe und 400 Fuß Umfang, welcher immer noch zu sehen ist. Er ist nach ihm der *„Große Brönshügel"* benannt.[*)] Das Grab steht dicht beim Leuchtturm, an dessen Südseite. Ein klein wenig westlicher wurde sein Sohn im *„Kleinen Brönshügel"* beigesetzt. Sogar sein Hund und der Pukkönig Niß bekamen noch etwas westlicher jeder einen kleinen Hügel zu ihrer Erinnerung. Diese zwei Hügel werden *„Hundshügel"* und *„Nissenhügel"* genannt, und sie stehen noch heute, ebenso wie der *„Große"* und der *„Kleine Brönshügel"*.

Ring wurde in einen großen Hügel nördlich von Eidum oder Westerland beerdigt, auch sein Grab ist noch zu sehen. — Die übrigen Sylter Kämpfer, welche in der Schlacht gefallen waren, wurden zu mehreren in den langen Gräbern, welche man *„Kämper-Gräber"* (Riesenbetten) oder *„Börder"*

**) Auch Sialle blieb im Norden von Eidum liegen und wurde in einem kleinen Hügel (*„Siallehügel"*) begraben. — Ebenso soll es dem Erk Nickels gegangen sein auf der Heide im Norden von Keitum.

*) Nach einer Sage wurde der König Bröns auf seinen vergoldeten Wagen gesetzt und damit bestattet.

nennt, in einem Hügel beigesetzt. Die *„Börder"* sind nicht so hoch wie die runden *„Brönshügel"*, aber länger und mit großen Steinen ringsum eingefaßt. Einer ist länglich, rund und 90 Fuß lang, 30 Fuß breit und zehn Fuß hoch. Ein anderer viereckig, 135 Fuß lang, 28 Fuß breit und vier Fuß hoch. Sie liegen etwas nördlich des Leuchtturms. — So ehrten die Sylter jener Zeit ihre Toten.

Im Norden der *„Börder"*, aber nicht weit davon entfernt, bauten die Sylter Friesen nach dem Krieg ein Dorf, welches nach dem Kampf *„Kamp"* oder *„Kampen"* benannt wurde. Nicht weit von der Stelle, wo sie gewonnen hatten, bauten sie später ein Dorf oder eine Stadt, welche sie *„Wonstadt"* oder *„Wendingstedt"* nannten.*) — Als das alte Wendingstedt um 1362 durch eine Flut unterging, wurde das kleine Dorf angelegt, welches nun Wenningstedt heißt.

Wo Finns Leiche, sein Weib und sein Kind, und wo all die toten Zwerge geblieben sind, kann ich Euch nicht erzählen. Einige meinen, sie sind in den kleinen Hügeln begraben, welche man *„Stippelstiin-Hügel"* und *„Stiinbörd"* nennt. Sie liegen südostlich von Wenningstedt.

Die Sylter waren nun die Unterirdischen losgeworden, und sie waren froh darüber. Bloß Niß Schmied in Morsum klagte noch immer, daß sie ihm sein Bier im Keller aussöffen. — Es scheint, daß, nachdem die Zwerge auf der Norderheide vertilgt worden waren, sich die *„Önnereersken"* auf der Morsumheide auch nicht mehr sicher hielten. Der letzte Rest von ihnen war vielleicht in den stets wohl versehenen Keller des Niß Schmied geflohen, hatte sich dort eingenistet und von seinen Vorräten genährt.

---

*) Die Braderuper, welche mir das meiste von den Zwergen und dem Krieg mit ihnen erzählt haben, sagten auch, daß, als die Sylter von der Schlacht zurück zu ihrem Dorf gekommen wären, da hätten die Krieger zu einander gesagt: „Der Braten ist auf!" — Deshalb heiße ihr Dorf „Braderup". Diese Erklärung scheint mir aber etwas unwahrscheinlich und später gemacht worden zu sein.

Einst ertappte die Frau des Schmieds einen der diebischen Zwerge im Keller beim Bierzapfen. Sie stellte ihn zur Rede. Der Kleine versprach jedoch, einen Segen in die Biertonne zu legen, so daß sie niemals leer werde, wenn nicht über die Tonne geflucht würde und sie nichts davon ihrem Manne verriete.

Die Frau schwieg, der Zwerg legte seinen Segen in die Biertonne, und der durstige Niß lief wie früher jeden Augenblick aus der Schmiede in den Keller, um sich einen Schluck aus der Tonne zu holen, ohne daß der Biervorrat vermindert zu werden schien. Als der Schmied das Wunder entdeckte, rief er aus: *„Dit es dagh en Duiwels Ten, diar nimmer leddig und!"* („Das ist doch eine Teufels-Tonne, die nimmer leer wird!") — Sofort verschwand der Segen, die Tonne war leer, und die Zwerge stahlen Brot und Bier wie früher aus dem Keller, ohne einen Ersatz dafür zu geben.

Die Frau erzählte nun Niß, was sie ihm bisher verschwiegen hatte, und beide beratschlagten sich nun mit den Nachbarn und Nachbarinnen, wie es anzufangen wäre, das diebische Gesindel loszuwerden. Man riet Niß, er solle die *„Önnereersken"* fangen und totschlagen, doch sie waren klüger und flinker als er. — Zuletzt kam eine alte Frau, die in ihrer Jugend oft mit den Zwergen gespielt hatte und erzählte Niß, die Unterirdischen hätten ihr einst offenbart, sie könnten nichts tun gegen das Kreuz und all das, was dem Kreuz ähnlich sieht oder verwandt sei. Sie könnten nicht über dasselbe, nicht durch und nicht unter dasselbe kommen. Vor dem Kreuz müßten sie fliehen oder — verderben. Die Frau riet deshalb dem Schmied, er solle ein Wagenrad vor jede Tür seines Hauses stellen, sein Haus aber in Brand stecken, dann würden die Zwerge sämtlich mit dem Haus verbrennen.

Niß Schmied tat das. Als das Haus in Flammen stand, wollten die Zwerge fliehen, aber sie konnten nicht herauskommen vor all den Kreuzen, welche von den Wagenrädern gebildet wurden. Sie steckten die kleinen Hände hinaus bei den Speichen und riefen um Hilfe, jedoch die Morsumer ließen sie alle verbrennen. Zuletzt gewahrten die *„Önnereersken"* in der Nähe des brennenden Hauses die alte Frau, die den Rat zu ihrem Untergang gegeben hatte. Da riefen sie vorwurfsvoll: *„Spölke, Spölke, wat heest dü üüs forrat!"*

(„Gespielin, Gespielin, wie hast du uns verraten!") — Das war das letzte, was man auf Sylt von den Unterirdischen gehört hat. Sie verbrannten jetzt allesamt, und so waren nun auch die Übriggebliebenen von ihnen ausgerottet. Man weiß übrigens heute noch, wo Niß Schmieds Haus in Morsum einst stand.

Die Angst der Zwerge vor dem Kreuz bedeutet, daß sie ihre geistige Schwäche gegen das Christentum, welches immer näher kam und das Kreuz zum Zeichen hatte, ahnten oder anerkannten. Es hieß, überall wo das Christentum eingeführt wurde, da verschwanden die heidnischen Zwerge oder die unterirdischen Geister. — Auf Sylt wurde das Christentum langsam und spät etabliert, vollständig erst um 1400.

Nach einer alten Sage hat Ekke auf Helgoland das Christentum angenommen. Er war dort Gies, Oegis oder Kies genannt worden, aber wurde nun ein Heiliger, welcher St. Tynthias getauft wurde. Die Helgoländer meinten, daß er den Fischern Segen brächte. Sie brachten ihm deshalb noch lange nach der Einführung des Christentums alle Jahre in feierlicher Prozession ein Opfer. Die Hörnumer Fischer lernten ihn aber ganz anders kennen, als er ihr Land und ihre Wohnungen verwüstete. Nun, sie mögen auch nachlässig in seinem Dienst gewesen sein. Auf jeden Fall sollen sie ihm nur Rochenstacheln geopfert haben.

Seit der Schlacht auf der Heide bei Kampen, in welcher der Große Bröns gefallen war, haben die Sylter keinen eigenen König mehr gehabt. Sie regierten sich in der Folge selbst durch ihre zwölf Ratsmänner. Wenn sie aber Krieg führten, dann durch ihre Helden, die sie dann zu ihren Anführern wählten oder kürten.

6. Vom Ursprung der Friesen und ihrer Auswanderung nach Nordeuropa

Der friesische Chronist Heimreich berichtet in seiner „*Nordfresischen Chronik*“ über den Ursprung der Friesen, wie ihn die römischen Schriftsteller Tacitus und Plinius beschrieben:

„*Diese* (Tacitus und Plinius) *führen die Friesen her aus einer Landschaft, so in Indien am Fluß Ganges gelegen — und berichten sie, daß Freso und dessen Brüder Saxo und Bruno neben ihrer Gesellschaft aus diesem ihrem Vaterlande, wegen der Tyrannay des Agrammis — vertrieben. — Da haben sie eine Schiffsflotte von 300 Schiffen zusammengebracht, damit sie durch das Caspische Meer gefahren, in Armenien gekommen und so ferner durch das Euxinische Meer in das Mittelländische; seyn auch weiter zwischen Europa und Africa hingesegelt, um Hispanien und Frankreich geschiffet und endlich nach achtjähriger Reise und verlornen 246 Schiffen ins Vlie angekommen, alda von den übrigen 54 Schiffen 24 mit deren Führer, dem Fresone, seyn geblieben, der dort mit seinen Völkern zu Lande getreten, die anderen aber seyn weiter fortgeschiffet. Demnach sie nun, besagtermaßen vor Christi Geburt im Herbste des 313. Jahres zu Lande getreten — und sich dort um die Gegend des Vlies 13 Jahre beyeinander aufgehalten, hernach aber sich geteilt, und ist Saxo mit den Seinigen ins Osten ins Land Hadelen gezogen und hat sich um Stade und Bardowick nieder gelassen. Bruno aber ist an der Weser geblieben, hat Braunschweig erbaut, — und Freso an dem Orte, da er erstlich an Land getreten, und haben die Teutschen Fürsten ein sonderlich Gedinge mit ihm aufgerichtet, daß er diese Oerter ewiglich besitzen, dagegen aber die Seeküsten schützen sollte, weshalben sie ihn auch mit sonderlichen Privilegien und Herrlichkeiten haben versehen.*“

Eine noch heute oft erzählte friesische Sage läßt ihre Stammväter ebenfalls aus dem fernen Osten zu Schiff an die Ufer der Nordsee kommen. Dort siedelten sie sich an, und noch heute wohnen zwischen der Schelde und der Riperfurt ihre Nachkommen. Der Unterschied ist jedoch, daß ihr Anführer nur *„de Uald“* („der Alte“) in der Sage genannt wird und daß die Friesen nicht auf dreihundert Schiffen, sondern nur auf einem einzigen, ungeheuer großen Schiff, dem Welt- oder Volksschiff *„de Mannigfuald“* („die Mannigfaltigkeit“), hergesegelt wären.*)

Es gibt verschiedene Versionen dieser Sage, und es scheint, daß noch in neuerer Zeit mancher Friese und besonders mancher Seefahrer sich bemüht hat, der Geschichte allerlei phantastische Ausschmückungen und Ergänzungen hinzuzufügen. Deshalb ist es schwer, aus diesen verschiedenen Darstellungen den ursprünglichen Kern der Erzählung herauszufinden. Eine der besten Varianten scheint mir diejenige zu sein, welche ich nun mitteilen werde. Sie gibt überdies der Legende, nach meiner Meinung, einen tieferen Sinn und eine religiöse Deutung:

„Ursprünglich wohnten die Friesen in der Levante (d.h. Kleinasien oder Syrien). Jedoch zu der Zeit einer großen Umwälzung (vielleicht zur Zeit der Zerstörung des großen assyrischen Reiches oder der Eroberungen eines Nebukadnezar oder Alexanders des Großen) faßten sie den Entschluß, ihre bisherige Heimat zu verlassen und sich ein neues Vaterland, ein möglichst friedlicheres und weniger felsiges Küstenland als ihr bisheriges, zu suchen.

Als seekundige Leute beschlossen sie, ihre Reise zu Wasser anzutreten. Sie sammelten zu diesem Zweck all ihre Schiffe und bauten aus ihnen das Riesenschiff *„Mannigfuald“*. (Vielleicht richtiger: Sie vereinigten sie zu einer engverbundenen, großen Schiffsflotte.) Als alle diese Vorkehrungen getroffen waren, segelten sie eines Tages bei günstigem Wetter ab. Sie waren jedoch erst wenige Tage auf dem Meer, als sich auf dem seltsam zusammengesetzten Schiffskoloß mancherlei Mängel zeigten. Unter den vielen Besatzungsmitgliedern entstand nun ein heftiger Streit, teils über die

---

*) Als das größte Schiff der alten Zeit wird übrigens dasjenige bezeichnet, welches der ägyptische König Ptolemäus Philopater um 200 vor Christus erbauen ließ. Es war 280 Ellen lang, 38 Ellen breit, 50 Ellen hoch und hatte 40 Ruderbänke. Das größte Schiff der Normannen, *„Lang-Ormen“*, welches Oluf Trygesen erbauen ließ, war viel kleiner.

Entstehung und Abhilfe dieser Mängel, teils über die Führung des Schiffes (bzw. der Flotte).

Zum Glück erhob sich in der darauffolgenden Nacht ein heftiger Sturm und nötigte die Schiffenden, ihren Streit und die sonstigen kleinlichen Zänkereien aufzugeben, um ihre Kräfte zur Rettung aller wieder zu vereinigen. Die Störrischsten unter ihnen, die auch jetzt zur Zeit der allgemeinen Not keinen Frieden halten wollten, aber warf man dem Meeresgott zum Opfer über Bord, und ersäufte sie. Kaum war das geschehen, da legte sich der Sturm. Die Wolken teilten sich, und am Himmel erschien wieder ihr bisheriger Leitstern, der Orion. Er senkte als Friedenszeichen seinen *„Mori-Rokh"* über die Schiffenden und zeigte ihnen mit dem *„Peri-Pikh"* den Weg nach Westen.[*)] Das Meer beruhigte sich, und eine feierliche, nächtliche Stille trat ein. Sie wurde nur unterbrochen durch ein Plätschern am Schiffsschnabel oder Steven, der wie der Kopf eines riesigen Wals gestaltetet war. Kurz darauf stieg aus dem Meer die Gestalt eines bleichen Mannes mit langen Haaren und nassen Kleidern empor. Alle Friesen wichen scheu vor der seltsamen Erscheinung zurück, während der gespenstische Fremdling in dem ungeheuren Schiffsbauch verschwand, ohne die Friesen anzureden oder, wie es schien, ohne sie überhaupt zu bemerken.

Noch stand das erschrockene Volk und erwartete das Wiedererscheinen des bleichen Mannes. Da drangen aus dem innersten Winkel des Schiffsraumes seltsame Töne hervor. Alle lauschten natürlich mit Furcht und Spannung. Es war, als ob der Fremdling einen Geist oder Gott, der in dem Schiff wohnte, um Erbarmen und um Errettung aus großer Not anflehte und um Führung eines heidnischen Volkes auf den Weg des Heils. Deutlich hörten sie die Antwort: „Höre meine Stimme, und sei gehorsam meinem Worte: Gerechtigkeit, Einigkeit und Hoffnung sind notwendig für das Wohl eines Volkes, so lange es auf Erden da ist!"

[*)] Die Friesen nannten das gesenkte Schwert des Orion *„Mori-Rokh"*, die mehr horizontal gerichteten Sterne seines Gürtels aber *„Peri-Pikh"*.

Die mahnenden Worte des Schiffsgeistes, des „*Uald*", (den sie freilich nicht sahen, aber wohl hörten), „*Gerechtigkeit, Einigkeit und Hoffnung!*", tönten noch oft vom Schiffsraum herauf. Sie hallten von allen Schiffswänden wider und prägten sich dem Volk tief ein. So erkannten die Friesen sie als notwendige Grundregeln für ihr Glück und um ihr erwünschtes Ziel zu erreichen, und sie nahmen sie an.

Die Gebete des bleichen Fremdlings im „*Spintje*", dem verborgensten Winkel des Schiffsraumes und die bald mahnenden, bald tröstenden, bald belehrenden Antworten des „*Uald*", hörten sie drei Tage und drei Nächte. Dann verstummten sie. Der Fremdling verschwand, wie er gekommen war, nämlich am Vorderende des Schiffes, als es einer Landspitze nahe kam. Da sahen die Schiffsleute im Zwielicht der Nacht die bleiche Gestalt zum letzten Mal auf dem hohen Ufer des Landes.[*] Sobald der Morgen wieder graute, stiegen die mutigsten Schiffsleute hinunter in das Spintje und untersuchten sorgfältig die verborgensten Winkel des Schiffsraumes, ob der Fremdling nicht irgendein Andenken zurückgelassen hatte. Bisher hatten Scheu und Ehrfurcht sie davon abgehalten.

Sie fanden eine Rolle aus Ziegenhaut und darauf Schriftzüge, aus welchen der Klügste von ihnen folgendes entzifferte: „Um ein gerechtes, einiges und glückliches Volk zu werden, müßt ihr euch Rechte und Ratgeber (oder Richter) küren. Solange ihr aber auf der Reise oder in Gefahren seid, sollt ihr einen König oder Oberherren über euch dulden und dessen Willküren gehorsam sein. — Wenn ihr an das Land kommt, das euch bestimmt ist, so richtet euch friedlich ein; so vergeßt nicht, daß Gerechtigkeit, Liebe und Hoffnung stets unter euch wohnen sollen! Dann laßt die Zeichen derselben euch stets daran erinnern." — Als die Ziegenhaut gänzlich aufgerollt und die Schrift völlig entziffert war, fielen drei kleine goldene Figuren heraus. Es waren menschliche Gestalten, welche die genannten Tugenden symbolisierten.[**]

---

[*] Die Sage scheint an den Propheten Jonas zu erinnern.

[**] Viele Hundert Jahre später fand man noch in den meisten friesischen Wohnungen sowie auf ihren Schiffen die Symbole der Gerechtigkeit (eine weibliche Figur, in der einen Hand

Jetzt wählten die Friesen den Klügsten unter ihnen, den Deuter der Schrift auf der Ziegenhaut, den Freso, zum König und menschlichen Anführer auf ihrer Reise. Sie gaben ihm, ebenso wie dem unsichtbaren Lenker des *„Mannigfuald"*, den Namen *„de Uald"*. Auch gelobten sie einstimmig, ihm unbedingt zu gehorchen, bis sie in ihrem verheißenen Land angekommen sein würden und sich selbst durch eigene Gesetze und Ratsleute zu regieren vermochten. Nachdem die Friesen, geleitet von ihrem sichtbaren *„Uald"*, die Mängel an dem *„Mannigfuald"* verbessert und an der Küste von Kreton ihre Vorräte durch eine Herde Ochsen ergänzt hatten, segelten sie nunmehr in Frieden und getrosten Mutes weiter.

Sie machten jedoch keinesweges so rasche und regelmäßige Fortschritte auf ihrer weiteren Seefahrt, wie es heutzutage die Schiffer zu tun pflegen. Die Unbeholfenheit ihres schwerfälligen Schiffes und ihre Unvertrautheit mit den fernen Weltgegenden mögen daran Schuld gewesen sein. Es traten ihnen jedoch auch sonst manche Hindernisse entgegen, wovon die Sage erzählt:

Als einst in der Nacht eine dunkle Wolke ihren Leitstern, den Orion beschattete, fuhren sie in die Irre und waren in Gefahr, in der seichten Syrte an der afrikanischen Seite des Mittelmeeres auf Grund zu laufen. Zum Glück blies ein heftiger, heißer Südwind sie aus dieser gefährlichen Meeresbucht wieder fort, und bald stieg vor ihnen am nordwestlichen Himmel ein Feuerstrahl aus dem Meer hervor. Den erachteten sie als ein Leitfeuer, das ihnen offenbart wurde. Sie beschlossen, sich danach zu richten, wenn „der Riese" (Orion) ihnen wieder untreu werden sollte.

---

ein Schwert, in der anderen eine Waage haltend), der Liebe oder der Einigkeit (eine Mutter mit drei Kindern, eines auf dem Arme tragend) und der Hoffnung (eine Frau, die in der einen Hand einen Schiffsanker und in der anderen einen Vogel hält). Sie waren entweder in Metall, Holz oder Elfenbein gearbeitet oder als Wand- und Schrankverzierungen angebracht, am häufigsten aber als Messer- und andere Hefte aus Elfenbein kunstvoll geschnitzt.

Es war die Feuer-Esse des Vulkan, des Schmiedegottes, aus dessen gewaltigem Schornstein, dem Aetna, nachts Funken und Feuer herausflogen. Sie erleuchteten das Mittelmeer und zeigten den Friesen auf ihren Irrfahrten noch oft den Weg. Am Tag aber ragte der Bergriese wie eine gewaltige, mit Wolken bedeckte Baake hervor, welche sie ebenfalls als Wegweiser benutzten, so lange sie sichtbar war. — Als der Feuerberg allmählich hinter ihnen verschwand, tauchten vor ihnen wieder andere Berge und Inseln aus dem Meer empor. Dann wurden die hohen Ufer an beiden Seiten des Meeres immer enger. Sie machten das Fahrwasser schmaler und drohten den Schiffern den Weg zu versperren. Jedoch nach langem Zaudern und Suchen fanden sie das enge Meerestor zwischen den Säulen des Herkules. Später nannten sie es immer *„dit Nau"*, vielleicht weil der *„Mannigfuald"* nur mit genauer Not hindurchschlüpfte und sie später noch oft an ihre Angst und Not, die sie dort gelitten hatten, gedacht haben mögen. Nun schifften die Friesen auf dem großen Atlantik, der von ihnen aber später die „spanische See" genannt wurde. Sie waren nun mehr als je zuvor den brausenden Stürmen, Wellen und Meeresströmungen ausgesetzt. Ihre Weltkunde, ihre Kennzeichen des Meeres und das Land selbst schienen ihnen verloren zu sein. Sie glaubten bereits, das Ende der Welt erreicht zu haben, denn sie sahen nur noch Luft und Wasser rings um sich. Der Himmel war gewöhnlich mit Wolken bedeckt, und das Meer sturmbewegt. Der Kapitän Freso war daher, wie Moses einst in der Wüste, ein geplagter Mann, dessen Rat und Tat zur Leitung des Ganzen wie des Einzelnen mehr als je notwendig waren. Er mußte — wie es in der Sage heißt — beständig zu Pferde auf dem *„Mannigfuald"* umherreiten, um Ordnung zu halten, um seine Befehle zu erteilen und sie im Brausen des Sturmes und der Wellen überall vernehmbar zu machen. Doch es kam ihm sein Bruder, der Steuermann (vielleicht Saxo), sehr zu Hilfe. Er entdeckte nämlich am nördlichen Himmel ein fast stillstehendes Gestirn (den Polarstern), um den alle benachbarten Sterne und Sternbilder zu kreisen schienen.

So bildeten z.B. die beiden leicht erkennbaren Himmelslichter, welche als die hinteren Räder des „Großen Wagens" bezeichnet wurden, immerfort eine gerade Linie mit dem Polarstern. Dieses Gestirn, das seine Stellung am wenigsten veränderte, wurde fortan das wichtigste Leitzeichen der Friesen auf ihrer Seereise. Je weiter sie aber nach Norden vordrangen, desto öfter begegneten ihnen dichte Nebel, und sie fuhren in die Irre. Einmal gewahrten sie im Nebel ein weißes gespenstisches Wesen vor sich. Es war das weiße Segel eines nordischen Schiffes. Sie beschlossen ihm zu folgen, und wurden so in den britischen Kanal hineingeleitet.

7. Von schwedischen Kriegern auf Sylt und deren Niederlage und Flucht von List

Aus den Papieren des Jens Schwennen zu Keitum und zugleich als als Beispiel, wie ein ungelehrter Sylter Chronist um 1720 zu schreiben pflegte.

„Anno 1644 in Januaryus sint schwedische Völker op Silt gekamen und hebben Brantschat gefordert. De 16 Majus sint des (dänischen) Konings Schepen samt de Koning sulvest by List gekamen und hebben gruwlick op de Schweden geschaten van de Klock 6 Vormiddagh tot de Klock 12 op de Middagh, wordorch ein untallick Menschen vom de Schweden und Hollanders sint dot gebleven und op List am Strande begraven.[*)] *Und dernegst ein Manndach naa Cantate, was den 20 Majus, is dar ein schwedsche Havenmeister op Silt gekamen und hefft de Buren so hart angefallen umme een grote Schattinge und hefft se hart gedrouwet und gespracken, eer Morgen Middagh wil ick by Juw kamen mit soo veel Soldaten und Juw also schantzeren dat daar nicht een Stock schal by den anderen bliven. Soo hebben de arme Fruwen gejammert und umme Gnade gebeden. Darop hefft he geantwordet, Iy Horen Ick ward Juw de Ohren van de Kop laten snyden. Und hefft dorch Vientschop Boh Nickelsen gefangen genamen und is naa Keitum gefaren. Middlertit sint de Buren gelopen van de een toh den ander mit groot Bekummerniß umme Gelt tho kriegen und hebben ehm de Schattinge gedahn. He hefft de Scheplüden ock Brantschat affgedwongen, dat in alles ower 400 Rixdaler belopt dat he hadde van de Buren opgebört.*

---

*) Einem alten Manuskript zufolge sollen die Schweden in dieser Schlacht 1100 Mann verloren haben. Der Rest der Schweden blieb mit ihren Schiffen bei List liegen, während die schweren dänischen Boote sich wieder aufs offene Meer zurückzogen.

Awer naa dissen hefft de Gnadige Gott dorch sine grote Barmhärtigheit alsoo balde ein Konings Schip by Zuyden Morsum ankamen laten und dat Volck sint stracks an Lant gekamen unde de Buren hebben eer entjegen gereden dat see ilich mochten kamen und see hebben soo flux naa Keitum gejaget und hebben desen schwedsche Havmeister tho Hendrick Hansen Huuse bekamen und gefangen genamen, und hebben ehm mit een Wagen naa Morsum gebracht, und ehm gefragt, wat Gudes he im Sinn hadde. Und des Konings Soldaten hebben de Schwed doht geschaten by Morsum Zuyder Ower und ock darsulvest begraven und dat Gelt under sick gedelet. Kort darnaa is hee van de Hunden wedder opgeschrapet unde opgefreten bezuyden Godemer Andressens Huse. Dise Schweds-Captein is geheten Capitein Jens Hofmester. Und kort darnaa als den 25 May hefft Gott dorch wunderbahre Beschickinge verhenget unde tho gelaten, dat by hellen lichten Dach een seer groten Hopen Minschen mit Geweer, Büssen, Spaten, Helbarden und Harnisch by List am Strande syn angegaan kamen, alsoo dat man it ogenschinlick gesehen hefft, dat it blinckerde als de blixum und op sick tonde, darover see (die Schweden) alsoo balden verschrocken unde in eer Schepen gelopen und under Seil gegaan unde nicht wedder gekamen.“ Soweit die Chronik des Jens Schwennen.

Ein späterer Sylter Chronist, nämlich Geicke Peters, schreibt folgendes über die Flucht der Schweden von List:

„Anno 1644 den 25. May am Tage Urbanus hat Gott durch wunderbahre Schickunge zugelassen, daß bey hellem Sonnen scheinenden Licht, als die Schweden auf List gewesen und aldar geschaffet (gespeist), *worselbst sie wahren vor den Dänischen mit ihren Schiffen eingeflüchtet, wie gesagt, doen ist oder sind ein Gespenst von Silt ausgemarsieren kamen bei dem Strandt von der Seekant langs, als wollten sie nach List, gleich als ein großes Kriegsheer von etlichen tausend Menschen mit Gewehr und Harnisch und dergleichen und ist wie berichtet worden von etlichen hundert Menschen gesehen worden. Dieß hat die Schweden so erschrecket, daß sie alles verlassen in ihre Schiffe sich begeben und nach See gegangen.*

Auf Jordsand stunden 50 geharnischte (schwedische) *Reuters, die sollten nach Sylt, um das ganze Land zu verbrennen, worauf sie auch den Mut verloren und wieder zurückgingen auf das feste Land.*"

Eine mündliche Überlieferung fügt jedoch eine weitere Erklärung hinzu: Demnach haben die Sylter und ihre Frauen gemeinsam mit dänischen Soldaten, welche bei Morsum gelandet waren, einst einen erfolgreichen Kriegszug nach List gemacht. Dort haben sie die Schweden von der Insel vertrieben. Die Frauen trugen ihren damaligen Sonntagsstaat, nämlich kurze Röcke aus Schafsfellen, die von einem breiten, roten Band zusammengehalten wurden sowie rote Strümpfe und Ärmel. Außerdem waren sie mit einer hohen, schwarzen Kopfbedeckung („*Huif*" genannt) versehen, und beladen mit allerlei Schmuck. Auf Verabredung mit den Dänen zogen die Sylter und ihre tapferen Frauen am 25. Mai frühmorgens von ihren Heimatdörfern fort, wobei sie sangen:

„Dat geit na List mit Allemann,
Mit Bössen, Schwerdt un Forken.
De hier nich fechten will un kann,
Dat sind wol rechte Schorken" –

Während ihres Marsches entlang des Strandes und durch die Lister Dünentäler verhielten sie sich still, bis sie gegen Mittag unter großem Lärm die Dünenkette bestiegen, die das Dörfchen List umgibt. Dort stellten sie sich plötzlich auf wie eine große Armee, und zwar gerade in dem Augenblick, als die Sonne zwischen den Wolken hindurch strahlte und die zahlreichen Sylterinnen mit ihrer seltsamen Kleidung beglänzte. Die Schweden lagerten gerade zum Mittagsmahl in der Nähe des Dorfes, als sie plötzlich das Kriegsgeschrei der Sylter und Dänen hörten und die Höhen ringsum von Feinden in fremdartigen Kostümen bedeckt sahen. Ihr Schrecken war so groß, daß sie ihr Mittagsmahl und zum Teil ihre Waffen in Stich ließen, und so eilig wie möglich ihre Schiffe bestiegen. Sie flohen aufs offene Meer hinaus, wo der dänische König Christian IV. ihnen noch eine Menge Kanonenkugeln hinterherschickte und ihr Admiralschiff schwer beschädigte, so daß sie nur mit knapper Not nach Holland entkamen.

Als die Sylter die Schweden losgeworden waren, berechnete der Landvogt Peter Taken nicht etwa die Verluste der Insulaner durch die Plünderungen der Eindringlinge, sondern die Ausgaben und Lieferungen, welche die Sylter wegen der ihnen zu Hilfe gekommenen dänischen Soldaten (ca. 400 Mann in fünf Tagen) gehabt hatten. Er fand die bedeutende Summe von 788 Talern, zwei Pfund und sechs Pfennigen.

Auch eine alte Listerin namens Renlef beklagte sich später über die dänischen Soldaten, indem sie erklärte: „Sie haben mir alle meine Gänse und Enten gestohlen und meine Würste und den Käse verzehrt." Die Sage erzählt, Renlef sei zum Anführer der Dänen gegangen und habe ihn angeredet: *„Herr Ambassedör, du skul holj Custos auer din Kneit, de har stjalen me olj min Mad."* („Du solltest Aufseher halten über deine Knechte! Sie haben mir all mein Essen gestohlen!")

8. Zur Geschichte der „Lister-Tiefe"

List hatte seit alten Zeiten großen Wert für die dänischen Könige und für alle Handel und Schiffahrt treibenden Bewohner der Westküste Schleswigs und Jütlands. Der Grund dafür waren das tiefe, leicht zu findende Fahrwasser nahe des Ortes, die sogenannte *„Lister-Tiefe"* und der einst vortreffliche Lister Hafen. Der befand sich in der Meeresbucht zwischen dem Dorf Neu-List und dem sogenannten *„Ellenbogen"*, dem nördlichsten Teil des Listlandes. Nicht selten sahen deshalb die Einwohner des Ortes sogar Kriegsflotten ihren Sandhöhen entgegensteuern und in den dortigen Gewässern Anker werfen. Handelsschiffe waren für sie ein alltäglicher Anblick.

Einige Schiffe suchten bei Sturm oder widrigem Wind Schutz in der Nähe des Dorfes, andere hatten wegen des Schollen-, Schellfisch-, Rochen- oder Austernfangs dort ihre Hauptstation. Die meisten der von und nach Röm, Ballum, Hoyer, Tondern oder Sylt segelnden Handelsschiffe mussten ebenfalls auf ihren Reisen bei List vorbei. Sie legten aber auch oft dort aus vielerlei Gründen an, insbesondere um Ballast zu laden. Ja, mehr als einmal war die *„Lister-Tiefe“* der Schauplatz blutiger Schlachten. Pastor Cruppius aus Keitum schreibt, daß gegen Ende Juli des Jahres 1673 eine holländische und eine französische Flotte im Meer vor dem Dorfe aneinandergerieten. In ihrem zweiten Gefecht kamen mehr als 100 Menschen um, und ihre Leichname wurden später zumeist bei List angespült. Ferner bemerkt er, daß er am 24. September desselben Jahres Handelsschiffe von zwölf verschiedenen Nationen vor dem Ort gesehen habe. Später, vom 30. September bis zum 8. November 1689, lag dort eine dänische Kriegsflotte. Sie bestand aus 103 Schiffen, unter ihnen vier des ersten Ranges, die zur Aufnahme von 7000 Mann dänischer Truppen bestimmt waren, welche nach England verschifft werden sollten.

Im Jahre 1681 wurde ein Zollkontor auf List errichtet. 1694 verlegte man es aber nach Hoyer. Im Jahre 1700 wurde dann durch den *„Traventaler Friedensschluß“* den Syltern und allen übrigen schleswigschen Einwohnern wieder zollfreie Ein- und Ausfahrt bei List gestattet. Um diese Zeit begann aber die allmähliche Versandung des inneren Hafens, des sogenannten *„Königshafens“*, schon einen nachteiligen Einfluß auf die dortige Schiffahrt zu entfalten. So ist heute nur noch der äußere Teil der Meeresbucht bei List, nämlich die sogenannte *„Lister-Reede“* (welche übrigens gegen alle westlichen Stürme vollkommen schützt und hinreichende Tiefe besitzt), den größeren Schiffen als Ankerplatz übriggeblieben. Die Regierung versucht in neuester Zeit durch Tonnen und Baaken sowie durch Leuchtfeuer die Einfahrt bei List zu sichern und den Schiffsstrandungen auf Sylt vorzubeugen. — Möge es ihr gelingen! — Die zwei Leuchttürme auf dem *„Ellenbogen“* wurden 1857 auf Kosten der dänischen Regierung gebaut und später durch die die preußische erneuert

Ihre größte Bedeutung scheinen die Gewässer bei List um 1644 gehabt zu haben. Deshalb muß ich noch einige Begebenheiten aus dieser Zeit berichten:

Nachdem Torstenson mit seinen schwedischen Truppen gegen Ende des Jahres 1643 in Holstein und Schleswig eingedrungen war, näherten sich zu Anfang des folgenden Jahres die Kriegsunruhen auch den westlichen Inseln Schleswigs. Anfang Februar zeigten sich zuerst schwedische Kriegsschiffe in der *„Lister-Tiefe"*, und schwedische Truppen verschanzten sich auf Römöe, das an der Nordseite dieser Tiefe liegt. Von hier aus machten die mit den Holländern damals alliierten Schweden Jagd auf die vorübersegelnden dänischen Handelsschiffe. Sie plünderten sie aus, und brachten sie bei List oder Römöe auf Land.

Die Dänen blieben natürlich bei den Attacken der Schweden nicht ruhig. Schon am 15. Februar waren zwei Galeonen mit 100 Mann von Glückstadt nach Römöe abgesegelt, um die Schiffe, welche die Schweden dort den Dänen geraubt hatten, wieder in Besitz zu nehmen. Doch dieser Kriegszug blieb ohne Erfolg. Am 16. März schiffte daraufhin der Oberstleutnant Friedrich von Buchwaldt mit 600 Mann nach Römöe ab, um die dortige schwedische Besatzung aufzusuchen und sie womöglich gefangen nach Glückstadt zu führen. Am 21. März landeten die dänischen Truppen auf Römöe. Sie zerstörten die zwei von den Schweden dort aufgeworfenen Schanzen und nahmen 180 Schweden gefangen. Zusammen mit acht schwedischen und zwei, von den Schweden gekaperten dänischen Schiffen, wurden die Gefangenen am 9. April nach Glückstadt gebracht. Durch diesen erfolgreichen Zug hoffte man, die Schweden auf Römöe losgeworden zu sein und die für die Schiffsahrt damals so wichtige *„Lister-Tiefe"* von Feinden befreit zu haben.

Doch kaum waren die Dänen von Römöe wieder weggezogen, da liefen von neuem schwedische Kriegsschiffe bei List ein. Der Hafen dort schien nun eine feste Station für die 26 schwedischen Flottenschiffe zu werden, die unter dem Admiral Thyssen in der Nordsee kreuzten. Außer diesen schwedischen Schiffen liefen im April vier holländische Segler in die *„Lister-Tiefe"* ein. Beide Nationen schlossen sich zusammen, um gemeinsame Sache gegen die Dänen zu machen. — Am 16. Mai, während die vereinigte schwedisch-holländische Flotte in der *„Lister-Tiefe"* vor Anker lag, kam frühmorgens der König Christian IV., von Helgoländer Lotsen geführt, mit neun Rangschiffen ebenfalls in die Tiefe bei List herein. Hier traf er die von ihm gesuchte feindliche Flotte.

Um sechs Uhr morgens entstand ein heftiges Gefecht zwischen den dänischen, schwedischen und holländischen Schiffen. Anfangs neigte sich der Vorteil auf die Seite der Schweden und Holländer. Das dänische Admiralschiff wurde übel zerschossen; der König selbst sank verwundet nieder. Den Dänen wollte nun der Mut entfallen. Da trat ein Ballumer Matrose hervor und ermunterte durch sein Beispiel und seine Reden die Verzagenden. Die Dänen schämten sich, griffen erneut zu ihren Waffen und erfochten unter der Führung ihres sich wieder erholenden, heldenhaften Königs einen denkwürdigen Sieg.

Die leichteren schwedischen und holländischen Schiffe wären, als das Glück ihnen den Rücken zukehrte, wahrscheinlich entkommen, wenn nicht eine plötzliche Windstille sie genötigt hätte, standzuhalten. Erst gegen Mittag führte die eintretende Flut die jämmerlich zugerichtete vereinigte Flotte nach List und aus dem Schußfeld der dänischen Kugeln.

Die Zahl der Schweden und Holländer, die in dieser Seeschlacht fielen, wird unterschiedlich angegeben. Es sollen zwischen 800 und 1100 Mann gewesen sein. Ihre Leichname trieben später zum großen Teil bei List und auf *„Jordsand“*, einer Hallig östlich von List, an den Strand. Dort wurden sie im Sand verscharrt. Die Dänen sollen dagegen in dieser Schlacht wenige Menschen verloren haben. — Da die schwedischen und holländischen Schiffe nicht tiefgingen, so flüchteten sie nach dem Ende der Schlacht in die seichten Wattströme bei Römöe und im Osten von Sylt hinein, wo sie vor der weiteren Verfolgung durch die schweren und tiefergehenden dänischen Schiffe geschützt waren.

Nachdem er sich eine kurze Zeit im *„Lister-Hafen“* umgesehen hatte, segelte der König mit seiner Flotte wieder in die *„Lister-Tiefe“* und vor deren Mündung hinaus. Dort kreuzte er, in der Erwartung, die feindlichen Flotten würden versuchen hinauszuschleichen. Dann wollte er sie endgültig schlagen. Die Schweden und ihre Verbündeten lagen indes ruhig bei List, wohin sie sich aus ihren Schlupflöchern, den Wattströmen, zurückgewagt hatten. Sie pflegten ihre Verwundeten und begruben ihre Toten. Zudem versuchten sie, ihre Schiffe auszubessern und plünderten und neckten nebenbei die Einwohner von Sylt. Unter den Plünderern zeichnete sich vor allen ein schwedischer Kapitän (Heimreich bezeichnet ihn als „Hafenmeister") namens Jenss, durch seine Frechheit und Grausamkeit aus. Er hatte, außer einer Menge von Viktualien, 400 Reichstaler an Bargeld von den Einwohnern der Insel erpreßt. In Keitum wurde er aber gefangengenommen und am 20. Mai am Ufer bei Morsum von dänischen Soldaten erschossen, die dort angekommen waren, um die Feinde aus ihren Schlupfwinkeln zu vertreiben.

Der Anführer dieser am Südufer gelandeten Truppen war vermutlich Graf Christian von Rantzau. Das geht aus einer alten, von mir entdeckten Rechnung für Proviant und Einquartierungskosten hervor. Die Schweden und ihre Verbündeten ahnten unterdes nichts von dem ihnen drohenden Überfall. Sie hatten zwar am östlichen Ufer bei List eine Schanze aufgeworfen, aber nicht, weil sie einen feindlichen Angriff erwarteten, sondern zur Aufnahme von 50 schwedischen Reitern, welche vom Festland nach List verlegt werden sollten. Sie sannen darauf, den Tod des Kapitäns Jenss zu rächen und sie drohten, mit Hilfe jener erwarteten Reiter ganz Sylt niederzubrennen. Durch diese Ankündigung hatten sie aber den Willen der Sylter zur Selbstverteidigung aufs höchste gereizt.

Am Morgen des 25. Mai war ein Teil der Mannschaft der schwedisch-holländischen Flottille bei List an Land gestiegen. Sie hatte im Freien ein großes Feuer gemacht und sich ein Mittagsmahl gekocht. Gerade wollten sie sich die Speisen schmecken lassen. Da wurden plötzlich die Dünen, die im Süden und Westen das Dörfchen Neu-List umgeben, mit Menschen erfüllt, deren Waffen und Kleider im Sonnenschein glänzten. Allgemeine Verwirrung entstand unter den Schweden und Holländern. In wilder Hast flohen sie auf ihre Schiffe, ließen ihre Mahlzeit, ja, zum Teil ihre Waffen im Stich. Sie lichteten sofort die Anker und segelten, da der Wind günstig war, noch am selben Tag auf See hinaus.

9. Sage, wie die ersten Verwüstungen Nordfrieslands entstanden

Der friesische Chronist Heimrich schrieb um 1666: *„daß eine englische Königin, Fraw Garhören geheißen, aus Ursachen, daß ein König aus Dänemarck sich versprochen sie zu heiraten und sie nochmals habe sitzen lassen, die Höveden* (Sandbänke) *zwischen England und Frankreich, auf 7 Meilen sich erstreckende, durch 700 Mann, so ganzer 7 Jahren sollen daran gearbeitet haben, lassen durchhauen, in Meinung alle Länder, dem König in Dänemarck zugehörig, auf solche Weise zu verdrenken und zu versenken. Daher durch Einstürzung der West-See diesen Ländern ein merklicher Schade sei zugewachsen, daß zwischen der Elbe und Riperföhrt in die 100,000 Menschen sollen erseuffet sein. Und schreibt Bernhardus Flor, daß um diese Zeit das Moor aus Island mit dem Nordwesten Winde an dem großen, dicken und finsteren Walde, so der düstere Damswald geheißen, und darin viele ungeheure wilde Tiere sich aufgehalten, sei angekommen, und habe sich auf gedachtem Walde nieder gelassen."*

Der *„Damswald"* soll sich aber einst von Sylt bis in das *„Riesummoor"* erstreckt haben. Er bildet zweifellos heute die ausgedehnten unterseeischen Torflager oder *„Tuulbänke"* dieser Gegend. Seit der Durchstechung des britischen Kanals mag ein höherer Wasserstand in der Nordsee entstanden sein. Das gilt vermutlich auch für den doppelten Flutstrom, welcher nun die Küsten Nordfrieslands umspült.

10. Der Eierkönig Peter der Kleine

Eine Lister Sage

Ehe man überhaupt an Peter den Großen dachte, lebte bereits Peter der Kleine. Er war ebenfalls ein Regent, nur mit dem Unterschied, daß er ein sehr kleines Reich beherrschte. Es erstreckte sich nämlich nicht weiter als über das Lister Dünengebirge auf Sylt. Das Volk nannte ihn „den Eierkönig von List", obgleich er vielleicht dieses Eier- oder Dünengebiet nur als Pachtgut besaß. Sein Taufname lautete Peter Hansen.

Peter der Kleine, auch *„Lille Peer"* genannt, gehörte zu jenen kurzen, breiten, eckigen Gestalten mit eisernen Naturen, wie sie in nördlichen Küstengegenden nicht selten vorkommen. Er war einer jener Menschen, welche, nachdem sie jahrelang von Wind und Wellen gleichsam gepeitscht wurden, in dem Grade rauh und abgehärtet werden, daß sie vielleicht das Vorbild der Sage von den „wanderenden Steinblöcken" am Ufer der Nordsee waren.

Er besaß überhaupt ungewöhnliche Körperkräfte, so daß er in seiner Jugend einst ein Schiffsboot über das eine Stunde breite Lister Dünengebirge getragen haben soll. Unter dem Birkenzepter dieses Eier- und Dünenkönigs standen nun einst alle Sandhügel auf dem Listland, samt deren Millionen Sandkörnern und Pflanzen und samt den Tausenden von Vögeln, die dort nisteten. Zwei Drittel ihrer Eier, oft 40- bis 50.000 Stück im Jahr, waren seine Haupteinnahmen. Es waren gleichsam Steuern, die er alljährlich von seinen flüchtigen, ganz- oder halbwilden Untertanen für die Mühen und Sorgen erhob, die er sich ihretwegen machte.

Überdies war er Vater einer Schar von 22 Kindern,[*)] die folglich ebenfalls unter seiner Herrschaft standen. Freilich leisteten sie ihm auch manche Dienste bei seinen Geschäften, z.B. beim Aufmachen und Ausgraben der Nester der Bergenten[18] oder beim Aufsuchen und Einsammeln der Möweneier. Insbesondere hatte er ihnen das Sammeln der kleineren Eier, der Kiebitz-, Meerschwalben-, der Austernfresser-, Strandläufer- und Regenpfeifer-Eier ganz übertragen. Außerdem stellten seine Kinder den Hasen und Kaninchen Fallen, und sie weideten die Schafe und Lämmer der Lister unter seiner Oberaufsicht. Sie erkannten in den Dünen überhaupt

---

*) Nach den Erzählungen anderer soll er sogar 24 Kinder mit seiner Ehefrau gezeugt haben; den Kirchenbüchern zufolge jedoch nur zwölf. Er wurde 1654 auf List geboren und starb dort 1718.

18 Auf Sylt bezeichnete man die Brandente (Tadorna tadorna) als Bergente. (Anm. Frank-Daniel Schulten).

keine höhere Autorität an als die ihres Vaters. Jedoch hatten sie, wie ich nicht unerwähnt lassen darf, auch vor einem halbwilden Stier, welcher damals in den Lister Dünen umherstreifte, gewaltigen Respekt.

Dieser Stier spielt in der Geschichte unseres Eierkönigs eine nicht unwichtige Rolle. Peter der Kleine duldete das Tier mit viel Nachsicht in seinem Reich, weil der bösartige Ochse manchen Eierdieb verscheuchte, indem er wütend auf die roten Kleider der Römöer- und Sylterinnen loszustürzen pflegte, wann immer er sie sah.[*)] Als aber der Stier gar zu wild und ungebärdig wurde; als auch mancher unschuldige Reisende sich über ihn beschwerte, da mußte endlich der Dünenregent einschreiten, um dem Land Ruhe zu verschaffen. Das Urteil über den Angeklagten lautete auf lebenslängliche Einsperrung. Zu ihrem Vollzug zog ganz List — wie man noch heutzutage erzählt — eines Tages in die Dünen, mit dem König voran. Nach langem Suchen fand man das Tier in einem sumpfigen Dünental grasend. Man lockte den Stier durch ein rotes Tuch herbei, und der starke Peter ergriff ihn bei den Hörnern. Die Sage erzählt, daß er den Ochsen festgehalten, ihn herumgedreht und auf den Rücken geworfen habe, damit die übrigen Lister dem wütenden Tier in aller Ruhe Fesseln anlegen konnten.

Von diesem Zeitpunkt an, als die Furcht vor dem wilden Bullen mit seiner Freiheit verschwunden war, kamen mit jedem Jahr immer mehr Eierdiebe in Peters Gebiet. Immer frecher traten sie auf und verbitterten dem Dünenkönig das Leben, so daß er wohl oft in vollem Ernst dem bösen Stier die Freiheit wünschte.

Eines Sommernachmittags stand Peter auf seinen Stab gestützt, augenscheinlich in sehr trüber, ärgerlicher Stimmung. Es war in einem Dünental, welches stellenweise mit Heide und allerlei beerentragendem Gestrüpp überwachsen war. Sonderbar gestaltete Sandhügel lagen ringsum, von denen die meisten lange Dünengräser und Sandweiden trugen. Peter hatte an

---

[*)] Die Römöer sollen damals rote Mützen und rote Jacken und die Sylterinnen rote „*Pien*“ getragen haben.

diesem Vormittag sein gesamtes Reich durchsucht und überall nur leere Vogelnester gefunden. Freilich hatte er schon oft in seinem Herrschaftsgebiet Eierdiebe ertappt und sie daraus verjagt. Einmal hatte er sogar mit zwölf Römöern zugleich gekämpft und sie alle in die Flucht geschlagen. Aber seitdem allerlei fremdes Fischervolk und verdächtiges Gesindel sich an den Ufern und auf den Gewässern Lists umhertrieb, waren die Möwennester leer geworden, ohne daß er seinen gewohnten Tribut an Eiern bekommen hätte. Ja, die Möwen selber begannen bereits unter ihrem langgedehnten, melancholischen Klageruf „Aau! Aau!“, von ihrer geliebten Heimat fortzuziehen, wo aller Friede, alle Ordnung und Ruhe gewichen schienen.

Es ärgerte ihn vor allem, daß der Nestraub während der letzten Zeit stets im Geheimen, im Dunkel der Nacht oder im Zwielicht und Nebel der Dämmerstunden geschah. So konnte er die Täter nicht einmal entdecken, viel weniger bestrafen. Er versank in tiefes Nachdenken, und in ihm reifte ein Plan, wie er sich an den Eierdieben rächen wollte:

Eines Abends lauerte er bis Mitternacht in einer mit Weidengebüsch und langem Schilf bewachsenen Dünenschlucht, wo bisher tiefe Stille herrschte. Als er bemerkte, daß die Möwen, bald hier bald dort, in ihrer Nachtruhe gestört wurden, sie mit großem Geschrei von ihren Nestern emporflogen, da begab er sich ans Meeresufer in der Erwartung, daß die Eierdiebe nunmehr gelandet sein würden. Er fand während seines Marsches rings um die Halbinsel, am Ufer nicht weniger als siebzehn Boote der Eierdiebe. Sie waren alle von ihrer Mannschaft bereits verlassen und zum Teil hoch auf den Strand hinaufgeschleppt worden. Mit seiner großen Kraft schob Peter sie nun alle, nachdem er ihre Anker gelichtet hatte, ins Meer, und ließ sie treiben. Dann ging er, zufrieden mit seiner Rache, zu seiner Wohnung, um der Ruhe zu pflegen.

Am folgenden Tag, nachdem die Eierdiebe vergebens ihre Boote gesucht hatten, herrschte ein heilloses Durcheinander in den Lister Dünen. Vogelfeinde schossen dort, nachdem sie den Vögeln die Eier abgenommen hatten, Möwen und sogar Bergenten, diese fast zahmen, gleichsam als heilig geachteten Vögel, denen der Sylter nie nachstellt. Eine andere Gruppe von

Eierdieben lagerte in einem Dünenwinkel rings um ein Feuer und verzehrte ihre gebratene Beute. Wiederum andere stahlen Lämmer von der Weide, um sich aus deren Fleisch ein Mahl zu bereiten. Alle waren voll Erbitterung auf den Eierkönig, dem sie zu Recht den Verlust ihrer Boote zuschrieben, und sie schwuren ihm blutige Rache.

Im Verlauf des Tages hatten freilich einige Eierdiebe nach langem Suchen ihre Boote am Ufer wiedergefunden und waren fortgesegelt. Andere waren von vorüberfahrenden Schiffen auf- und mitgenommen worden. Trotzdem trieben viele sich den ganzen Tag in den Dünen umher. Sie stahlen Eier, schossen Vögel, schlachteten Schafe und Lämmer und zündeten hier und dort das dürre Gestrüpp an. Sie ängstigten die armen Lister so sehr, daß selbst der Eierkönig sich mit seinen älteren Söhnen erst gegen Abend wieder in die Dünen wagte, um seine Verluste zu überblicken und die noch immer rauchenden Feuerstellen der Eierdiebe zu löschen, damit nicht ein gefährlicher Dünenbrand daraus entstände. Erst in der darauffolgenden Nacht verließen die letzten erbosten Räuber die Insel.

Als Peter der Kleine spät in der Nacht von seiner Inspektionstour wieder heimkehrte, fand er die daheimgebliebenen Mitglieder seiner Familie in großer Sorge um einen vierjährigen Knaben. Er war seinem Vater in die Sandberge nachgelaufen und während der Dunkelheit der Nacht noch nicht wieder heimgekehrt. Es war natürlich, daß Peter mitsamt seinen rüstigen Kindern sofort wieder in die Dünen zurückkehrte, ja, daß ganz List auf die Beine kam, um den verlorenen Knaben, den Liebling aller, zu suchen. Die Furcht vor den Eierdieben war plötzlich dem Eifer zur Wiederfindung des Kindes gewichen. Unverdrossen mühte man sich während der ganzen Nacht ab, jeden noch so verborgenen Schlupfwinkel der Dünen zu untersuchen, um des Verlorenen wieder habhaft zu werden. Spät am nächsten Morgen kehrte man jedoch ohne das Kind zurück. Obschon auch weiterhin alle möglichen Nachforschungen angestellt wurden, fand man den Knaben nicht wieder, zur großen Trauer seiner Eltern und Geschwister.

In derselben Nacht, als der junge Eierprinz verlorenging, verschwand auch das Boot des Eierkönigs, welches in der Nähe seiner Wohnung am

Ufer vor Anker gelegen hatte. Beide Verluste wurden als Rache der Eierdiebe gedeutet.

Jahre vergingen unterdes und linderten allmählich den Schmerz der trauernden Eltern. Nur eine unverkennbare Neigung zur Schwermut blieb in Peters Gemüt zurück. Peter der Kleine fand auch weiterhin jeden Sommer neue Ursachen, um sich über die vielen Eierdiebe, die seine Dünen heimsuchten und in seinem Gebiet allerlei Unfug anrichteten, zu ärgern, sie zu bekämpfen und zu verjagen. Aber er stieß ihre Boote nie wieder heimlich ins Wasser. Er war aber mißtrauisch gegen jeden fremden Gewalthaber. So schlug er eines Tages einen jütländischen Edelmann, der in sein Dünengebiet eingedrungen war, um einen entlaufenen Leibeigenen zu suchen, wie einen Eierdieb mit tapferem Mut in die Flucht.

Vierzehn Jahre nach diesem Vorfall stand Peter an einem kalten, rauhen Frühlingstag wiederum gedankenverloren auf einer Düne. Er war merklich gealtert, doch immer noch ein rüstiger Mann. Seine Söhne waren nach und nach alle zur See weggefahren. Mehrere waren schon tot, und auch die übrigen bisher nicht wieder zurückgekehrt. Daher lebte er mit seiner Gattin und seinen unverheirateten Töchtern jetzt ziemlich einsam auf seiner Dünenhalbinsel. Diese Verlassenheit wurde ihm aber bei dem Gedanken an seine mit dem Alter zunehmende Hilflosigkeit zur Abwehr der immer frecher werdenden Eierdiebe, recht unangenehm. Sie übertrafen ihn freilich selten an Leibeskräften, aber nur allzuoft an List und Gewandtheit.

Der Stier — oder sein Nachfolger — wurde noch immer in Gefangenschaft gehalten. Peters Söhne waren weit entfernt auf dem Meer oder tot auf dem Meeresgrund. Daher sah er mit trübem Blick der herannahenden Zeit des Eierlegens der Möwen und anderen Vögel entgegen. Die häufig wehenden westlichen Stürme schienen das Eierlegen und Brüten der See- und Sumpfvögel in diesem Jahr verzögern zu wollen, ebenso wie den Pflanzenwuchs. So hatte der Eierkönig bisher noch nicht einmal ein frisches Möwennest oder ein Möwenei entdecken können, obwohl bereits die zweite Maihälfte war, die sonst so reich an Eiern ist. Auch diese Umstände waren keineswegs geeignet, den Trübsinn des Mannes zu vermindern.

Auch an diesem Tag, als Peter von einer hohen Düne die große Sand- und Wasserwüste überschaute, die ihn umgab, stürmte es heftig aus Südwest. Wirbelnd stob der Flugsand von den kahlen Dünengipfeln empor und lagerte sich wie Nebel über die Täler. Das bleiche Dünengras beugte sich zitternd vor dem entfesselten Wind, der wie ein Wüterich über Meer und Land daherzog. Einige Seevögel hockten schutzsuchend unter den Dünen- und Uferabhängen. Andere jagten, da sie am Fischfang auf dem Meer durch den Sturm gehindert wurden, neidisch einander die spärliche Beute, die sie in den sumpfigen Dünentälern fanden, unter großem Geschrei wieder ab. Jenseits des Dünengebirges im Westen der Insel schien eine ganze Armee von haushohen, schaumbedeckten Meereswogen im Anmarsch zu sein, um den letzten Rest der wehrlosen Inselscholle zu überwältigen und in den weiten Schoß der Nordsee hinunterzureißen. Schauerlich klang für den schwermütigen Eierkönig der Brandungsdonner am westlichen Strand durch das Geheul des Sturmes wie eine feindliche Kanonade durch ein Grabgeläut. Unter solchen Wahrzeichen und Umständen rückte die finstere, schreckensvolle Sturmnacht heran. Der Orkan schien noch keineswegs seinen Höhepunkt erreicht zu haben. Die Flut stieg derweil immer höher, obgleich sie schon längst ihre gewöhnlichen Grenzen überschritten hatte.

Unterdessen hatten Peters scharfe Augen fern im Südwesten auf dem Meer ein vom Sturm überraschtes Schiff erspäht. Die Wellen warfen es auf und ab und führten es unaufhaltsam immer näher dem Strand entgegen. In seinem Eifer, den in Gefahr schwebenden Seefahrern Hilfe zu leisten, verschwendete der Eierkönig keine Zeit damit, seine Dorfgenossen mündlich von dem drohenden Schiffbruch zu unterrichten. Stattdessen band er schnell ein Heidebüschel an einen Pfahl, welcher auf dem hohen *„Mettenberg"* stand. Das war ein allgemein bekanntes Zeichen, daß etwas Ungewöhnliches in den Dünen oder auf dem Meer vor sich ging. Daraufhin rannte er ans westliche Ufer der Halbinsel. — Als Peter dort ankam, hatte sich das Schiff bereits dem Strand bis auf ein halbes Dutzend Kabellängen[*)] genähert. Es befand sich gerade in dem schmalen Fahrwasser zwischen Salzsand und Listland, welches *„die Landtiefe"* heißt. Daher konnte es

---

[*)] Eine Kabellänge ist die Länge eines Ankertaus, gewöhnlich 100-120 Faden.

durch eine geschickte Leitung vielleicht noch gerettet und in den sicheren Lister Hafen geführt werden. Sobald Peter diesen günstigen Umstand erkannte, rannte er am Ufer entlang nach Norden und versuchte, durch das Schwenken seines Hutes den Matrosen Zeichen zu geben, in welche Richtung sie das Schiff lenken sollten.

Eine Zeitlang schien es, als ob man ihn auf dem Schiff verstanden hätte. Man steuerte nordwärts, soweit Sturm und Wellen es erlaubten. Dabei wurde das Schiff von der Meeresströmung unterstützt, die in engen Gewässern stets entlang des Ufers fließt. Als aber hart am Nordwestzipfel des Listlandes die schwierigste Passage kam; als vorne und seitwärts sich den Seefahrern Brandungen entgegenstellten, da schien der Schiffskommandant plötzlich alle Besonnenheit zu verlieren. Das Schiff war in diesem Augenblick kaum hundert Schritte vom Ufer entfernt und wurde gerade von einer ungewöhnlich großen Welle hoch emporgehoben. Die untergehende Sonne, die während dieses Tages selten zu sehen war, warf bei ihrem Scheiden noch einige trübe rote Strahlen auf die schauerliche Szene. Sie beleuchtete die weißen, flatternden Locken und das gebräunte Gesicht des Eierkönigs, der auf der äußersten Nordwestspitze seines Dünengebietes stand. Da war es, als ob den Kapitän des Schiffes, der einen Augenblick den alten, noch immer winkenden und rufenden Peter scharf angeblickt hatte, eine abergläubische Furcht ergriff; als ob eine geheime, böse Macht sich seiner bemächtigte. Er schrie wie wahnsinnig: „Nein, dem Eierkönig übergeb' ich mich nicht; der ist mein Feind! Weg, weg von ihm!“

Er stieß in wilder Hast den steuernden Matrosen vom Ruder und richtete den Lauf des Schiffes auf die Riffe des Salzsandes. Einen Augenblick später stieß das Schiff an. Noch einmal bäumte es sich wie ein sterbendes Pferd hoch empor. Dann stürzte es abermals auf das harte Riff, zerschellte, und nur Trümmer und ertrinkende Menschen kamen wieder zum Vorschein. Sie trieben, vom Strom erfaßt, an der Stelle vorüber, wo der Greis stand. Dann wurden sie in das breitere und tiefere Fahrwasser der *„Lister-Tiefe“* gespült, das sogenannte *„Mittelgatt“*. Bald darauf verschwanden sie den Blicken des Eierkönigs, der ihnen mitleidig nachschaute. Nur eine der Leichen kam ihm nahe genug, so daß er sie ergreifen, aus dem Wasser hervorziehen und auf den trockenen Sandboden schleppen konnte. Peter stellte sofort Wiederbelebungsversuche mit dem Ertrunkenen an, einem blonden Jüngling. Und siehe — sie gelangen! Zur großen Freude des braven Mannes schlug der Schiffbrüchige die Augen auf. Ja, nach einigem Verweilen fühlte er sich stark genug, um sich von Peter zu dessen Hütte führen zu lassen, wo man ihn gastlich aufnahm.

Während die Eierkönigin den Fremdling mit einem stärkenden Mahl erquickte und ihm ein warmes Nachtlager bereitete, stattete Peter seinem Nachbarn, dem Strandvogt zu List, Bericht über das Geschehen ab. Dieser hatte das von Peter gegebene Zeichen auf der Düne nicht beachtet und war — der Sage zufolge — überhaupt nachlässig in seinem Beruf. Der pflichtvergessene Beamte wunderte sich sehr über die Dinge, die während seiner Abwesenheit am Stand vorgefallen waren. Anstatt jedoch dem treuen Nachbarn zu danken und das eigene Versehen zu erkennen, schalt er den Retter des Schiffbrüchigen einen unbefugten, ruchlosen Strandläufer, der durch seine ungeschickten Manöver das Schiff von einer lebensrettenden Strandung abgelenkt und auf das fatale Riff geführt habe. — Es tat dem braven, uneigennützigen Eierkönig weh, sich so behandelt und verkannt zu sehen. Er schwieg jedoch und ging wieder zu seiner Wohnung zurück.[*)]

Hier hatten sich unterdessen Ereignisse zugetragen, an die er selbst im Traum nicht gedacht hätte. Der Schiffbrüchige hatte sich nämlich entkleidet auf sein Lager gelegt und war bereits eingeschlafen. Da führte ein innerer Drang die sorgsame Hausmutter noch einmal mit ihrer brennenden Tranlampe an das Bett des Jünglings. Sie betrachtete ihn mit einem unerklärlichen Gefühl des Wohlgefallens und Wohlwollens. Es war ihr, als ob eine Stimme ihr zuflüsterte: „Er ist dein verlorener Sohn, sieh ihn nur recht an!" Sie beugte sich mit ihrer Lampe über ihn. Da fiel ihr Blick auf einige Muttermale, die der Schlafende in der Herzgrube hatte.[**)] Es waren

---

*) Die Wohnung des Lille Peer war ein langes, niedriges, höchst altertümliches Gebäude, welches am südlichen Abhang einer Anhöhe auf List lag. Es wurde erst im Jahre 1845 abgerissen.

**) Die Sage spricht sehr bestimmt von drei regelmäßigen Flecken, die der Gestrandete an der Brust gehabt haben soll.

dieselben, die ihr vor vierzehn Jahren verschwundenes Kind besaß. In diesem Augenblick des freudigen Wiedererkennens ihres so schmerzlich vermißten Sohnes, kehrte Peter vom Besuch beim Strandvogt zurück.

Der Schläfer erwachte und wurde zu seiner Befremdung mit den Liebkosungen der entzückten Hausmutter und mit Fragen des erstaunten Hausvaters bestürmt. Der Jüngling erinnerte sich, daß er seine ersten Lebensjahre in einer Dünengegend verlebt hatte und daß er einst seinem Vater in die Sandberge seiner Heimat nachgelaufen war. Dort hatte er sich aber verirrt und wurde von einem fremden Mann, einem schwedischen Schiffer, der in den Dünen Eier gesammelt hatte, gefunden und entführt. Nur wußte er nicht den Namen seines Geburtsortes noch den seiner Eltern anzugeben. Seit jener Zeit mußte er seinem Räuber, der ein harter, gottloser Mann war, auf seinem Schiff dienen, bis es an diesem Tag gesunken war und er als einziger überlebte.

Die glücklichen Eltern zweifelten nun nicht mehr daran, ihren verlorenen Sohn wiedergefunden zu haben. Die Brutzeit der Vögel wurde nunmehr eine Freudenzeit für die Familie. Peter hatte in seinem Sohn einen tüchtigen Gehilfen bei all seinen Geschäften erhalten. Selbst die Eierdiebe bekamen Respekt vor dem jungen, rüstigen Mitregenten des Dünenreiches, so wie einst vor dem bösen Stier. Überdies wurde mit jedem folgenden Tag die Witterung schöner und wärmer.

Die fromme Else, die Frau des Eierkönigs, aber erkannte in diesem Schiffbruch und den damit verknüpften Umständen die waltende Hand Gottes: Sie schlägt den Ungerechten mit Blindheit, so daß er in sein eigenes Verderben rennt. Dem Nachlässigen wiederum enthält sie das vor, was er ohne Mühe haben könnte. Aber den unschuldig Leidenden errettet sie, und den Betrübten und Sorgenvollen tröstet und erfreut sie mit ihrem Segen, wenn er nur seiner Pflicht treu bleibt!

11. Die Ranßauer auf Sylt

An einem heiteren Sommertag der ersten Jahre des 18. Jahrhunderts kam von Norden, auf schweren Holzschuhen, mit leinener Jacke, lederner Hose und mit unbedecktem Haupt, ein stämmiger Wanderer im Flecken Hoyer an. Es war einer jener zahlreichen Jütländer, die ohne Erlaubnis ihrer Gutsherren ihr Vaterland verließen, um dem Druck einer strengen Leibeigenschaft zu entgehen. Kurz darauf sah man ihn zum Meeresufer laufen, die plumpen Holzschuhe in der Hand tragend, um sich auf dem Fährboot nach Sylt einzuschiffen.

Fast um dieselbe Zeit galoppierte, ebenfalls von Norden kommend, ein stattlicher, breitschultriger Reiter durch die kotigen Straßen des Ortes. Er erkundigte sich nach einem Leibeigenen, der ihm entlaufen war und dessen Spur er bisher verfolgt, nun aber verloren hatte. Die Beschreibung, die er von ihm machte, stimmte genau mit dem Äußeren des erwähnten Wanderers überein. Ohne Bedenken zeigte man daher dem jütländischer Gutsherren — denn ein solcher war der Reiter — den segelfertigen Fährmann. Doch man riet man ihm zugleich, sich nicht zu viel von seinen Bemühungen zu versprechen, des entlaufenen Knechtes wieder habhaft zu werden, so lange der sich unter den Friesen befände.

Der Rat war indes bei dem stolzen Aristokraten übel angebracht. „Des Königs Gesetz und meine ererbten Rechte gelten sowohl zu Wasser wie auf dem Lande!“, so ungefähr raisonnierte der Edelmann und galoppierte zum Meer hinunter. Doch er kam zu spät. Der Fährmann war soeben abgesegelt und lehnte sich jetzt mit stoischem Gleichmut auf sein Ruder, ohne auf die Zeichen und Rufe zu achten, wodurch er vom Land aus aufgefordert wurde, zurückzukehren und des vornehmen Mannes Befehle zu vernehmen.

Schäumend vor Wut und in allen skandinavischen Mundarten fluchend, warf der Jütländer sein Pferd herum und ritt wieder in den Flecken zurück. Hier befahl er, ihm sofort ein Boot zu verschaffen, damit er dem Flüchtling nachsetzen konnte. Die Leute sahen ihn mit großen Augen an und meinten, das würde schwierig. Endlich besann sich ein altes Mütterchen, daß im

Flecken ein Schuster wohne, welcher ein Boot besäße, und der bei Gelegenheit als Schiffer agiere. Schnell wurde der Schuster herbeigeholt und ihm im Namen des Königs geboten, den Freiherrn Ditlef Rantzau nach Sylt zu befördern. Der Schiffer entschloß sich umso bereitwilliger zu der Fahrt, da er sich neulich einen Kompaß gekauft hatte, mit dem er nun vor der versammelten Menge prahlen konnte, obwohl er dessen Gebrauch gar nicht verstand. Früher hatte er einen auf ein Brett gezeichneten Stern verwendet, welchen er „Kompaß" nannte.

Der Edelmann stieg ein, und es ging los. Die Seereise verlief glücklich, und die Landung auf der freien Frieseninsel geschah abends um neun Uhr. Doch nun fehlte dem Ritter ein Führer in dem fremden Land. Alles schien hier tot und öde zu sein, weil er an der Nordspitze gelandet war. Sofort setzte der Edelmann daher seine Füße in Bewegung, um das Innere der Insel zu erreichen. Er fand aber nur Dünen und keine Häuser. Bald spürte er jedoch die Mahnungen seines lange schon fastenden Magens. Da ließ das Geschick ihn mehrere große Möweneier finden, von denen er sofort einige verzehrte, so roh wie sie waren. Die übrigen steckte er aber in seine Rocktaschen. So gestärkt setzte er seinen Weg entlang des Königshafens fort, wo zwar keine Schiffe waren, der aber von Vögeln wimmelte. Verfolgt wurde er von schreienden Möwen und naseweisen Seeschwalben, die sich nicht genierten, ihm auf den Kopf zu hacken, wenn er zufällig ihren Nestern zu nahe kam. — „Verfluchtes Land ohne Kultur!", schrie der Ritter, zog sein Schwert aus der Scheide, um damit den unverschämten Schwarm abzuwehren. Da sprang plötzlich hinter einem Mooshügel ein stämmiger Kerl in rauhen, wollenen Kleidern hervor. Er schwang einen Knüppel und stürzte auf den Edelmann zu.

Es war der Eierkönig Lille Peer, in dessen Gebiet der Däne ohne Erlaubnis eingedrungen war. Barsch und unhöflich wie die Eierkönige gewöhnlich waren, weil sie nur Eierdieben begegneten, sprach der rohe Dünenbewohner den adeligen Herrn an. Er beschuldigte ihn, Eier gestohlen zu haben und sagte, daß er festgenommen sei. Dabei konnte er seine Freude kaum bändigen, endlich den Mann gefangen zu haben, der (wie er dachte) schon wochenlang ihn und die armen Möwen nächtlich in Unruhe versetzt hatte.

Ein arger Groll begann im Gemüt des Edelmannes zu toben. Doch er bemühte sich noch, seine aufrührerischen Lebensgeister dem ungewöhnlich starken Sylter gegenüber zu zügeln. Mit viel Gravität tat er dem Eierkönig kund, daß er der Freiherr Christian Ditlef Rantzau, Besitzer der Grafschaft Löwenholm im Amte Randers sei und daß er seine 18 ihm entlaufenen Leibeigenen suche, von welchen mindestens einer nach Sylt entkommen sei.

Trotzdem behandelte der Eierkönig ihn weiterhin wie einen verdächtigen, auf verbotenem Terrain ertappten Herumstreicher und war dreist genug, seine erste Anrede zu wiederholen, als er die hochgewölbten Rocktaschen des Freiherren befühlt hatte und den gelben Inhalt der Möweneier herausfließen sah.

Nun war die Geduld des Edelmannes erschöpft. Er hieb mit dem Schwert nach dem derben, unhöflichen Dünenbewohner. Beinahe hätte er ihm den Kopf gespalten, wenn der Eierkönig ihm nicht zuvorgekommen wäre. Der schlug ihm nämlich mit seinem wuchtigen Knüppel das Schwert aus der Hand und schleuderte es weit in den Königshafen hinaus. Als der Ritter sich entwaffnet sah, kehrte er um und versuchte, dem gewaltigen Peter zu entfliehen. Dieser rief ihm nach: „Du Eierdieb und Menschenplager, wage dich nie wieder auf die freie Frieseninsel! Hier gelten weder Adelsherrschaft noch Leibeigenschaft! Wer seine Zuflucht zu uns nimmt, der wird ein freier Mann unter den Friesen."

Der Freiherr fand das Boot des Schusters noch vor Anker liegend vor. Als die Flut kam, segelte er dann entmutigt zum Festland zurück, das Herz voller Grimm und Ärger. Sein entlaufener Leibeigener Sören Nielsen, (auch Bitte Sören genannt), war unterdes längst bei List glücklich gelandet. Am Ufer hatte er eine schlafende Hirtin, eine liebliche Jungfrau, gefunden. Es war Karen, die Tochter des Eierkönigs. Er hatte sich in einer Vorahnung sofort gedacht: „Diese wird einst die Meine werden."

Er fuhr von nun an mit den Syltern zur See, lernte in Morsum die Steuermannskunde, gewann wirklich das Herz und (1713) die Hand der Jungfrau Karen. Danach wurde er ein glücklicher und geachteter Kapitän auf einem Flensburger Handelsschiff. Er starb 1770 auf List im Alter von 91 Jahren.

Die Nachkommen der vielen Kinder des Lille Peer, des einstmaligen Eierkönigs und Besitzers der nördlichen Hälfte des Listlandes, sind sehr zahlreich. Sie zählen nach Hunderten auf Sylt. Von seiner Tochter Karen und ihrem Mann, dem einstigen Leibeigenen Bitte Sören, leben allein jetzt auf Sylt noch ca. 150 Nachkommen.

Der Grund, weshalb Bitte Sören (mit siebzehn seiner Vettern gleichzeitig) dem tyrannischen Gutsherren entlief, bestand darin, daß der Edelmann seine Leibeigenen vor die Wagen und Pflüge spannen ließ, um seine kostbaren Pferde zu schonen. Das empörte die Leute, und sie liefen alle davon. Der Etatsrat Trap schilderte den Grafen Christian Ditlef Rantzau als einen unbesonnenen, übermütigen Menschen, der seine Untergebenen tyrannisierte und nannte ihn einen *„Fusentast"*. Er war ein Enkel des Grafen Christian Rantzau, welcher im Jahre 1644 die Sylter und Dänen auf ihrem Zug nach List anführte, um die Schweden von dort zu vertreiben. Dessen Vater Geert Rantzau hatte 1608 das Gut *„Giesingholm"* in Jütland gekauft, welches später *„Löwenholm"* genannt wurde.

Es ist eigentümlich, daß einzelne Mitglieder der holsteinischen Familie Rantzau einen so bedeutenden Einfluß auf die Sylter Geschichte und ihre Sagen und Legenden gehabt haben:

Als um 1536 die Reformation auf Sylt eingeführt war, wurden die unter dem Namen *„Munkebohlsländereien"* bekannten Grundstücke Keitums annektiert. Seit 1141 mußten deren Besitzer auf Befehl König Erich III. eine jährliche Abgabe von 10 Gulden an das Kloster zu Odense entrichten, als wären sie wirkliche Klostergüter. König Christian III. übergab sie dann dem damaligen, mächtigen Minister und Feldherren Johann Rantzau.

Nach dem Tod des Grafen Johann Rantzau erbte dessen Sohn, der gelehrte Heinrich Rantzau, diese bedeutende Landmasse. Sie wurde nun das *„Rantzoven Bool"* genannt und in drei *„Lansten"* [19]geteilt.[*)] Heinrich Rantzau ließ nun um 1573 ein genaues Verzeichnis dieser Ländereien erstellen. Daraus geht hervor, daß dem damaligen Keitumer Einwohner Peter Pawelsen 215 Ackerland für Ammersaat und 50 Lestall Wiesenland überlassen wurde. Teide Bundes erhielt 214 Ackerland für Ammersaat und 48 Lestall Wiesenland, und Tam Knuten 217 Ackerland für Ammersaat und 67 Lestall Wiesenland von dem *„Rantzoven Bool tho gebruckende"*.

Nach 1649 scheinen die Sylter *„Munkebohlen"* nicht mehr im Besitz der Familie Rantzau gewesen zu sein. Jedenfalls wurden sie um 1706 als Staatseigentum bezeichnet und 1709 auf mehrere Jahre öffentlich vermietet. Sie hatten bedeutende Privilegien, waren von den gewöhnlichen Steuern frei und zahlten nur eine besondere Rekognition zu den Abgaben der Güter *„Kuxbüll"* und *„Südergaarde"* auf dem Festland Schleswigs. Diese Ländereien konnten in der Folge von deren Besitzern oder Nutznießern vererbt und verkauft werden wie andere Grundstücke. Jedoch erst im Jahre 1867 wurden im Hinblick auf Steuern und Abgaben die Munkebohlsbesitzer den übrigen Landbesitzern Keitums gleichgestellt. Sie sind jetzt völlig freie Eigentümer ihrer Ländereien. Diese Verhältnisse traten am 1. April 1867 in Kraft als Folge einer Verfügung der jetzigen preußischen Regierung, durch welche, auch wegen fortwährender Abspülung der Insel vom Meer, die Steuerpflüge Sylts damals von 52 auf 32½ herabgesetzt wurden.

Die ganze Landschaft Sylt hatte 1870 nur noch einen Steuerwert von 260822 Talern, 16 Silbergroschen, 7 Pfennigen. Davon fielen auf Morsum 87011 Taler, 3 Silbergroschen, 5 Pfennige; auf Archsum 26525 Taler, 2 Silbergroschen, 9 Pfennige; auf Keitum 65334 Taler, 5 Silbergroschen, 5 Pfennige (darunter entfielen 6570 Taler auf die *„Munkebohlen"*); auf Tinnum 24204 Taler, 3 Silbergroschen, 7 Pfennige; auf die Norddörfer

[19] Lehen bzw. Lehnsbauern. (Anm. Frank-Daniel Schulten).

[*)] Heinrich Rantzau war der Vater des früher erwähnten Geert Rautzau, der sich in Jütland angesiedelt hatte.

24501 Taler, 2 Silbergroschen, 8 Pfennige; auf Westerland 33024 Taler, 22 Silbergroschen, 3 Pfennige; und auf Rantum nur noch 222 Taler, 6 Silbergroschen, 6 Pfennige.

12. Das versunkene Schiff bei Hörnum

Es war war am 5. November des Jahres 1772, als in einem heftigen Sturm ein großer Dreimaster, geführt von Kapitän Claas Unnys, auf eine Sandbank vor Hörnum stieß und dort festsitzen blieb. Er war mit 300 Lasten Roggen beladen, kam von Archangel und sollte nach Hamburg. Die Schiffsleute übereilten sich nicht bei ihrer Rettung, da ihr Schiff nicht sofort von den Wellen zertrümmert wurde, sondern sie landeten erst in der Nacht zwischen dem 7. und 8. November mit ihren Booten glücklich auf Hörnum. Die Wellen brachen und bäumten sich unterdes, da der Sturm noch immer anhielt, fortwährend am riesigen Schiffsrumpf und hüllten ihn wie in ein Schaumgebirge ein. Lange widerstand das Schiff dem Wogendrang jedoch nicht. Es zerbrach in Trümmer, die hierhin und dorthin trieben, wohin die Strömung sie erfaßte. Die Ladung aber wurde zum großen Leidwesen der Friesen, die in ihren Marschen damals selten Getreide anbauten und denen es oft daran fehlte, in den weiten Schoß der Nordsee verstreut, ohne daß irgendein Hungriger dadurch erquickt wurde.

Am 23. November stürmte es wieder aus Westen, und der Wind wurde immer heftiger. Als die Nacht kam, suchte das Vieh Schutz in seinen Höhlen oder Ställen. Die Menschen, selbst die Strandvögte, verbargen sich in ihren Wohnungen, denn das Wetter war allzu schrecklich. Der Sturm heulte durch alle Fugen und Nähte. Er setzte Wasser- und Sandberge in Bewegung, die sich zerstörerisch über die Felder und Dörfer ergossen. Ab und zu fuhr durch das Brausen des Sturmes und der Wellen jählings ein prasselnder Donnerschlag, und ein Blitzstrahl riß die dichten Luftmassen auseinander. Er erleuchtete kurze Augenblicke lang die graue Finsternis und ließ die Folgen des Sturmes erkennen. Dann war wieder alles ins Dunkel der Nacht gehüllt. Der Sturm raste mit frischer Kraft, jagte immer neue Wolken, neue Sand- und Wassermassen über das Land. In diesem Getümmel der Elemente geriet wiederum ein Schiff in die Nähe der Halbinsel

Hörnum. Es war den Schiffenden unmöglich, der Wucht des Sturmes und der Wellen Widerstand zu leisten. Willenlos wurden sie auf eine Sandbank geworfen. Ihr Schiff stieß sich leck, und es sank an der Seite der Sandbank nieder.

Es waren Engländer, welche dieses Unglück traf. Das Schiff, dessen Kapitän Jonathan hieß, war eine Brigg[20], und sie war mit Laken, Manchesterstoffen und anderen Ellenwaren beladen. Am 21. November war sie von England abgesegelt und nach Hamburg bestimmt. Unterwegs hatte sie der Sturm ereilt, von ihrem Kurs weit nach Nordosten verschlagen und an die friesischen Ufer geworfen. Im Augenblick des Anstoßens an die Sandbank riß sich durch die heftige Erschütterung das Schiffsboot vom Deck los, und wurde ins Meer geschleudert. Drei Matrosen klammerten sich im selben Moment daran und stürzten mit dem Boot ins Meer.

Der nächste Augenblick fand sie bereits mehrere Hundert Fuß vom sinkenden Schiff und ihren Kameraden entfernt. Diese Genossen und der Kapitän, insgesamt sieben Mann, gingen mit der Brigg zu Grunde. Die drei im Boot befindlichen Schiffbrüchigen mußten sich nun dem gräßlichen Spiel der Wellen völlig überlassen. Sie hatten genug damit zu tun, sich im Boot zu halten und dafür zu sorgen, daß es aufrecht blieb, ohne daß sie es lenken konnten. Der Strand von Hörnum war zum Glück nur eine Viertelmeile entfernt. Ehe sie von dessen Nähe eine Ahnung hatten, (denn es war sieben Uhr abends und schon finster), warf eine ungeheure Woge ihr Boot auf einen Sandwall dieser Landzunge.

Ebenso rasch und entschlossen wie sich die drei Seefahrer vor wenigen Augenblicken in die Barke gerettet hatten, sprangen sie jetzt ans Ufer. Sie wußten, daß dieselbe Welle, welche ihr Boot auf den Strand geworfen hatte, es bei deren Rücksturz wieder in die Brandung hinausführen würde. Nun suchten sie in der unbekannten Dünengegend nach einem menschenfreundlichen Retter und Führer, jedoch vergebens. Nicht einmal eine menschliche Wohnung fanden sie in der Einöde, und ihre Hilferufe verhallten ungehört

---

[20] Zweimastiger Schnellsegler. (Anm. Frank-Daniel Schulten).

im Brausen des Windes und der Brandung. Sie mußten naß und kalt wie sie waren, unter einem Sandberg, der sie unter sich zu begraben drohte, Schutz suchen und die schreckliche Sturmnacht ohne Erquickung zubringen. Sie glaubten, an der holländischen Küste zu sein und hofften, sich am folgenden Morgen orientieren zu können oder aber hilfreiche Menschen zu finden. Jedoch sahen sie sich, als der ersehnte Tag anbrach, abermals getäuscht. Ringsum erblickten sie Sand und Meer, und nichts als Sand und Meer!

Sie versuchten, ihr Schiff oder seine Trümmer auf dem Meer zu erspähen, aber keine Spur war zu entdecken. Nach Norden schien sich das Land auszudehnen. Daher gingen sie in dieser Richtung landeinwärts. Sie mußten jedoch mehrere Stunden über unwegsame Sandberge und Dünentäler wanderen, bis sie endlich am Fuße des Dünengebirges ein Dorf entdeckten, dessen Bewohner sie freundlich aufnahmen und erquickten.

Unterdessen verbreitete sich die Kunde, daß ein Schiff mit einer kostbaren Ladung in der Nähe von Hörnum gesunken sei wie ein Lauffeuer, nicht bloß über ganz Sylt, sondern auch über alle nahen Inseln und Ufer. So entstand ein Wetteifer, ja eine regelrechte Wut, hauptsächlich unter den am nächsten wohnenden Insulanern, die versunkenen Schätze zu suchen und zu erbeuten. Die Begierde war umso größer, je weniger der Verdruß über den totalen Untergang jener erwähnten Kornladung von ihnen verschmerzt sein mochte. Jeder, der konnte, eilte nun an die Ufer und Schluchten der unheimlichen Landzunge.

In einem verborgenen Dünenwinkel lagerten Rantumer Strandläufer und lauerten, bis ein Gegenstand an den Strand gespült wurde, um ihn zu erhaschen. An einer anderen Stelle schlichen Westerlandföhrer an den Ufern umher und spähten nach Beute. Zwischen den Sandbänken kreuzten in ihren leichten Fahrzeugen waghalsige Amrumer und taten ab und zu mit langen Haken („*Dreghen*") einen glücklichen Zug. Im ganzen aber schien es, als ob das Meer wiederum seine Beute behalten wollte, denn nur wenige der versunkenen Schätze jenes Schiffes kamen aus der Tiefe wieder hervor. Allnächtlich sah man unterdes an den Ufern und auf den Gewässern

Hörnums die abenteuerlichsten Szenen. Das konnte unter solch ungewöhnlichen Umständen auch kaum ausbleiben. Man denke sich nur die lange öde Halbinsel und deren schauerliche Schluchten und Ufer, umgeben vom sturmgepeitschten Meer, in den langen Novembernächten mit habsüchtigen, abergläubischen, einander mißtrauenden und ausweichenden Menschen angefüllt.

Aber auch Unfälle und Unglücke kamen dabei vor. Von einem Strandvogt, der die Amrumer von dieser allgemeinen Jagd nach Treib- und Strandgütern abzuhalten versuchte, heißt es, daß er von diesen ins Meer geworfen wurde und sich nur mit knapper Not retten konnte. Am Abend des 26. November fuhren zwei Braderuper namens Jens Hans Oven und Nickels Petersen Klein heimlich in einem Boot ab, um ebenfalls nach den versunkenen Schätzen bei Hörnum zu fischen. In der Nacht, als sie bereits nahe der Südspitze Sylts angekommen waren, begann es wiederum heftig zu stürmen. Ihr Boot schlug um, und die beiden Fischer ertranken. Dieses Unglück führte zu einer Unterbrechung in dem seltsamen Streben, das versunkene Schiff und dessen Güter zu suchen. Zudem entstand nunmehr das Gerücht, daß jede Spur des Schiffs verschwunden sei, und daß selbst die Amrumer es nicht mehr zu finden vermochten.

Anfang Dezember verbreitete sich jedoch wiederum die Nachricht, daß Masten und Takelage des mittlerweile legendären Schiffes aus dem Meer hervorragten, sein Rumpf aber versunken lag. Der Schiffer Claas Sybrands aus Keitum hatte diese Entdeckung am 29. November gemacht. Er hatte das Schiff auf der Südseite von Bredsand bei Hörnum in vier Faden Tiefe liegend gefunden. Zum Beweis der Wahrheit seiner Aussage hatte er einen Teil der Takelage, namentlich zwei der Raaen des Schiffes, abgeschnitten und mitgenommen. (Seefunde gehörten damals, nach einer alten Verordnung von 1667, bis auf ein Drittel dem Berger.) — Sofort begann erneut die Jagd nach dem versunkenen Schiff und nach Tuch- und Manchesterballen. Man hoffte, sie entweder aus dem Wrack hervorzuangeln, oder sie auf dem Wasser treibend bzw. am Strand angespült zu finden.

Selbst Blankeneser und Helgoländer kamen mitten im Winter aus weiter Ferne her, um an dieser Beutejagd teilzunehmen. Sie setzten ihre Bemühungen bis Mitte Februar des folgenden Jahres fort. Das Schiff war und blieb jedoch versunken. Es wurde nicht wieder gefunden, und die abenteuerlichen Fahrten und Beutezüge der Insel- und Uferbewohner nach den kostbaren Schiffsgütern, die so lange an den Küsten und in den Köpfen der Sylter gespukt hatten, waren fast ohne Ausnahme erfolglos. So schließt mein Gewährsmann, der Sylter Chronist Geike Peters, seinen Bericht über diesen rätselhaften Schiffbruch und die anschließende Beutejagd mit den dürren Worten: *„Haben all nichts gefischet."*

13. Der Amrumer Stranddieb

Vorsicht und Geduld sind die notwendigsten Eigenschaften eines Wattenschiffers, und es gibt schwerlich vorsichtigere und geduldigere Menschen als diese Binnenlandsfahrer.*) Dagegen pflegen List und Trägheit, aber auch in entscheidenden Augenblicken Mut und Entschlossenheit den Strand- und Schlickläufern eigen zu sein.

Voller Abenteuer ist das Leben dieser Wattenfreibeuter, von denen manche heute noch leben. In früherer Zeit war Tade Boh Rink ein solcher berüchtigter Küstenbewohner. Seine Hütte stand in einem Dünental und war zur Hälfte mit Sand bedeckt. Seine Felder waren durch den Flugsand gänzlich verwüstet, daher war er zur Erhaltung seiner Familie auf den Strand und das Meer angewiesen. Wochenlang konnte er jedoch in seiner Behausung auf der Bärenhaut liegen und die Zeit mit Schlafen, Rauchen, Kartenspielen, Essen, Trinken und Verdauen verbringen, bis der Hunger oder ein Sturm ihn wieder hinaustrieben. Dann war er aber wie umgewandelt. Er spähte überall auf den Dünen, den Sandbänken und Ufern nach Beute umher, besonders nach Treib- und Strandgütern, die das Meer

*) Binnenlandsfahrer oder Wattenschiffer sind diejenigen Seefahrer, welche in flachgehenden Fahrzeugen, also in Ewern, Prahmen, Jachten und Booten den Verkehr zwischen den westlichen Inseln und dem Festland hauptsächlich aufrechterhalten.

auswirft. Wohin seine Füße ihn nicht zu tragen vermochten, dahin schiffte er in seinem flachgehenden Boot. Um den Strand- und Sandvögten nicht in die Hände zu fallen, machte er seine Raubzüge gewöhnlich während der Nacht. Einst war er nach einem, wie er zu sagen pflegte, „räsonnabeln" Sturm, am Ufer von Hörnum gelandet.

Dort hatte er die angespülten Leichname einer ertrunkenen Schiffsmannschaft geplündert und war eben im Begriff, sich mit seiner Beute wieder zu entfernen, als er zu seinem Schrecken entdeckte, daß sein Boot vom Ufer losgerissen und weggetrieben war.

Der Strandräuber besann sich einen Augenblick, dann untersuchte er die Gegend, so gut es der matte Schimmer der anbrechenden Morgenröte gestattete. Als er niemanden in der Nähe bemerkte, verscharrte er seine Beute in einer verborgenen Dünenschlucht. Dann verwischte er sorgfältig seine Fußspuren im Sand rings um das Versteck. Anschließend spazierte er, unbeschwert vom Strandgut, landeinwärts, ganz wie ein ehrsamer Schiffer, der eine Reise zurückgelegt hat.

Gegen Abend sah man bei Ebbe in der Wiedingharde von Sylt her einen Mann zu Fuß durch das Watt kommen. Er bemühte sich, vor Eintritt der Flut die östliche *„Lei"* zu überschreiten. Das gelang ihm jedoch nicht, und so mußte er auf einer Sandbank bleiben. Die Wiedinger erwarteten jetzt, ihn in der heranströmenden Flut verschwinden zu sehen. Stattdessen lief der Mann aber hin und her und schien emsig bemüht zu sein, die Erde aufzuwühlen. Er sammelte Tang, Muscheln und Steine, um einen Haufen daraus zu bilden. Innerhalb einer halben Stunde erhob sich auf dem Watt ein kleiner Hügel, auf welchen sich der wunderliche Reisende hinstellte, als die Flut die übrigen Teile des Watts überschwemmt hatte.

Unterdessen war die Nacht hereingebrochen und hinderte die Wiedinger daran, die Szene weiter zu beobachten. Am nächsten Morgen spähten die Marschleute freilich wieder über den Deich zum Schlickläufer hinaus. Doch der Mann war verschwunden. Stattdessen bemerkten sie im Uferschlick die wohlbekannten Fußstapfen des Strandräubers Tade Boh Rink landwärts gerichtet. Sie machten zugleich die Entdeckung, daß eines ihrer besten Pferde von der Weide gestohlen war. Tade Boh Rink hatte unterdessen auf dem geraubten Pferd während der Nachtebbe die gefährliche Wattenpassage zwischen der Wiedingharde und Föhr zurückgelegt. Er stand jetzt auf der nördlichsten Spitze der Insel Föhr und überschaute prüfend die Gegend ringsum. Da gewahrte er fern im Nordwesten, im Watt bei Föhr, einen dunklen Gegenstand. Seine Züge erheiterten sich. Er ließ das geraubte Pferd laufen und setzte sich in Bewegung, dem schwarzen Punkt im Watt entgegen. Der Flutstrom führte ihm unterdes auf halbem Weg das Ziel seines Strebens entgegen. Es war sein von Hörnum weggetriebenes Boot, das er nach einem so langen Umweg über Sylt, Wiedingharde und Föhr genau an der Stelle wiederfand, wo es nach seiner Berechnung sein mußte. Er stieg sofort hinein und schiffte, da er alles unbeschädigt und ordentlich wieder antraf, in aller Stille nach Hörnum zurück. Dort ankerte er abermals, als der Abend kam.

Nachdem er sein Boot sorgfältig befestigt hatte, näherte er sich vorsichtig dem Schlupfwinkel, in welchem er die Sachen der ertrunkenen Schiffsleute versteckt hatte. Er fand sie noch dort, grub sie aus dem Sand hervor und begab sich mit ihnen sofort auf den Weg zum Boot. Er hatte erst wenige Schritte getan, als er in der Ferne am Ufer zwei Männer erblickte, die sich ihm näherten. Die Dunkelheit ließ ihn nicht erkennen, ob es Freunde oder Feinde waren. Mit seinem Raub beladen und ermattet von den Mühseligkeiten und Entbehrungen des Tages hatte er jedenfalls Ursache, ein Zusammentreffen mit den beiden Fremdlingen zu vermeiden. Der verschmitzte Räuber pflanzte deshalb schnell ein paar am Ufer gefundene Stangen in den Sand und behing sie mit einigen der geraubten Kleidungsstücke. Dann trat er einige Schritte seitwärts und erwartete den Erfolg dieses Manövers. Die Wanderer am Ufer blieben stehen, als sie in der finsteren Schlucht zwei menschliche Gestalten zu sehen glaubten. Sie schienen zu zweifeln, ob sie ihren Weg fortsetzen sollten oder nicht. Tade Boh Rink, den Erfolg seiner List bemerkend, ahmte jetzt das Geknurre und Gebelle eines großen Hundes nach und vollendete dadurch die Täuschung der beiden nächtlichen Wanderer, von denen ungewiß ist, ob sie ebenfalls Stranddiebe oder aber Strandwächter waren. Sie zogen sich feige zurück und überließen die Beute dem „tollen Rink“, wie er gewöhnlich genannt wurde. Dieser schiffte nun ungefährdet mit den geraubten Gütern gen Heimat, wo er sofort wieder nach alter Weise für lange Zeit in Trägheit und Nichtstun verfiel.

Im Herbst eines Jahres hatten Not und Mangel der Seinigen ihn wiederum einmal aus seiner Lethargie geweckt und auf die Beine gebracht. Mit seinem großen Wissen über die möglichen und wahrscheinlichen Unfälle, denen die Nordseeschiffer (besonders vor den Mündungen von Eider, Elbe und Weser) bei Sturm ausgesetzt sind, hatte er berechnet, daß sich in der Gegend der äußeren Sandbänke Nordfrieslands augenblicklich viele Schiffe in Bedrängnis finden mußten. Er faßte einen Plan und segelte in der Stille der Nacht von seiner Heimat ab. Nach kurzer Fahrt landete an einer großen Sandbank im Westen von Pellworm. Hier lag das kleine Boot mehrere Tage lang ruhig vor Anker. Der Schiffer war selten zu sehen. Er machte höchstens ein paar Mal täglich mit lässigen Schritten die Runde auf der großen Watteninsel, scheinbar nach Robben oder Muscheln umherspähend. Eines Abends gegen Mitternacht, während Tade Boh Rink an der Sandbank ankerte, bemerkten die Bewohner der Halligen Hooge, Norderoog und Süderoog an der Westseite der großen Pellwormer Kirchturmruine, hoch oben an der Mauer, ein helles, flackerndes Licht, das weithin über Watt und Meer leuchtete. Diese Erscheinung wiederholte sich in den zwei folgenden stürmischen Nächten, ohne daß die Halligbewohner deren Bedeutung enträtseln konnten. Die Bewohner Pellworms schienen sogar überhaupt keine Notiz davon zu nehmen, obgleich der helle Schein fast die ganze Nacht an der Turmmauer flackerte.

Am Morgen nach der dritten Nacht, während der das rätselhafte Licht an der Turmruine geschienen hatte, nahmen die Inselbewohner wahr, daß mehrere Schiffe auf den Sandbänken westlich von Pellworm und den Halligen gestrandet waren. Das falsche nächtliche Leuchten am Turm hatte sie irregeführt. Die Besatzungen aber, weil es ihnen an jeder fremden Hilfe gebrach, waren teils ertrunken und teils geflohen. Als die Insulaner zu den Schiffstrümmern hinausfuhren, um deren Reste und die Ladungen zu bergen, segelte das Boot des Tade Boh Rink wieder von dannen.

Der Strandräuber hatte mit viel List und Gewandtheit eine große Laterne an die weithin auf dem Meer sichtbare Pellwormer Turmmauer hinaufbefördert und sie in den ersten beiden Nächten vor Anbruch der Morgenröte wieder heruntergeholt. Dabei blieb er von den Einwohnern der Insel unbemerkt. Die wertvollsten Schätze der in die Falle gelockten Schiffe hatte er bereits gestohlen, als die übrigen benachbarten Insulaner zu den Gestrandeten hinausfuhren. Einige taten dies in der edlen Absicht, Menschenleben und Eigentum zu retten, andere aber fielen wie Geier und Raben über die Schiffsgüter als herrenlose Beute her, um sie unter sich zu verteilen. Den später kommenden Strandbeamten hinterließen sie höchstens einen Rest.

Mögen ähnliche rohe Szenen auch — gottlob — immer seltener in unseren Gegenden vorkommen, so bleiben doch noch andere große, der Moral des Volkes nachteilige Übelstände unseres Strandwesens übrig. Ich will nur daran erinnern, daß jeder arme Schiffbrüchige alle menschliche Hilfe, die ihm zuteil wird, teuer bezahlen oder aber die Versicherung betrügen muß. Das neue deutsche Strandgesetz wird übrigens kaum den Unfug am Strand hier vermindern.

14. Wie die Föhrer Stranddiebe bekehrt wurden

In einer stürmischen Herbstnacht des 18. Jahrhunderts war ein holländisches Schiff auf Hörnum gestrandet. Die Mannschaft war bis auf den Steuermann und einen Matrosen ertrunken, und das Schiff zertrümmert. Die Ladung, die aus Seiden- und Baumwollwaren bestand, lag zerstreut am Strand umher, wohin die Wellen sie zufällig geworfen hatten.

Am Abend des folgenden Tages klarte das Wetter allmählich auf. Die ungeheure Wolkenkette, die den Himmel mehrere Tage lang bedeckt hatte, war vorübergezogen. Sie hatte sich, einem mächtigen Gebirge gleich, am östlichen Horizont gelagert. Nur dunstiges Gewölk jagte noch von der See herauf, und die Sonne, welche den ganzen Tag nicht geschienen hatte, belebte durch ihre letzten roten Strahlen die einsame Gegend. Dann sank sie hinter die hügelartigen Wogen des Meeres hinab, welche sich noch immer mit einem Getöse, das meilenweit zu hören war, an den Strand wälzten. Der Wind legte sich mehr und mehr. So folgte dem stürmischen Tag eine jener schönen, dunstigen, mondhellen Nächte, welche ebensosehr wie die westlichen Stürme die nördlichen Küstenländer Europas charakterisieren.

Eine Stunde nach Sonnenuntergang stach von Föhr ein Boot in See. Schnell glitt es über die Meerenge hinweg, welche Hörnum von Föhr scheidet, und kurze Zeit später ankerte es in der Bucht am *„Buder“*, einem hohen Sandberg auf Hörnum.

Fünf Männer stiegen nun an Land. Zwei von ihnen trugen Gewehre, einer ein altmodisches Schlachtschwert, und die übrigen hatten dicke Knüppel. Die Männer waren breit und derb gebaut. Nur einer schien bejahrt und der Vater der übrigen zu sein. Alle waren sich merkwürdig ähnlich, weil ihre Beine ungewöhnlich nach außen gebogen waren. Vermutlich gehörten sie zu jenem berühmten krummbeinigten Geschlecht, dessen Sprößlinge noch heute auf den friesischen Inseln leben und die sich als echte, rastlose Seefahrer auszeichnen.

Sie wanderten den kleinen Bach entlang, durch welchen das Wasser im *„Kressen-Jakobs-Tal“* ins Haff fließt. Dann gingen sie in die Dünen hinein, wo sie ihren Weg in nördlicher Richtung fortsetzten. Das geschah fast geräuschlos und unter Vermeidung der Anhöhen. Sie folgten anscheinend einem zuvor besprochenen Plan. Die Gesellschaft hatte schweigend einige Täler durchschritten und stand eben im Begriff, eine niedrige, vom Sturm zerrissene Hügelreihe zu überqueren, als der vorderste das Schweigen brach. Er machte die übrigen auf einen auffallend weißen Fleck unter dem grauen Abhang aufmerksam. — „Eine Möwe, die ihr Frühlingsnest nicht verlassen mag“, — belehrte ihn der Nächste und wollte mit einer ungeduldigen Handbewegung den Vordermann wieder zum Gehen bringen. Doch plötzlich ertönte ein Zischen, das wie das unterdrückte Lachen eines Versteckten klang. Das Geräusch bannte sie kurz an den wüsten, unheimlichen Ort, welcher der Aufenthaltsort eines Wesens zu sein schien, das sie beobachtete. Mit vorgehaltenen Waffen drangen die Männer dann nach hastiger, leiser Beratung auf ihrem Weg weiter fort, ohne sich in der öden Wildnis mit der Untersuchung des beunruhigenden Gegenstandes aufzuhalten.

Die Beklemmung, deren sich die sonst Beherzten nicht hatten erwehren können, war längst einer Unterredung über den eigentlichen Zweck ihrer nächtlichen Reise gewichen. Da blieben sie abermals stehen, als ein Geräusch aus dem langen Schilfgestrüpp vor ihnen drang. Die beiden Büchsenträger schossen sogleich auf die Stelle, wo der Feind verborgen schien. Aber kaum waren ihre Schüsse gefallen, zeigte ihnen ein schallendes Gelächter aus der entgegengesetzten Richtung ihren Mißerfolg an. Die Abenteurer sahen sich befremdet um. Doch sie starrten nur in das graue Dunkel hinein, welches die öde Gegend umhüllte, ohne daß sie etwas Lebendiges sehen konnten. Es war, als hätte der *„Dikjendälmann"* oder ein anderer Geist sich in die Täler Hörnums verirrt, um sie zu necken. Sie durchsuchten die ganze Gegend gründlich und vorsichtig, aber ohne Ergebnis. Freilich wollte einer von ihnen eine flüchtige, dunkle Menschengestalt auf einem der Berge gesehen haben, die sich im Hintergrund des Tales erhoben. Aber das schemenhafte Ding war schon verschwunden, bevor er es den anderen zeigen konnte. So zweifelte er selbst, ob ihm nicht die Phantasie einen Streich gespielt hatte.

Endlich hatten sie wieder ein Tal hinter sich gelassen und gingen dann in westlicher Richtung durch eine enge Dünenschlucht dem Strand entgegen. Als die dunstige Fläche der Nordsee offen vor ihnen lag, schlich der Anführer alleine weiter fort, nachdem er den anderen einen Wink gegeben hatte, stehenzubleiben und sich ruhig zu verhalten. Die düsteren Schatten der Dünen entzogen ihn bald den Augen seiner Kameraden. Noch immer blickten sie unverwandt in die Richtung, wo sie ihn zuletzt gewahrt hatten und lauschten, ob sie seine Schritte wieder hören konnten.

Da fiel plötzlich der Schatten eines Menschen über ihre Köpfe hinweg auf die vor ihnen liegenden Hügel. Bestürzt sahen sie sich um, aber Mensch und Schatten waren wieder verschwunden. Seitwärts huschte unterdes ein gebücktes Wesen schnell und leise über den dunklen Hintergrund der Schlucht und entschlüpfte dann hinter einen schroffen Vorsprung. — „Was war das?“, fragte einer den anderen, aber keiner wußte eine Antwort. Tiefe Stille herrschte ringsum; nichts als das immer schwächer werdende Getöse der Wellen war zu vernehmen. Ein kalter Seewind strich leise über den kahlen Sand des Ufers. Er bewegte sanft die langen, dürren Gräser auf den Hügeln und führte allmählich ein flockiges Wolkennetz vom westlichen Horizont über die einsame Halbinsel herauf. Der Mond goß vom östlichen Himmel seine bleichen Strahlen auf die wildromantische Gegend herab. In der Ferne wies er den Wanderern die ans Ufer angetriebenen Schiffsgüter, die sie hergelockt hatten. Ihr Führer aber blieb unsichtbar.

Lange warteten sie vergebens auf seine Rückkehr, und die Besorgnis über sein Wegbleiben veranlaßte sie endlich, sich in zwei Gruppen zu teilen. Eine sollte „den Alten“ — so nannten sie ihren Anführer — suchen, die andere ihn an Ort und Stelle erwarten. Indes, noch ehe sie diesen Vorsatz ausführen konnten, erhob sich über den Kamm des vor ihnen liegenden Hügels ein dunkles Etwas. Gleich darauf zeichneten sich über ihnen die Umrisse eines Menschen vor dem grauen Himmel ab. Der Mann schien einen Augenblick gedankenvoll die Gegend zu überblicken. Dann winkte er der Gesellschaft, zu ihm zu kommen. Anschließend ging er wieder leise fort, woher er erschienen war.

Nun zweifelten die Abenteurer nicht, ihren Anführer vor sich zu sehen. Sie brachen auf, um ihm endlich zur Ausführung ihrer nächtlichen Unternehmung zu folgen, nämlich zum Raub eines Teils der kostbaren Strandgüter. Rasch, sicher und schweigend lief „der Alte“ in einiger Entfernung voran. Die Kameraden eilten ihm so schnell und geräuschlos nach, wie es das lange Dünengras und dessen Wurzeln, in denen sich ihre Füße immer wieder verfingen, erlaubten.

Nach einem viertelstündigen Marsch nordwärts entlang der Dünen, bog der Anführer zum Meer hin, und wies seinen Leuten stillschweigend einige Ballen zur Fortschaffung an. Sie luden sie in große Quersäcke und dann auf den Rücken. Nachdem auch der Anführer sich eine kleine Bürde aufgeladen hatte, schritt er wieder schweigend in die Dünen zurück und gab erneut ein Handzeichen, ihm zu folgen. Kaum hatte sich die Gesellschaft jedoch in Bewegung gesetzt und mit dem geraubten Gut die Dünen erreicht, da klang vom Strand ein zweimaliges Pfeifen herauf, gerade so, wie sie es von ihrem Anführer zu hören gewohnt waren. Sie blieben bestürzt stehen und sahen sich um. Aber der Anführer vorne winkte dringlicher als zuvor und gab jetzt einen ähnlichen Ton von sich, wie den soeben gehörten. — „Sonderbar!", dachten die Jünglinge, und schickten sich an, weiterzugehen, als sie abermals den rätselhaften Ton hinter sich vernahmen. Zugleich sahen sie im grauen Dunst der Ferne einen Mann, der sich ihnen näherte. „Wir sind ertappt und werden verfolgt!", dachten sie, und so jagten sie mit einer Schnelligkeit vorwärts, die ihnen wenig Zeit ließ, Beobachtungen über die Richtung anstellen zu können, in die „der Alte" sie führte.

Je weiter sie aber kamen, desto rauher und unebener wurde der Pfad, und desto mehr Vorsicht erforderte er. Mal mußte ein lockerer Sandberg erklettert, dann wieder ein jäher Abhang hinabgestiegen werden. Die geraubte Bürde drückte sie immer stärker. Der Verfolger war ihnen auf den Fersen, und in der Einbildung der gehetzten Abenteurer vervielfältigte er sich zu Dutzenden. Wenn der Anführer nur einfach kurz stehengeblieben wäre, hätten sie gerne einen Augenblick geweilt und selbst den wachsamen Strandwächtern die Spitze geboten, nur um nur ihren erschöpften Gliedern Erholung zu verschaffen! Der Führer eilte jedoch rastlos vorwärts, pfiff lauter als je zuvor und winkte beständig, daß sie ihm folgen sollten. Keuchend und bis zum Umfallen müde hatten sie eben die letzte hohe Düne überstiegen. Da zeigte ihnen ein Lichtstreif des Mondes, von Westen mit dem Wind kommend, den Verfolger auf dem Gipfel der eben überkletterten Düne. So wie der Streifen vorüberzog und einen Hügel nach dem anderen beglänzte, schienen ringsum die Höhen überall belebt zu werden, und Hundegebell tönte seitwärts daher.

Jetzt schien kein Entkommen mit dem teuren Raub mehr möglich. Aber größer noch als ihr Schreck wurde das Befremden der Stranddiebe, als der Strahl des Mondes auf einige naheliegende schwarze Erhöhungen fiel, und sie — ein Dorf — erkannten. Ein Rudel großer, starker Hunde stürzte in diesem Augenblick von den Dünen herab und umringte kläffend und beißend die verzagenden Männer. Dann trat der Führer zu ihnen und — ein neues Wunder! — Es war ein fremdes Gesicht, ein fremder Mann! Er gebot ihnen mit fester Stimme, ihre Bürde abzuladen. Dann dankte er ihnen für ihre Mühe, ihm — dem Strandvogt von Rantum — einige Ballen Seidenwaren nach Hause getragen zu haben. Er warnte sie aber, sich je wieder auf Hörnum sehen zu lassen, um den Strand zu bestehlen, und riet ihnen, aufs schnellste ihr Boot aufzusuchen und die Insel wieder zu verlassen. Ansonsten würde er ihnen eine Begleitung — er zeigte auf die Hunde — mitgeben, wie sie sich keine wünschen möchten.

Beschämt und ärgerlich taten die ungeübten Diebe, was ihnen befohlen wurde. Dann schlichen sie wie geprügelte Hunde fort. Ihren wahren Anführer, welchen sie für einen verfolgenden Feind gehalten hatten, trafen sie auf der nächsten Düne. Die Lektion, mit der er sie wegen ihres Verhaltens begrüßte, dauerte bis zur Landung auf ihrer Heimatinsel und hatte den Erfolg, ihnen für die Zukunft alle Lust zu ähnlichen Beutezügen zu nehmen.

15. Klaes Limbeck und die Sylter Riesen

Klaes Limbeck war ein gewaltiger Mann zu seiner Zeit. Er hatte die Burgen auf Sylt und Föhr inne und brandschatzte und plagte die Inselfriesen sehr. Er heiratete die Witwe eines jütländischen Edelmannes und erhielt dadurch Güter, unter anderem das Schloß Törning in Nordschleswig. Als Gutsbesitzer in Jütland sollte er dem König Waldemar IV. huldigen. Er verweigerte das jedoch und zog sich dadurch die Feindschaft des Königs zu, so daß dieser ihn zu fangen trachtete und ihn sogar in der *„Borgsumburg“* auf Föhr belagerte, wenngleich ohne Erfolg.

Heimreich schreibt: *„Wie ihn der König dort verfolget und belägert gehabt, da wird zugleich die Beschatzung der Fresen vorgegangen sein, davon die alten Zielen berichten, daß König Waldemarus IV. A. C. 1374* *am 9. Febr. in diese Lande gekommen und habe alle also beschatzet, daß ein jegliches volles Hauß hat müssen geben 60 fl. oder 1 Pfund Englisch, und hat die Einwohner ihrer alten Privilegien beraubet.“*

Hans Kielholt scheint Klaes Limbeck und dessen Streit mit dem König zu schildern, wenn er (freilich sehr märchenhaft) schreibt: *„Se sind ehre egen Herren gewesen disses Landes.*[*]) *Wente da währen mank ehnen grote Resen — de nöhmede man Kempers, wente se strideden vor se, dat se vor ehren Fynden secker und befrediget wären, densülven mußten se jarlick Schat und Tinse geven. — Item, hier up dit Land sind 3 Borgen und Festingen gewesen, de dissen Resen tom Besittinge wären ingedahn, und sind genöhmet Arentzborg, Tinseborg, dar se jarlick ehre Schat und Tinse gebracht. To dem was noch Rathsborg, dar se ehren Rath und Anschläge geholden hebben, und baven dat is noch by Heidum een Wachttoorn gewesen. Disse Festingen alle hadden disse Resen inne, dat se dat Land beschütten scholden. Averst alse men höret davon, so hebben disse Resen grote övel Gewalt und Unrecht by dem Volk gedahn — dat müsten de armen Lüde liden und nicht klagen, wente se hadden neene andere Herrschop als disse Resen. — — Tom lesten heft de Konink ut Dennemarken een von dissen Resen, welker is een kunstrike Dokter gewesen, to sick gefordert. Wente des Koniges Dochter wäre mit eene inwendige Krankheit beladen, und gelavet, so he ehr helpen konde, wolde ehm de Konink eene grote Summe Geldes verehren. Disse Dokter is darhen gereiset und heft des Koninks Dochter gesund gemaket, und heft it sick also begeven, dat de Konink heft dem Resen een grotes Geld verehret und ehm mit Ehten und Drinken ganz overflödig tracteret.*[**]) *— Averst in der Drunkenheit, wielen de Konink ehm nagefraget umme disses Land Silt, heft ehm disse Rese alle Gelegenheit davon utgesegt, daröver de Konink verorsaket worde, sine*

[*]) Kielholt war der Sohn eines Predigers auf Sylt. Er schrieb über die alten Zeiten der Insel, doch ohne Jahreszahlen anzuführen. Er lebte um 1438.

[**]) In Westfriesland gibt es übrigens eine ähnliche Sage, nach welcher ein friesischer Bauer so lange gepeitscht wird, bis er verspricht, die kranke Tochter des Königs Radbod in Stadum zu heilen.

besten Kriegeslüde mit Rüsting und Gewehr und mit Harnischen bekledet na dem Lande Silt tho schicken, datsülve intonehmen. De Kriegeslüde hebben sick in 2 Hupen gedeelet, een Deel van Westen mit Schepen, de ander van Osten tho Lande, dat se ja up eenen gewissen Dach mochten thosamen kamen, und alse nu de Fotegahnders sick hebben marken laten, hebben disse Resen ehnen tho gemöhte gekamen, also dat de Fotgängers sick bald in de Flucht hebben begeven. Averst de anderen, so mit Schepen wären angekamen, hebben nicht gesümet und sind von achtern up se tho gekamen. Da konden se sick nicht länger wehren, sondern hebben sick alsobald fangen und binden laten, und se wurden ilich in den Wachttoorn tho Heidum ingesettet und verwahret mit 200 von des Koninks besten Kriegslüden, bet dat man by dem Konink gefraget, wat man darby dohn scholde. Darop de Konink also ordelede, man scholde se mit dem Schwerdte den Koppe afhauen laten und im Felde der Wüsten begraven. — So is de Koninks Vollmächtiger mit dem Scharprichter gekamen und sind disse Resen, so in Getall gewesen sind 120, gerichtet worden und up der Heide begraven na des Koninks Befehl.[*] *Darna wurde dat ganze Landvolk under des Koninks Gewalt tho denende by Eidespflicht und ehrer egene Gerechtigkeit afthostahn by Lives und Levens Strafe bedwungen.*" —

16. Von den Burgen auf Sylt, Föhr und Amrum

Im 14. Jahrhundert ließen einzelne dänische Adelige sich mit Teilen Nordfrieslands belehnen. Sie versuchten, den bisher noch ungebeugten Nacken der Nordfriesen in das Joch der Leibeigenschaft zu zwängen. Um aber möglichst sicher zu verfahren, legten sie Burgen in dem sumpfigen, von feindlich gesinnten Einwohnern nur schwach bevölkerten Land an. Als Erbauer der Festungen auf Föhr und Sylt werden Erich Riind, Waldemar Zappy und Claes Limbeck genannt. Erich Riind, ein Edelmann aus Jütland, legte um 1360 die Burg zu Blegsum auf Föhr an. Da er den Grund, auf

---

[*] Man zeigt noch jetzt auf der Keitumer Heide die Gräber dieser 120 „Kämper", die sogenannten „*Lünggreper*", unweit der Thinghügel.

welchem das Kastell errichtet wurde, laut des noch vorhandenen Kaufbriefes, von Eingesessenen zu Blegsum und Üttersum kaufte, könnte diese Burg vielleicht jene sein, die man später *„die Üttersumer"* nannte.

Waldemar Zappy oder Waldemar Soep, der Feldherr des Königs Waldemar Atterdag und Schwager des Erich Riind, hatte die Horsbüllharder und andere benachbarte Friesen um 1359 geschlagen, nachdem sie sich gegen den König erhoben hatten. Da ließ er zur Befestigung der königlichen Macht in Nordfriesland eine Burg in der Böckingharde und eine im Dorf Archsum auf Sylt anlegen, das seit der Pest von 1350 menschenleer war.

Die Sage erzählt, daß später ein Seeräuber in der *„Archsumburg"* gewohnt habe. Vielleicht wurde sie nach ihm *„Arentzburg"* oder *„Arrerschloß"* benannt.*) Als Claes Limbeck, ein schleswigscher Edelmann, kurz nach dem Bau der ersten Kastelle auf Föhr und Sylt mit Teilen der Außenlande belehnt wurde, soll er die Burgen zu Tinnum auf Sylt, zu Borgsum auf Föhr und (eventuell) auch die kleineren Zitadellen oder Warten zu Keitum, Rantum und auf Amrum errichtet haben.

Die erwähnten kleineren Adelssitze dienten wohl hauptsächlich als Bindeglieder in dem Halbkreis der größeren Burgen, den man dort findet. Diese Struktur war anscheinend planmäßig angelegt in den nordfriesischen Bergharden. Sie befand sich auf Föhr, Amrum und Sylt oder der Oster-, Wester- und Nordwesterharde am inneren Geestrand dieser drei damals nahe verbundenen Inseln. Der Raum zwischen diesen drei Eilanden bestand damals aus einer tiefen, von breiten Strömen und anderen Gewässern durchschnittenen Marsch. Die Marschflächen an der Südseite Sylts und an der Nordseite Föhrs sind deren Überreste.

---

*) Die friesischen Burgen waren gewöhnlich nur hohe, ringförmige Erdwälle, die in Kriegszeiten und bei großen Überschwemmungen den Besitzern und Machthabern als Zuflucht dienten. Ihre Besitzer pflegten in der Nähe der Burg ihre Wohnung oder ihren *„Gaard"* zu haben. Einige der Burgen und *„Gaarde"* mögen übrigens kaum fertig geworden oder bald wieder verlassen worden sein.

Die *„Archsumburg"*, von welcher bis 1860 noch Reste des Burgwalls ungefähr in der Mitte des Dorfes Archsum übrig waren, lag auf dem Südwestzipfel der Morsumer und Archsumer Landhöhe. Die Burg zu Keitum, *„Bredeburg"* genannt, befand sich auf dem hohen Ufer bei Keitum. Sie stand fast auf der Südostecke der Geesthöhe, welche sich von dort an nord- und westwärts erstreckt. Diese Burg war ein mit einem Erdwall umgebener Turm, den Hans Kielholt „Wachturm" nannte. Die letzten Spuren dieser Warte sind erst im 19. Jahrhundert verwischt worden.

Die *„Tinnumburg"*, auch *„Tinse"*- (Zinse-, Steuer-) Burg oder *„Limbecksburg"* genannt, lag in einem Winkel der Sylter Marsch zwischen Tinnum und dem südlichen Westerland, fast eine halbe Meile westlicher als die *„Keitumburg"*. Sie stand dort an einem Gewässer, welches seinen Abfluß südlich von den zwischen Sylt und Föhr fließenden Strömen gehabt haben soll. Die beinahe vollständig erhaltenen Erdwälle dieser Burg sind noch heute an drei Seiten mit Wasser umgeben. Sie bilden eine ringförmige Erhöhung von ungefähr 1400 Fuß äußerem und 700 Fuß innerem Umfang und gut 20 Fuß senkrechter Höhe.

Die *„Rantumburg"* stand südlich vom jetzigen Rantum, ungefähr eine Meile von der *„Tinnumburg"* entfernt. Dort befand sie sich an dem alten, von Sylt entlang des Hörnumer Landrückens über Amrum nach Föhr führenden Heerweg. Sie hatte den Namen *„Ratsburg"*, weil die Sylter und Föhrer Burgherren sich dort zu gemeinsamen Beratungen versammelten. Jetzt sind ihre Erdwälle aber seit mehr als neunzig Jahren mit Flugsand bedeckt und daher unkenntlich.

Die Burg auf Amrum, *„St. Annaburg"* genannt, von welcher noch eine hügelartige Erdhöhe übrig ist, lag am Nordostzipfel der Amrumer Geesthöhe, östlich von dem jetzigen Norddorf.

Die Burg zu Üttersum auf Föhr stand fast auf der äußersten Grenze der Föhringer Geest in der Gegend des Dorfes Üttersum. Ob von ihr noch Spuren vorhanden sind, ist mir nicht bewußt. Die Burg zu Borgsum auf

Westerlandföhr lag ungefähr eine halbe Meile östlicher als die Üttersumer, und zwar in einem Winkel der Föhringer Marsch zwischen der Osterlandföhrer- und der Westerlandföhrer-Geest. Von dort führte ehemals ein schiffbares Gewässer nordöstlich durch die Föhrer Marsch in die größere Tiefe zwischen Föhr und Sylt hinaus. Der noch vorhandene ringförmige Burgwall soll über 30 Fuß hoch sein. Der Grund, auf welchem die Burg errichtet wurde, soll einem Flächenraum von sieben Demath[21] und 130 Quadratruten entsprechen.

Als nach mehrjähriger despotischer Herrschaft der Limbecker und deren Anhänger in den nordfriesischen Außenlanden ihr Oberhaupt Claes Limbeck bei König Waldemar in Ungnade gefallen war, beschloß der König im Jahre 1374, einen Kriegszug nach Friesland zu führen. Damit wollte er einerseits Limbeck bestrafen und andererseits Steuern eintreiben, die seit vierzehn Jahren im Rückstand waren. Ein Teil seiner Truppen erreichte Sylt von Osten zu Fuß. Er näherte sich durch das damals nicht sehr breite und tiefe Haff zwischen den Inseln und dem Festland. Ein anderer Teil kam von Westen zu Schiff. Die Sylter Burgmänner marschierten den von Osten zuerst angekommenen Truppen entgegen. Sie waren überzeugt, die verlassene Burg im Notfall leicht wieder erreichen zu können. Aber sie gerieten durch die von Westen nachkommende, zweite königliche Heeresabteilung in die Klemme. Die Burgmänner versuchten eilig, sich zu verschanzen, wurden aber geschlagen, als es zum Kampf kam. Das geschah höchstwahrscheinlich auf einem Feld, welches im Nordosten der *„Tinnumburg"* liegt. Es ist noch immer mit einer Vertiefung umgeben, nicht unähnlich einem breiten Schanzgraben, und wird *„Königskamp"* genannt.

120 Männer gerieten in Gefangenschaft des königlichen Heeres. Sie wurden vorläufig in den Wachturm zu Keitum eingesperrt, bis das Urteil des Königs über sie eingeholt wurde. Diesem zufolge wurden sie später auf der Heide im Norden Keitums hingerichtet und an einer Stelle, die noch jetzt *„Lünggrewer"* heißt, begraben.

---

21 Demath (Demat, Diemat) =früheres Feldmaß in Marschländern. Auf Sylt und Föhr betrug es 180 Quadratruten à 21,023 Quadratmeter. (Anm. Frank-Daniel Schulten).

Der König war unterdes zu Claes Limbeck selbst gekommen, welcher nach Föhr auf seine dortige Burg geflohen war. Dort begann er ihn zu belagern. Er hoffte, ihn durch Hunger zur Übergabe zu zwingen. Aber er wurde getäuscht, indem Limbeck zur Nachtzeit in einem kleinen Boot durch die damals von der Burg nordöstlich hinausführenden Gewässer nach der Wiedingharde entkam. Als der König nunmehr überall im Nordfriesland jeglichen Widerstand aufgehoben fand, nahm er den Friesen alle ihre früheren Privilegien. Außerdem zwang er sie, ihm eine ungewöhnliche Steuer zu entrichten.

Kurz nach dem Tode des Königs im folgenden Jahr traten jedoch die Friesen, der dänischen Herrschaft müde, eigenmächtig zu den Grafen Heinrich und Claus von Holstein über. Sie werden dann nicht versäumt haben, sich als Bedingung dieses Übertritts ihre ehemaligen Freiheiten und Rechte wiederum zusichern zu lassen.

Nach diesem Seitenwechsel, zu dem um 1377 die Böckingharder den übrigen Nordfriesen das Beispiel gegeben hatten, zögerten die Sylter ebenfalls nicht länger, die verhaßten Zeichen der Knechtschaft, nämlich die Burgen ihrer Insel, zu zerstören. Nur die Wälle blieben teilweise stehen. Sie dienten später als Schafsweiden, und manche vermutlich als Zufluchtsstätten bei Überschwemmungen.

Die Föhringer Burg bei Borgsum wurde jedoch noch eine Zeitlang von einem Vogt namens Christian Frellefsen bewohnt und als Schutz gegen die Westerlandföhrer eingesetzt, mit denen er fast fortwährend in Fehde lebte. Nach 1420 scheint aber auch diese Burg nicht weiter ihrem eigentlichen Zweck entsprechend genutzt worden zu sein.

17. Sagen und Erzählungen der Rantumer oder Hörnumer Dünenbewohner

I.

Die Sylter Dünen und Kliffe bilden ein kleines Gebirgsland im Meer, welches die seltsamsten Hügelformen und -gruppen aufweist. Mit den dazwischen liegenden Dörfern, Feldern, Schluchten und Tälern besitzt es eine höchst interessante Abwechslung, und mit dem umgebenden Meer macht es ein wildes, schönes Ganzes aus. Insbesondere bei Sturm habe ich nie etwas Unbändigeres und Großartigeres gesehen als das aufgeregte, schäumende Meer mit seinen haushohen Wellen, seinen noch höher sich bäumenden, dann wasserfallartig niederstürzenden, weitschallenden Brandungen, und dazwischen die gespenstischen, nebelgrauen, durch Wellen und Sturm tief aufgewühlten, wehenden Dünen. Sie erfüllen nicht nur die Luft mit ihrem Sand, sondern verteilen ihn auch in großer Menge auf die Felder, in die Täler und ins Wasser. Kommt nun die Nacht hinzu mit ihren Schrecknissen, ihren Schiffbrüchen, ihren Abenteuern, ihren Gespenstern und Sagen und ereilt uns in dieser Gegend, so wird mancher sie schauerlich finden. Ich aber erkläre sie dann für wildromantisch, voller Poesie, Kraft und Leben!

Herrschen dagegen Windstille und liebliche Frühlingsluft, so gibt es nichts Freundlicheres als ein frisch grünendes Dünental mit einem spiegelglatten See in der Mitte. Es ist dann belebt von tausend singenden und schnatternden, schwimmenden und flatternden Vögeln aller Art, von weidenden und blökenden Schafen und Lämmern, von fröhlichen, eiersuchenden oder beerenpflückenden Kindern. Das Ganze ist eingerahmt und beschützt von hohen, weißen oder grün bekränzten Hügeln. — Die schönsten Dünen und Dünentäler fand ich aber bei Hörnum!

In meinen Knabenjahren lauschte ich mit großer Begierde den Sagen und Erzählungen, besonders der alten Inge de Fries und Merret Siemons, die man aber gewöhnlich Inken Nessen und Mei Siemken nannte. Sie wohnten zusammen mit der noch älteren Mei Aanken in einer einsamen Hütte, mitten in einem Sumpf am Fuße der Rantumer Dünen. Wenn mein Vater, dem man den Spitznamen „der Propst von Hörnum“ gegeben hatte, an

Sonnabendnachmittagen die Jugend in Rantum im christlichen Katechismus*) prüfte, dann lief ich nicht selten zu diesen oder zu anderen alten Rantumer Weibern. Ich fragte sie stets nach altfriesischen Sagen und Geschichten, oder ich horchte mit großer Aufmerksamkeit der Weisheit Steven Takens zu Rantum. Er behauptete, von Alt-Sylter Landvögten abzustammen und von ihnen viele merkwürdige Dokumente und Papiere geerbt zu haben. Obgleich er selber nicht schreiben konnte und nur — wie man zu sagen pflegte — „Krötenaugen" und „Krähenfüße" malte, trug er dennoch stets zum Zeichen seiner geistigen Tätigkeit und Genauigkeit eine Gänsefeder hinterm Ohr. Er rühmte sich sogar, daß er als erster Ordnung und Akkuratesse in Rantum eingeführt habe.*) Im Übrigen war er ein genügsamer und origineller Mann, der jedem ohne Unterschied und ohne Ausschmückung zu sagen pflegte, was er dachte. So erfuhren manche durch ihn bittere Wahrheiten. Als ich ihn das letzte Mal in Rantum besuchte, war sein Haus so sehr mit Flugsand überschüttet, daß das westliche Ende bereits in einer Düne steckte und nur der östliche Teil noch freiliegend und sichtbar war.

Da die untere Hälfte seiner Haustür wegen des Sandes nicht mehr geöffnet werden konnte, sprangen wir Knaben darüber, hinein in seine Wohnung. — „Das ging gut", rief er uns entgegen — „könnt Ihr auch wieder hinausspringen, Jungens?" — Wir versuchten es sofort, da wir merkten, daß der Alte unwirsch war. Aber es gelang uns nur nach mehrfachem Stolpern und Stoßen.

Nicht minder interessant schien mir der seltsame Marten Knuten von Amrum zu sein. Wenn er die *„Offenbarung des Johannes"* oder die Entstehung der Erde, der Länder, Meere und Fluten erklärte, dann sperrten

*) Mein Vater war Schul- und Navigationslehrer in Westerland. Er ging aber an jedem Sonnabendnachmittag nach Rantum, das eine Meile südwärts von Hörnum liegt, um die dortige Jugend zu unterrichten.

*) Rantum ist der einzige, von Menschen noch bewohnte kleine Ort auf Hörnum. Früher gab es dort mehrere und größere Dörfer. Sie sind aber alle bis auf Rantum durch Sandflug und Fluten untergegangen.

wir Kinder Augen, Ohren, Mund und Nase auf. Wir vergaßen gänzlich die Gegenwart und lebten nur in der Vergangenheit oder Zukunft.

Am faszinierensten aber waren mir stets das wilde Wesen und die abenteuerlichen Fahrten und Sagen der Maiken Niß Taken zu Rantum. Sie war ein breitschultriges, schwarzhaariges, höchst abgehärtetes Mannweib, die Tochter des Strandvogts Niß Taken. Dazu kleidete und benahm sie sich wie ein Matrose der alten Zeit. Trotzdem hatte sie ein gutes, redliches Herz und ein warmes Gefühl für das Wohl und Weh ihrer Mitmenschen, aber auch ein Übermaß an Aberglauben, wie ich ihn sonst selten gefunden habe. Wie wunderlich auch für gewöhnlich die Erzählungen dieser Dünenbewohner und -bewohnerinnen sein mochten, so fand man darin doch manchmal einen schönen Zusammenhang und sogar einen tiefen poetischen oder religiösen Sinn.

Eines Abends saß ich mitten zwischen diesen alten Rantumern in jener einsamen Hütte im Sumpf und hörte ihren Geschichten zu, während sie Stricke aus dem langen Dünengras drehten:*)

„*Aae minj*", — begann die alte Mei Aanken, deren Gedächtnis sehr schwach war. —„Wer war es, der in der alten Kirche sich selber den Hals abschnitt?"

„Das war ein Kämper, ein starker Mann", — antwortete Maiken Niß Taken.

„Akkurat, akkurat! Ein echter Rantumer", sprach Steven.

„*Aane morr*", entgegnete Mei Aanken. „Er war kein Rantumer und auch kein Kämper, das weiß ich."

„Er war ein Heide, wie Hans Kielholt schrieb", erklärte jetzt die bedächtige und religiöse Inge de Fries.

„Nein", antwortete Mei Siemken. — „Er war ein guter Christ und ein echter Friese aus alter Zeit. Es war der alte, schwermütig gewordene Jens

---

*) Seit Jahrhunderten ist das Strickedrehen aus der Sandrockenpflanze eine Hauptbeschäftigung und ein Haupterwerb der Rantumer und Amrumer gewesen. Die Arbeit geschieht geräuschlos und bloß mit den Händen. Dabei werden dann Sagen und dergleichen erzählt.

Lüng von List. Mein Urgroßvater stammte aus Ballum, und dem hatte, als er jung war, eine alte Frau auf List dieses und vieles andere offenbart:

Als Jens Lüng auf List wohnte, kam (vielleicht um 1362) ein fürchterlicher Sturm auf, gefolgt von einem so hohen Wasser, daß ganz List unterging, bis auf die Kirche und Jens Lüngs Haus. Alle Leute auf List ertranken, und nur Jens Lüng und eine Jungfrau namens Mett oder Merret, überlebten. Seine Tochter Ellen und sein Sohn Jacob Lüng waren damals noch nicht geboren. Obgleich sonst keine Menschen mehr auf List waren, so gingen doch Jens und Mett, die nun seine Frau wurde, sonntags auch weiterhin zur Kirche. Da kein Prediger und kein Küster erschienen, denn auch diese waren ertrunken,[**)] stimmte Jens dann einen Gesang an, und Mett hielt ein Gebet. So lebten sie noch viele Jahre auf List in Gottesfurcht und Frieden. Als aber die Dänen nun kamen und das ganze Listland haben wollten, und als zwei Fanöer anfingen, sich Häuser zu bauen auf Meelhörn, und als zugleich der Sand die Kirche zu verschütten begann, da grämte sich Jens fast tot. „Nein", sprach er, „ich halte es hier nicht länger aus." Er brach seine Hütte ab und belud mit ihr und seinen übrigen Sachen seinen großen Ewer[22]. Zudem nahm er aus der alten, später ganz im Sand untergegangenen Lister Kirche, den Altar mit. Dann segelte er südwärts nach Hörnum."[*)]

„Jaman!", fiel Mei Aanken ihr da in die Rede. — „Da hat er ja den Altar aus der Kirche gestohlen."

„Akkurat!", sprach Steven Taken. — „Er hätte nach Artikel 47 des Landrechts gerädert werden sollen."

**) Es scheint, daß alle Prediger, welche die Pest von 1350 auf Sylt überlebt hatten, dann 1362 ertrunken sind.

22 Ein-oder zweimastiges Schiff mit flachem Boden, das zur Küsten- und Flußfahrt eingesetzt wurde. (Anm. Frank-Daniel Schulten).

*) Jens Lüng war der letzte altfriesische Bewohner des Listlandes. Sein ehemaliger Stavenplatz ist noch sichtbar. Er liegt im sogenannten *„Jens-Lüng-Tal"*. Auch von den altfriesischen Dörfern *„Blidum"* und *„Bargsum"* sind noch Spuren in den Listerdünen vorhanden. Selbst die alte Kirchstelle kennt man dort noch. Seit 1654 ist List wieder in friesischem Besitz.

„Pfui Steven!“, sprach Maiken Niß Taken. — „Hätte er denn den heiligen Altar den Dänischen überlassen oder ihn im Sand untergehen lassen sollen? Ich hätte — meiner Seel'! — die ganze Kirche mitgenommen!“

„Du wärest auch ohne Zweifel gut davongekommen, Maiken“, erwiderte Steven, „besonders wenn du den Teufel zum Freunde und Gehilfen gehabt hättest, denn mein seliger Großvater, der Landvogt Steven Taken, nach dem ich benannt bin, pflegte oft zu sagen: ‚Darüber steht nichts im Landrecht, welche Strafe der haben soll, der ein ganzes Haus oder Schiff oder eine Kirche oder ein ganzes Land stiehlt.' Also solche Diebe werden privilegiert sein.“

Inken Nessen wies ihn jedoch zurecht, indem sie sagte: „Du achtest wohl mehr auf deines Großvaters und anderer Menschen Gesetze als auf die Gottes. Weißt du denn nicht, daß im neunten Gebot steht: *Du sollst nicht begehren deines Nächsten Haus*', — und im zehnten Gebot hinzugefügt wird: …*und alles andere, was sein ist*?' — Vor Gott ist kein Dieb gerecht.“

„Ja, doch gewiß der Stranddieb“, fügte Maiken hinzu und sah dabei Steven, dessen Ehrlichkeit und Akkuratesse am Strand nicht immer gewahrt war, schelmisch an. — „Denn der Stranddieb findet und nimmt ja nur, was der rechtmäßige Eigentümer verloren hat und nicht wiederbekommt. Und wenn der eine es nicht nimmt, so nimmt es ein anderer.“ —„*Aae Gott!* Wir sind allzumal Sünder und mangeln des Ruhmes, den wir haben sollten“, seufzte Mei Aanken.

Das Gespräch war jetzt bis zu einem Punkt fortgeschritten, wo die Moral der Rantumer und anderer Strand- und Dünenbewohner ein böses Defizit hatte. Nur die alte Mei Aanken, sonst die einfältigste der Gesellschaft, schien diesen Mangel lebhaft zu fühlen. Auch die übrigen mochten erkennen, daß es am richtigsten sei, hier ihren kleinen Disput abzubrechen.

Jedenfalls befand die weltkluge Mei Siemken es für richtig, ihre Erzählung jetzt weiterzuführen: „Ob Jens Lüng damit, daß er den Altar der Lister Kirche abbrach und das Altarblatt nebst den Altargeräten mitnahm, als er von dannen zog, Unrecht getan habe, weiß ich nicht. Aber es schien

— mindestens für ihn und seine Familie — kein Segen mehr auf dem alten Lister Altar zu ruhen. Jens hatte im Sinn, sich im „*Wardüntal*" auf Hörnum ein Haus zu bauen an der Stätte, wo ehemals die alte Kapelle zu Wardün*) stand. Im östlichen Teil seiner Wohnung wollte er zur Verehrung Gottes für sich und seine Frau (und vielleicht auch für andere), den Altar wieder aufrichten. Jedoch, als er, um kein Aufsehen bei den Dänen zu erregen, nachts von List abgesegelt war und an der Westseite der Insel südwärts steuerte, kam sein Schiff während der Ebbe dem Strand bei Alt-Rantum zu nahe, und es blieb dort stecken.

Es würde dieser Umstand wahrscheinlich den Rantumern unbemerkt und ohne Folgen geblieben sein, wenn nicht Jens Lüng einen Hahn an Bord gehabt hätte, der durch sein Krähen in der frühen Morgenstunde die Rantumer, die nahe am Strand wohnten, aus dem Schlaf weckte. Sie eilten, sobald sie das gestrandete Schiff bemerkten, ans Ufer und zu Jens an Bord, um ihm zu helfen, sein Schiff leichter und wieder flott zu machen. Sie wußten freilich nicht, ob sie die Sache als eine Strandung ansehen sollten, da sie dort zuvor weder Lichterscheinungen noch Flutkälber als Vorspuk gesehen hatten. Doch sie wollten Jens überreden und sogar zwingen, seine Schiffsladung bei Rantum an Land zu bringen.*)

Aber Jens Lüng traute ihnen nicht und meinte, die Flut würde sein Schiff bald wieder flott machen. Er war überdies ein großer, starker Mann und wehrte die Rantumer ab, so gut er konnte. Trotzdem vermochte er nicht zu verhindern, daß sie seine kostbarsten Altargeräte stahlen, nämlich die silbernen Leuchter, Kelche, Schalen und dergleichen mehr. Auch seinen wachsamen, schön gefiederten Hahn entwendeten sie. Die Rantumer hatten noch nie einen so herrlichen Vogel gesehen und freuten sich anfangs sehr über ihn. Sie sollen damals zwar zwei Kirchen (die ‚*Westerseekirche*' und die

---

*) Der Name „*Wardün*" wird in Meiers Karten (angeblich von 1240) „*Wardin*" und „*Wardyn*" geschrieben. Die Sylter nennen den wahrscheinlich um 1300 untergegangenen Ort: „*Wardün*", aber auch „*Warding*" und sogar „*Wardus*". Ein Tal nennen sie „*Dähl*".

*) Nach den Regeln der abergläubischen Rantumer galten Lichter am Strand als Vorspuk für Strandungen, die Flutkälber als Vorspuk für Überschwemmungen und „*Likschnüken*" (Irrwische) als Vorspuk für Todesfälle usw.

‚Ratburgskapelle'), gehabt haben, aber seit vielen Jahren keinen Prediger mehr darin. Daher lebten sie fast wie die Heiden. Als nun der Hahn sie jeden Morgen durch sein Geschrei zum frühen Aufstehen und zur Arbeit ermunterte, nannten sie ihn ‚ihren Prediger'. Einige meinten sogar, daß er sie zum Glauben an Gott und zum Gebet aufforderte, indem er, wie sie wähnten, alle Augenblicke rief: *‚Kiek in de Höh, Höh!'* — Manche von ihnen mögen wirklich durch das unvernünftige Tier auf bessere Gedanken gekommen sein, denn Gottes Mittel und Wege, uns Menschen zum Guten zu lenken, sind ja oft wunderbar. Viele aber, die im Bösen beharrten, haßten und verfolgten den armen Hahn seiner vermeintlichen Mahnungen wegen.

Unterdessen war Jens Längs Schiff, als die Flut wiederkehrte, wirklich flott geworden. Jens war nun weiter südwärts und dann durch das *‚Hörnumgatt'* in die Bucht am *‚Buder'* gesegelt. Unweit von *‚Großvlie'* ankerte er endlich.*) Dort begann er ungestört, aber auch ohne Hilfe, sein Schiff auszuladen und sein neues Haus im *‚Wardüntal'* zu bauen. Er schmollte auf die Rantumer, wollte nichts mehr mit ihnen zu tun haben und verschmähte ihren Umgang. Besonders übel rechnete er es ihnen an, daß sie, wie er gehört hatte, in der *‚Westerseekirche'* statt Gott zu dienen, spielten und tanzten. Aus den geweihten Gefäßen, die sie ihm geraubt hatten, soffen sie Bier. Im übrigen lebte er mehrere Jahre in Ruhe und Frieden in seiner neuen Wohnung. Er diente Gott an seinem eigenen Altar, auf seine eigene Weise. Seine Frau gebar ihm hier zwei Kinder: einen Sohn, welcher Jacob hieß und eine Tochter namens Ellen. Alles währt aber seine Zeit, und Jens Lüngs Ruhe und Glück auf Hörnum dauerten nur kurz.

Der Papst erfuhr, daß die Rantumer und die meisten anderen Leute auf Sylt gottlos und heidnisch waren und daß keine christlichen Priester auf der Insel lebten. Da schickte er dem dänischen König Boten und befahl ihm, daß der nun das geistliche Regiment über alle Kirchen auf Sylt in Ordnung

---

*) *„Buder"* und *„Großvlie"* sind besonders hoch und östlich hervorragende Dünen oder Dünenecken auf Hörnum. Erstere ist südlicher gelegen. Am Fuße des *„Buder"* ist eine gute Reede. Sie war ehemals ein kleiner, von Fischern und Seeräubern viel benutzter Hafen, die *„Renne"* im *„Kressen-Jacobs-Tal"*.

bringen möge. Der Papst wolle alsdann für jeden Altar der Kirchen einen Prediger senden.**) Nun dachte Jens Lüng: ,Ich habe ja auch einen Altar. Die Päpstlichen könnten mir mein Haus nehmen und zu einer Kapelle oder Wohnung einrichten. Oder die diebischen Rantumer, die selber keinen unbefleckten Altar in ihren Kirchen mehr haben, könnten den meinigen mir rauben wollen.'

Den Rantumern gönnte er nun am allerwenigsten seinen teuren Altar. Daher beschloß er, der Kirche zu Eidum, die nördlicher als die *,Westerseekirche'* lag und nur einen kleinen Marienaltar hatte, seinen eigenen zu schenken. In Zukunft wollte er dann am Gottesdienst in dieser, freilich von seiner Wohnung etwas entfernten, Kirche teilnehmen.*)

Seine Schenkung wurde vollzogen, und die Kirchen auf Sylt erhielten wieder christliche, bzw. päpstliche Prediger. Die *,Westerseekirche'*, die Eidumer, die Keitumer und die Morsumer bekamen jeweils zwei Priester. Außerdem soll, wie Hans Kielholt schreibt, für die untergegangene kleine Kirche auf List (oder vielleicht für die kleine dänische Kolonie dort) ein einzelner Prediger entsendet worden sein. Dasselbe gilt für die zweite kleinere *,Rantumkirche'*, die Kielholt *,die Ratburgskirche'* nannte. In den vielfach entweihten und beschmutzten Gotteshäusern mußten nun große Reinigungen und Veränderungen vorgenommen werden. Auf die Altäre stellte man die Bildnisse der Apostel, der Mutter Maria und irgendeines Heiligen oder Papstes. Außerdem wurden sie neu angestrichen oder gar vergoldet. Man machte sogar rohe Versuche, durch hölzerne oder vergoldete Bilder die dreieinige Gottheit selber darzustellen. Diese Figuren setzte man mitten unter die übrigen Statuen auf die Altäre. Dann wurden die

---

**) Hans Kielholt schreibt: *„dat de Pavest durch sine Vollmächtigen gewesen is by den Koninklich Maj. mit fründliker Beede, dat he dat geistlike Regiment över alle Kerken möchte in een rechte Ordninge bringen, und de Kerken inwien laten — welker Beede is dem Paveste georlauet."*

*) *„Eidum"* ist der alte Name von Westerland. Als Eidum um 1436 untergegangen war, bauten die übriggebliebenen Einwohner das heutige Westerland.

Altäre und Kirchen aufs neue geweiht und jetzt erst mit Namen versehen.[**)] Das neugierige und abergläubische Volk aber wurde aufgefordert, künftig nicht bloß Gott und Jesus, sondern auch die Mutter Maria, die Heiligen Apostel und andere Märtyrer, ja sogar deren Bildnisse anzubeten. Widrigenfalls drohte man mit Verbannung, Fegefeuer und höllischen Strafen.

Jens Lüng erfuhr wegen der einsamen Lage seines Hauses von all dem wenig. Gleichwohl war er gottesfürchtig und heilsbegierig wie eh und je und beschloß, am folgenden Sonntag dem neueingerichteten Gottesdienst in der ‚*Eidumkirche*' beizuwohnen. Auf seinem Gang dorthin mag er vielleicht auch gedacht haben, daß ihm wegen seines Altars große Freude und Ehre zuteil werden würde. Voller Sehnsucht nach Gott und der Teilnahme an einem würdigen Gottesdienst und voller Erwartung dessen, was er sehen und hören würde, trat er in die Kirche. — Allein, wie bitter wurde er getäuscht! Seinen Altar erkannte er nicht wieder. Der war nicht nur neu bemalt, sondern gänzlich verändert worden, hauptsächlich durch zwei rohe Figuren. Man hatte sie auf das Mittelstück des Altarblattes, Gott dem Vater und der Mutter Maria zur Seite gestellt. Die Figuren stellten zwei dänische Heilige dar, nämlich St. Jürgen und St. Niels.[*)]

Jens Lüng glaubte, mitsamt seinem Altar vor Ärger und Schande in der Erde versinken zu müssen. Als nun aber die betörte Menge vor diesen Bildern niederfiel und nach dem Beispiel und der Anweisung der Priester bald die Mutter Maria, bald St. Jürgen und bald den Heiligen Niels anflehte und dabei allerlei wunderliche Zeremonien den Priestern nachmachte, — da war das Maß des Entsetzens und der religiösen Entrüstung, welches den frommen, schlichten Greis ergriffen hatte, endgültig voll. Als schließlich der, mitten unter der knieenden, im blinden Götzendienst versunkenen Menge, allein stehengebliebene Jens aufgefordert wurde, ebenfalls vor den Heiligen und deren Bildern seine Knie zu beugen, da sprach er: ‚Lebend

---

**) Die Westerseekirche wurde „*St. Peter*", die Ratburgskirche „*St. Maria*", die Eidumkirche „*St. Nicolai*", die Keitumkirche „*St. Severin*" und die Morsumkirche „*St. Martin*" genannt.

*) Dieser Altar steht noch mit denselben rohen Figuren geschmückt oder verunstaltet in der jetzigen Kirche zu Westerland. Er wurde im Jahre 1856 noch einmal mit großen Kosten restauriert und zum Teil neu vergoldet.

nicht!' — Er zog sein Messer aus der Scheide, stieß es sich in die Brust und stürzte mitten in der Kirche nieder mit dem Ruf: *‚Lieber tot, als Sklave der Priester!'*[**)]

Jetzt entstand in unserer Gesellschaft ein tiefes, ernstes Schweigen, welches mehrere Minuten anhielt. In dieser Zeit rollten mir Tränen der Rührung über die Wangen in den offenstehenden Mund. Maiken brach das Schweigen zuerst, indem sie plötzlich ausrief: „Jens Lüng tat recht! Ich hätte es auch so getan!"

„*Jaman! Maiken*", entgegnete Mei Aanken. — „Ist das recht, sich selber das Leben zu nehmen, und gar in der Kirche?"
„Justement!", sprach Steven, — „Jens Lüng tat ohne Zweifel recht, denn es steht nichts von Selbstmord und gar in einer Kirche im Alten Landrecht. Was nicht verboten wurde, ist erlaubt, wie mein Großvater sagte. — Aber Mei Siemken, du sprichst wie ein Buch. Deine Worte klingen, als ob sie aus Wißbye stammten."[*)]

Mei Siemken, die gerne als eine Friesin und Sylterin gelten wollte, wurde durch diese spöttische Bemerkung Stevens an ihren dänischen Geburtsort Wisbye auf dem Festland im nördlichen Schleswig erinnert. Sie schmollte daher auf Steven und wollte an diesem Abend nichts mehr erzählen. Ich fragte unterdessen bald den einen, bald die andere, was denn aus Jens Lüngs Frau und seinen Kindern geworden sei, bis Inken Nessen sich erbarmte und Mei Siemkens Erzählung fortsetzte:[**)]

**) H. Kielholt schreibt: „*Wente — — — da is en olt Mann, de en Heide gewesen, darmank in de Kerke gestahn und to gesehen, de hefft sin egen Meste genahmen und sick sülvest de Kele utgesteken, darum dat he sick nicht mit dem nien Gloven wolde beladen.*"

*) Ein Witz von Steven. Er wollte sagen: „aus Witzdorf, Klugdorf". Merret Siemons kam als Kind nach Sylt, wurde hier erzogen und starb hier unverehelicht im Alter von 95 Jahren.

**) Inken Nessen hieß dem Westerländer Totenverzeichnis von 1831 zufolge eigentlich (nach ihrem früh verstorbenen Mann) Inken Nickels Knuten Fries und war im Jahre 1808 bereits Witwe.

„Ich habe oft gehört, daß in den Dünen südlich von Niebelum eine alte fromme Frau wohnte, die Merret hieß. Sie hatte zwei Kinder: eine Tochter namens Ellen und einen Sohn, der Jacob Lungsem oder Leiert genannt wurde. Aber ich habe nicht gewußt, daß sie die Frau des Jens Lüng war. Jetzt aber zweifle ich nicht daran. Es ist so schön, wenn man über die alten Geschichten unserer Vorfahren Licht und Gewißheit bekommt, und es freut mich, mein Söhnchen" — sie redete mich an — „daß du danach strebst und die alten Geschichten gerne hören magst. Vergiß sie nur nicht, wenn du groß wirst, sondern schreibe sie auf! Mit Rantum ist es bald vorbei. Der Sand und das Wasser kommen uns immer näher, und wenn wir Rantumer dann alle tot sind, so sind wir auch vergessen, wenn nicht du oder sonst jemand sich erinnert und aufschreibt, was wir getan, gesprochen und erlebt haben. Darum, mein Söhnchen, lerne du das Schreiben, was niemand von uns versteht, selbst nicht einmal Steven, wenn er auch eine Feder hinterm Ohr trägt. Du sollst unser Geschichtsschreiber sein! Hörst du?"

Steven fühlte sich gekränkt, räusperte sich und sprach: „Ich soll nicht schreiben können? — Doch ich habe Wichtigeres zu schreiben als Lügen und Sagen und Altweibergeschwätz. Mein seliger Großvater, nach dem ich benannt bin, der Landvogt Steven Taken, pflegte zu sagen: ‚Alle Bücher sollten verbrannt werden, bis auf das *‚Nordstrander Landrecht'*, und alles Bücher- und Chronikschreiben sollte verboten sein. Denn dergleichen verwirrt nur die Leute und macht, daß sie das Landrecht nicht mehr verstehen, achten und befolgen.' Der Junge wird ein Nichtsnutz werden, wenn er eure Weisheit lernt und diese mit all euren Dummheiten aufschreibt. Höre Junge, wenn du nicht das Landrecht studieren willst, so merke dir diese Regel: *‚Das ist der beste Mann, der gut schweigen kann.'*"

„Ha, ha, ha!", lachte Maiken und sprach: — „Ich füge hinzu: Steven ist ein schlechter Mann, weil er gar nicht schweigen kann."

„Ich für meine Person", entgegnete Steven, „habe das Landrecht gründlich gelernt, brauche vor niemand zu schweigen. Gleichwohl achte ich den

Grundsatz: *‚Vehl weten unde wenig sagen'*, welcher mit großen Buchstaben hoch oben in der *‚Keitumkirche'* steht, und ich will ihn jetzt befolgen."[*)]

Inge de Fries konnte nun ungestört erzählen und begann wieder: „Die fromme Witwe im *‚Wardüntal'* erzog ihre Kinder, wenngleich in Dürftigkeit, in Kummer und Sorgen, so doch zur Gottesfurcht und Treue, zur Arbeitsamkeit und Sparsamkeit. Sie betete jeden Morgen und Abend und lehrte ihre Kinder auch beten. Sie hatte eine Kuh und einige Schafe, spann und strickte Wolle, und sie machte Dachstricke aus Dünenhalmen, geradeso wie wir. Auch hielt sie ihre Kinder an zur Teilnahme an ihren Arbeiten und erzählte ihnen abends im Licht der Tranlampe von dem, was in alter Zeit Gott und was die Menschen getan hatten, so wie wir ja auch eigentlich nur von so etwas sprechen sollten, um weiser und besser zu werden. — Ja, Gott stärke uns!

Ihre Tochter wuchs denn auch an ihrer Seite auf wie ein junges Reis aus der Wurzel eines edlen Stammes und wurde immer mehr das Ebenbild der Mutter. Der Sohn aber war, wie es schien, ein wilder Zweig. Er war ein schläfriger, träger und entweder nichtstuender oder sich nach dem eigenen Kopfe beschäftigender Junge. Die Mutter konnte nichts Rechtes und Gutes mit ihm anfangen, ohne daß er sich ihr entweder widersetzte oder einfach einschlief.

Schickte sie ihn nach der Kuh oder nach den Schafen, so mußte sie nach einigen Stunden gewöhnlich selber ins Feld gehen, um ihn zu suchen. Sehr oft fand sie ihn dann am Strand oder an einer Pfütze, wo er sich aus kleinen Holzstücken Schiffe zurechtschnitzte und sie ins Wasser schob. Wollte sie ihn durch Ermahnungen, durch Belehrungen oder durch Erzählungen zum Guten leiten, so schlief er ein. Wollte sie ihn strafen, so widersetzte er sich ihr sogar. Sie hatte daher viel Kummer mit ihrem Sohn.

[*)] Im Quergang an der Haupteingangstür der Gemeinde in der Kirche zu Keitum stand mit erhabener Schrift ein Alt-Sylter Kernspruch: *„Ein Meister is: Vehl weten unde weinig sagen, nicht antworden up alle Fragen."*

Man nannte ihn auf ganz Hörnum seiner Trägheit wegen ‚Jacob Leiert' oder ‚Jacob Lungsem'. Niemand aber zweifelte, daß er ein Nichtsnutz werden würde. Er sprach selten und lachte niemals. Gewöhnlich trieb er sich müßig und allein in den Dünen oder am Strand umher. Oder aber er lag irgendwo und schlief, oder er gaffte gedankenlos den Himmel und das Meer an. So wuchs er heran, und mit seinen Kräften wuchsen auch seine üblen Eigenschaften. Selbst der damalige Prediger in Rantum, Herr Albert, dem die Witwe ihre Not mit dem Knaben klagte, vermochte nicht, ihn zu ändern. — Gott tröste alle Mütter, die solche Söhne haben!

Als Jacob größer wurde, stand er oft mitten in der Nacht auf, ging ohne Wissen und Willen der Mutter aus und kehrte erst gegen Morgen zurück. Keiner wußte, wo er war und was er machte. Nur wenn die Mutter bisweilen morgens ein Gericht frischer Butten oder Sandspieren oder aber einen toten Hasen oder Vogel in der Küche fand, oder wenn sie frischen Feuerungsvorrat auf dem Herd entdeckte, konnte sie schließen, wo Jacob in der Nacht gewesen war. Dann schlief er aber auch umso fester und länger am folgenden Tag.

Er spielte oft und gerne mit einer kleinen weißen Katze. Sie gehörte eigentlich nicht zum Haus seiner Mutter, sondern schlich von Rantum bisweilen am Tage, doch öfter in der Nacht, herüber nach ‚*Wardüntal*'. Sie begleitete ihn auf seinen nächtlichen Streifzügen, wie seine Schwester Ellen beobachten konnte.

Unterdessen war Jacob erwachsen und wie sein Vater groß und stark geworden. Aber er setzte seine nächtlichen Wanderungen fort, schien sie sogar auszudehnen, da er immer später zurückkehrte. Zuletzt blieb er ganz aus, ohne daß jemand wußte, wo er stecken mochte. Er setzte dadurch seine Mutter und Schwester in große Angst und Sorge, so daß letztere ihn überall auf der Insel zu suchen begann.

In dieser Zeit ließen sich, wie auch schon früher ab und zu, oft fremde Fischer, Strand- und Seeräuber an der Südspitze Hörnums und in der ‚*Renne*' am ‚*Buder*' blicken. Sie kamen jedoch selten in die Inseldörfer und hatten, soviel man wußte, bisher keinem Sylter etwas zuleide getan. Eines Tages nun, als Ellen nach ihrem Bruder suchte, wagte sie sich auch zur Südspitze der Insel, in der Hoffnung, ihn dort zu finden. Es war aber gerade ein schwedisches Seeräuberschiff am *'Buder'* angekommen, ohne daß die Jungfrau es wußte. Als nun die gottlosen Räuber das schöne Mädchen gewahrten, da wurden sie lüstern. Sie stiegen gleich ans Land und liefen dem armen, unschuldigen Geschöpf nach. Scheu wie ein gejagter Hase versuchte Ellen, sich erst unter einem Halmbüschel zu verbergen und rannte dann weiter zur Landspitze. In ihrer Angst sah sie sich um, ob ihr kein anderer Weg zu entrinnen übrig war, denn sie stand schon am äußersten Ende der Insel. Aber es gab keinen Ausweg mehr. Vor ihr lag das Meer, und hinter ihr waren die Räuber, die immer näher kamen und sie im nächsten Augenblick umringen würden. Da dachte sie ohne Zweifel an ihren Vater und sein Ende. Sie faßte sich schnell und befahl Gott ihre Seele. Dann stürzte sie sich in die See, wo sie vor den Augen ihrer geilen, erbarmungslosen Verfolger ertrank. Das war das traurige Ende der tugendhaften Ellen, die lieber tot als verführt oder die Sklavin der Räuber sein wollte.

Nach dem Verlust ihrer beiden Kinder glaubte die alte, einsame Witwe sich zu Tode weinen und hungern zu müssen. Sie war nämlich so alt und schwach geworden, daß sie nicht mehr arbeiten und kaum mehr aus- und eingehen konnte. Jedoch, als sie ihre Gedanken nach dem Unglück wieder etwas gesammelt hatte, setzte sie ihr Vertrauen — wie früher stets — auf Gott und begann wieder um seine Hilfe und seinen Segen zu beten. Sie hoffte, der liebe Gott werde ihr gute Menschen zusenden, die sich ihrer erbarmen und sie in ihren letzten Tagen versorgen würden. Aber Gottes Wege sind nicht unsere Wege: Was sie gehofft hatte, geschah nicht. Wohl aber fand sich die kleine weiße Katze, welche unterdes groß und dick geworden war, wieder in ihrem Hause ein. Sie schmeichelte ihr, strich um ihre Beine und wich nicht mehr von ihrer Seite, wie oft sie das Tier auch zu verscheuchen suchte. Nur wenn es Nacht wurde, die Alte zu Bett gegangen war und schlief, dann schlich die Katze fort. Im Dunkeln fing sie Vögel und Fische und trug diese der Witwe ins Haus. Bisweilen schleppte sie auch Eier herbei, die sie den Vögeln aus den Nestern raubte, und sie brachte ihr sogar

Hasen, die sie den Jägern aus den Schlingen genommen hatte. Auf solche Weise ernährte das kluge und mitleidige Tier die alte, fromme Witwe mehrere Jahre lang. Die Frau erkannte darin eine Fügung Gottes und dankte dem himmlischen Vater nun alle Tage für seine Gnade. Die Jäger und Fischer aber waren neidisch und erbittert auf die Katze. Sie lauerten ihr auf und fingen sie zuletzt in einer Schlinge. Da wollte die Alte endgültig verzagen; jedoch barmherzige Rantumer fanden sie eines Tages halb verhungert und verpflegten sie nun bis zu ihrem Tode."

Es entstand jetzt wieder eine Pause in der Unterhaltung, die von Mei Aanken zuerst unterbrochen wurde. —„*Aa wat en Gruul!*", begann sie. „Ich bin noch so entstellt über den Tod der armen Ellen, daß ich von dem, was später erzählt wurde, nichts gehört habe."

„Da hast du auch nichts verloren", entgegnete Maiken, „denn was Inken von der Katze erzählte, soll ganz anders verstanden werden. Inkens Geschichten, ihre ‚Kinder' gleichsam, kommen geschmückt und getauft zur Welt. Meine Erzählungen aber sind dagegen, wie der Pastor sagt, ‚wilde Naturkinder'. Doch sie sind wahr und unentstellt, geradeso wie man in alten Zeiten dachte und sprach.

… Die alte Maren Wullis… — Ihr wißt ja, daß sie etwas mehr konnte als Brotessen und daß sie vor ein paar Jahren hier draußen im Sumpf den Tod fand. Ich versichere euch, ich habe es selber gesehen, daß sie sich in einen Seehund verwandelt hatte und vor einem Schiff herschwamm, um es an den Strand zu locken! — Nun, diese glaubwürdige Frau erzählte mir ein paar Tage vor ihrem Tod, als wir bei dunkler Nacht miteinander von Westerland nach Rantum gingen, was ich euch über die Katze und von Jacob Leiert und anderen mitteilen will. Maren hatte es von meiner Großmutter Maren Taken, nach der ich benannt bin. Auch sie verstand die Kunst, Schiffe an den Strand zu locken. Ich habe die Pantoffeln, mit welchen meine Großmutter Stürme zu machen pflegte, von ihr geerbt und noch in meinem Besitz. Doch ich weiß nicht, wie sie zu gebrauchen sind. Meine Großmutter aber soll die Geschichte, die ich euch erzählen will, in einem alten Hexenbuch gelesen haben. Die berühmte Zauberin Anna Truels, die auf Nordstrand verbrannt wurde,*) hatte es geschrieben. Dieses Buch wurde meiner Großmutter von einer alten Bettlerin aus Duntsum auf Föhr geliehen. Wie früher so viele Föhringer Hexen, kam auch sie oft nach Sylt. Das ist bei den Raben wahr!**)"

Nach dieser Einleitung waren wir alle — vielleicht mit Ausnahme von Inge de Fries, welche jetzt zu schmollen schien, — begierig, Maiken Niß Takens Erzählung zu hören. Maiken begann: „Ich versichere euch, es war keine Katze, die nach Jacob Lungsem lief, mit der er spielte, und die nachher seine alte Mutter versorgte, sondern..."

In diesem Augenblick entstand ein Geräusch draußen unter den Fenstern der Stube, als ob wirklich eine Katze in großer Not wäre und in der Angst ihres Herzens erbärmlich miaute. Wir sahen alle sofort zum Fenster hinaus, aber gewahrten nichts als finstere Nacht und ein Licht, das mal stille stand und mal auf dem Stumpf umherschwankte.

„*Uu de Loghterman*!", schrien mehrere von uns. — „Nein", sprach Maiken, „wenn man von dem Teufel gesprochen hat, pflegt er nicht weit zu sein. Es ist Maren Wullis Geist, der keine Ruhe findet und als Gespenst wiederkehrt, vielleicht um zu bezeugen, was ich euch sagen wollte. Seht ihr nicht, wie das Licht gerade von der Stelle im Sumpf kommt, wo ihre Leiche vor drei Jahren gefunden wurde, und sich diesem Hause naht?"

Es entstand ein Augenblick peinlicher Erwartung und abergläubischer Angst unter uns, die selbst Steven nicht verbergen konnte. Das Rätsel löste sich jedoch bald. — Mein Vater trat nämlich plötzlich mit strenger Miene und einer flackernden Laterne in der Hand in die Stube hinein. Die erschrockene Katze des Hauses war schon vor ihm hereingeschlichen. Mein Vater erinnerte uns alle daran, daß es gegen zehn Uhr in der Nacht und

---

*) Sie soll um 1566 verbrannt worden sein.

**) *„Bie den Raawen!"* ist eine Beteuerung aus heidnischer Zeit, die noch immer bekannt und gebräuchlich ist auf Sylt. Es liegt übrigens ein Doppelsinn darin.

somit Bettzeit sei. Er befahl mir, ihm sofort ins heimatliche Westerland nach Hause zu folgen.

II.

Es war mir nicht möglich, eine Woche bis zum nächsten Sonnabend zu warten, bis mein Vater wieder zur Belehrung und Prüfung der Jugend nach Rantum gehen würde, um ihn dahin zu begleiten. Die Sehnsucht nach der versprochenen Erzählung Maikens trieb mich an, bereits am nächsten Nachmittag, also am Sonntag, auf eigene Faust nach Rantum zu gehen. Ich fand in der Hütte im Sumpf, welche zwischen Westerland und Rantum lag, wieder dieselbe Gesellschaft vor. Nur Steven Taken fehlte. Er pflegte sich nämlich an Sonntagabenden einen Rausch in Tinnum oder Westerland zu holen. Nachdem die drei frömmeren Hausbewohnerinnen ihren nachmittäglichen Gottesdienst beendet hatten, begann Maiken zum zweiten Mal ihre Erzählung:[*)]

„Die mitleidige Katze, von der uns gestern Abend erzählt wurde, war — meiner Seel'! — eine Hexe! Sie war ein schönes Mädchen aus Rantum, das schon jung die geheime Kunst gelernt hatte, sich in eine Katze oder ein anderes Tier zu verwandeln und den jungen Männern etwas anzutun. Sie spielte als Katze mit dem Knaben, dem langsamen Jacob, aber weckte als Jungfrau — *sa'n Donner!* — das Feuer in dem Jüngling. Am Tag nur spielte sie die Rolle der Katze, in der Nacht war sie schon früh die Braut Jacobs, die ihn stets auf seinen nächtlichen Wanderungen am Strand und in den Dünen begleitete, selbst wenn er Vögel und Fische fing oder Strandgut sammelte. Aber sie warnte ihn auch vor Gefahren und beschützte ihn.

Es gab aber damals viele Hexen und *‚Tröler'* auf Sylt und besonders in den Dünen, so daß die beiden Verliebten, Jacob und seine Braut Kressen, nicht lange ihre nächtlichen Zusammenkünfte und Wanderungen unbe-

---

*) Maiken wohnte, ebenso wie Steven, im Hauptdorf Rantum, kam aber des Abends oft mit den übrigen drei Weibern zusammen. Sie gebrauchte beim Erzählen selten Flüche und Flickwörter wie viele andere Rantumer, sagte aber statt *„de"* immer *„da"*.

merkt und ungestört fortsetzen konnten.*) Als ihr Geheimnis nun bei den übrigen Hexen viel Geschwätz und Neid erregt hatte, konnte sich Kressen vor deren Gespött und Gekicher kaum mehr sehen lassen. Jacob machte daher von jetzt an manche nächtliche Tour alleine, ohne die schüchtern gewordene, vielgescholtene Braut mitnehmen zu können. Aber er entbehrte nun auch den Schutz der liebenden und warnenden Fee, die ihn begleitet hatte. Daher hatte er jetzt manche Anfechtung, manche Versuchung, aber auch manche Neckerei und Verfolgung von anderen verliebten Mädchen oder neidischen und boshaften Hexen zu erdulden, wobei er nicht immer gut davonkam.

Einst hatte er sich verspätet, wie es so oft auf seinen nächtlichen Streifereien geschah. Er war gegen Morgen am Fuß einer Düne auf Hörnum eingeschlafen, oder er lag in Gedanken und Träumereien versunken, als eine neckische und schadenfrohe Hexe zu ihm trat und ihm lachend zurief: ‚Jacob, Jacob, lauf' nicht so!' — Jacob schlug die Augen auf und antwortete: ‚Ich laufe ja nicht.' — ‚Ich sah dich eben laufen',— erwiderte die Hexe. — ‚Wenn es denn nicht jetzt geschieht, so wird's gleich losgehen.' — ‚Warum?', — sprach Jacob. — ‚Ich laufe niemals; ich mag nicht laufen.' — ‚Auch nicht, wenn Kressen weint oder einen anderen Freier hat?', — fragte die Versucherin. — ‚Was geht's dich an? Ich laufe doch nicht', — war die Antwort. — ‚Auch nicht, wenn die Likendehler oder die Wagemänner kämen, und Jacob fangen wollten?', — sprach die Hexe. — ‚Nein, ich fliehe vor niemand!', — entgegnete Jacob. — ‚Aber Jacob fürchtet sich doch vor dem Teufel, wenn er ihn in sich hat, und läuft vor sich selber?', — fragte die Feindin. — ‚Ich fürchte keinen Teufel und will nicht laufen', — antwortete Jacob. — ‚Jacob kann nicht laufen!', — sprach jetzt die listige Nachschwärmerin, ergriff seinen Stock und Hut und rannte damit schnell den Berg hinauf. Jacob war jetzt an seiner schwachen Seite berührt. Er besann

---

*) Ohne den Glauben an die Mächte der Finsternis predigen oder erneuen zu wollen, muß ich dennoch mitteilen, was und wie die Alten, die unter dem Einfluß des Aberglaubens standen, von Hexen dachten und erzählten. In der Macht und Wirkung des Aberglaubens auf die Gemüter der Vorfahren liegt für den Geschichtsschreiber noch ein reiches Gebiet der Forschung, ein Schlüssel vieler Erscheinungen!

sich keinen Augenblick, lief dem lachenden Mädchen nach, den Berg hinauf, den Berg hinunter, und so noch viele Berge auf und ab.

Die unheilige Hexe lief oder flog immer weiter, und der einmal erhitzte Jüngling stürzte ihr blindlings nach, wohin sie eilte. — ‚Willst du mich küssen?', — rief endlich das tolle Mädchen, — ‚Weil du mir so lange nachläufst.' — ‚Ich will dich schlagen, du Teufelsweib!', — stöhnte der atemlose Jüngling. — ‚Ha, Ha, Ha!', — lachte die Hexe. — ‚Ich habe ja deinen Stock.' — ‚Gib mir meinen Stock und Hut, du Diebin!', — schalt Jacob. — ‚Da hole sie, du heldenmütiger Mann!', — spottete die Unholdin und warf Hut und Stock weit hinaus in die Bucht am *‚Buder'*, wo sie schnell vom Strom erfaßt wurden und aufs Meer hinaustrieben. Jacob stampfte mit den Füßen und schäumte vor Wut, aber er schwamm nicht seinen verlorenen Gütern nach. — ‚Pfui! Jacob fürchtet sich vor dem Wasser, er darf nicht zur See fahren, er muß zu Hause bleiben bei seiner Mutter und seiner Katze! Jacob hat keinen Hut und Stock mehr! Ha, Ha, Ha! Er muß nun ein Weibertuch um den Kopf binden, und mit einer Schürze um den Leib sich waffnen. — Ha, Ha, Ha! — Hör', liebe Schwester Jacob, ich will dir einen Besen schenken. Dann reiten wir zusammen zum nächtlichen Tanz auf dem *‚Buder'* und zum Blocksberg. — Ha, Ha, Ha!' — So spottete die Hexe auf ihrem Rückflug nach Norden noch lange über den armen, tief gedemütigten, aber zugleich tief erregten, in seinem innersten Wesen verwandelten Jacob. Es kam ihm vor, als ob die Luft und alle Hügel ringsum wiederhallten von dem Hohnlachen, von dem schändlichen ‚Ha, Ha, Ha!' der teuflischen Zauberin.

Zurückkehren zu seiner Mutter und Schwester und seiner geliebten Braut ohne Hut und Stock, nachdem er diese auf so schmähliche Weise verloren hatte, zum Gespött werden für ganz Sylt — nein, das konnte er nicht! Er mußte fort von der Heimat, das fühlte er, nur das ‚Wie?' war ihm noch nicht klar. — Der Tag graute unterdes, und als es heller Morgen wurde, segelte ein Helgoländer Fischerboot durch das *‚Hörnumgatt'* in die Bucht hinein, wo Jacob trostlos stand. Nachdem das Schiff Anker geworfen hatte, rief der Schiffer dem langen Jacob zu: ‚Hör' Freund, ich habe draußen beim Fischen zwei meiner Gehilfen verloren. Du scheinst mir tüchtige Glieder zu haben, könntest wohl für zwei arbeiten. Hast du Lust, einen guten Schilling zu verdienen, so will ich dich mit meiner Jolle abholen. Wenn nicht, wirst du mir auf deiner Insel vielleicht einen anderen tüchtigen Kerl verschaffen können?' — ‚Holt mich nur ab, ich will mit Euch fahren', — antwortete Jacob freudig.

Nach fünf Minuten war er bereits am Bord. Als die Ebbe wieder eintrat, lichtete der Schiffer die Anker und segelte wieder ab. Jacob war nun Matrose und Heringsfischer und ein tüchtiger Gehilfe seines Kapitäns, der wohl mit ihm zufrieden war und ihn reichlich belohnte.

Anscheinend wurde es erst einige Jahre später auf Sylt allgemein bekannt, daß in der Gegend von Helgoland so viele Heringe gefangen wurden. Danach erst scheinen die Sylter an dieser Art der Fischerei teilgenommen zu haben. Wie wunderten sich aber alle, als sie ihren Landsmann Jacob Leiert schon vor ihnen auf Helgoland angekommen und mit dem für die Sylter später so wichtig gewordenen Heringsfang bereits beschäftigt fanden![*)] Jacob Leiert war daher der erste Sylter Heringsfischer. Man sagte deshalb später oft von ihm: *‚Einmal in seinem Leben ist Jacob Lungsem stark gelaufen und ist alsdann vor alle seine Landsleute gekommen.'* Man sagt aber auch noch oft von einem trägen Menschen: *‚Jacob hat ihn ereilt!'*

Ehe es aber dahin kam, daß seine Landsleute ihm in diesem neuen Erwerbszweig nachfolgten, war seine Schwester, wie Inken erzählte, bereits gestorben. Seine Braut war, um dem Gespött der bösen Leute zu entgehen, in Gestalt der Katze zu seiner Mutter gezogen. Sie hatte als treue, liebende Schwiegertochter für sie gesorgt, sie ernährt und gepflegt. Freilich in Katzengestalt stets am Tage; wenn aber die Alte schlief, als emsige und sparsame Haushälterin in Gestalt einer schönen, blühenden Jungfrau. Ich weiß wohl, daß die alten Rantumer Sagen immer nur von einer Katze sprechen, welche die letzte Bewohnerin der alten Dörfer südlich von

---

[*)] In der Folge nahmen die Sylter sogar einen Hering als Wappen in ihrem Landessiegel auf, welches ihn heute noch zeigt. Der Heringfang der Sylter und anderer Insulaner bei Helgoland begann erst nach 1425.

Rantum ernährt habe. Aber das alte Hexenbuch von Anna Truels auf Nordstrand soll all das und noch viele andere Dinge so erklärt haben, wie ich es euch erzähle. Das ist bei den Raben wahr!"

„Ich muß mir indes erst eine Prise nehmen", (Maiken schnupfte stark), „zur Stärkung meines Gedächtnisses, denn jetzt kommt gerade etwas Schwieriges in meiner Erzählung vor. — Es war im Jahre... — Nein, es hat nichts geholfen. — Es war im Jahre… — Nein, es geht nicht! Mein Gedächtnis ist so, wie es das von Hans Kielholt war. Der konnte sich auch nur an alte Sagen und Geschichten erinnern und wußte allenfalls den Tag und das Datum, an welchem sie passiert waren, aber nie die Jahreszahl.

Also… in einem Jahr, gerade in der Nacht vor Allerheiligen, zu dessen Feier sich damals alle heiligen und scheinheiligen Eidumer und Rantumer wie alle übrigen Katholiken freuten und rüsteten, geschah es nun, daß ein entsetzlicher Sturm und eine so hohe Flut kamen, wie sie seit Menschendenken nicht gewesen waren. Alle Deiche brachen, das Wasser drang in fast alle Häuser ein und zerstörte die meisten Wohnungen in ganz Rantum und Eidum. Viele Hundert Menschen ertranken, besonders Weiber, Kinder und alte Leute.

Die Dünen waren, wie die Alten sagten, *‚ins Laufen gekommen'* und stoben über alle Wiesen und Weiden zwischen Rantum und Tinnum. Nachher hatte man große Mühe, das fruchtbare Land wieder vom Sand zu reinigen. Man schaufelte ihn später zu großen Haufen und Wällen auf, welche man noch jetzt die *‚Sönddikker'* nennt. Die schöne, große Kirche von Alt-Rantum, die *‚Westerseekirche'*, ging wie die meisten Häuser des Dorfes in dieser Überschwemmung zugrunde. Nur die südlichsten und östlichsten Teile des Ortes samt der kleinen *‚Marien'*- oder *‚Ratburgskirche'* blieben stehen. Von Eidum blieben nur übrig: die Kirche und die nordöstlichsten Häuser dieses Kirchspiels sowie die heutigen Enden von Westerland.*) So ging alle Herrlichkeit Rantums zum Blexum!"

---

*) Aller Wahrscheinlichkeit nach geschah diese furchtbare Überschwemmung im Jahre 1436. Die *„Westerseekirche"* wird später nicht mehr erwähnt. Auch der Name des

„Als das Unglück geschehen war, wurde ohne Zweifel aus der Allerheiligenverehrung an jenem Tag nichts. Jens Lüngs schroffer eigenmächtiger Tod hatte aber — wie mir scheint — dadurch, daß der liebe Gott die Überschwemmung kommen und die Heiligenverehrung hindern ließ, vom Himmel selber eine Rechtfertigung erhalten."

Diese Bemerkung machte Mei Siemken, die keinen Flecken an ihrem Liebling Jens Lüng und dessen Ehre dulden mochte. — „Das glaub ich nicht", sprach Maiken und setzte nun ihre Erzählung fort: „Als die von der Allerheiligenflut übriggebliebenen Rantumer sich etwas erholt hatten, sprachen sie natürlich auch davon, woher das Unglück gekommen sei und wer wohl den schrecklichen Sturm veranlaßt habe. Sie blickten rings um sich auf die Wasserwüste, auf die Häuser- und Kirchentrümmer, und sie schauten nach den fliegenden Wolken und Vögeln. Aber nirgends konnten sie dort ein Zeichen entdecken, woran sie zu erkennen vermochten, woher der Sturm und das Unglück entstanden waren. Es war vor der Sturmflut auch kein Komet oder Nordlicht gesehen worden. Während sie so standen und sich bedachten und besprachen über die Ursache ihrer schrecklichen Erlebnisse, klang aus der Ferne ein Hohnlachen an ihre Ohren wie von einer großen Raubmöwe. Sie sahen sich bestürzt noch einmal um und gewahrten auf dem hohen Wall der alten *‚Rantumburg'* einen großen schwarzen Hahn oder anderen Vogel, der mit den Flügeln weit um sich schlug, aber doch nicht wegflog. Er krähte ab und zu ganz entsetzlich und lachte dann wieder laut.

Jetzt gingen ihnen die Augen auf, wer ihnen das Unglück bereitet hatte. Die Klügsten unter ihnen erinnerten sich des Streites, den der erzkatholi-

---

Kirchspiels Eidum verschwand damals, und erst 1450 tritt stattdessen der Name Westerland auf. H. Kielholt schrieb kurz vor 1440: *„Wente de schöne Kerke, de min seel Vader hadde (sein Vater war, wie er in der Überschrift seiner Antiquitäten bemerkte, Prediger an der Westerseekirche gewesen) steidt nu daglick 2 Faden deep mit Water up den Mühren."* — Ferner nennt er, als durch das Salzwasser untergegangene oder verdorbene Ackerfelder dieser Gegend: *Boldernick, Fogerfeld, Klocke-Wunge, Eydem Kley, Rosenfelde, Schönefeldt* und *Weetackern.*

sche Priester zu *,St. Marien'*, der ein arger Störenfried, ein wahrer *,Nekkepenn'* war, stets mit dem Herrn Albert (dem Vater des Hans Kielholt) geführt hatte. Albert war Prediger an der großen Seekirche gewesen, die jetzt untergegangen war. Weil er keine Zuhörer hatte, hegte der Priester Neid gegen den allgemein geachteten und geliebten Herrn Albert. Alle Rantumer waren sich schnell darin einig, daß der schreckliche, hohnlachende schwarze Vogel auf der Ratsburg niemand anders als der schadenfrohe Priester und daß er der Urheber ihres erlebten Unglücks sei. Er wurde auch schon lange verdächtigt, daß er Hexen- und Teufelskünste nicht bloß verstand, sondern sie auch im Großen betrieb.

Die Rantumer und Eidumer mußten nun ihre geringen, noch verbliebenen Güter einsammeln, um sie zur Abwendung noch größeren Unheils zu verwenden. Ihr Vieh war nämlich fast ohne Ausnahme ertrunken und ihre Vorräte und Geräte mitsamt ihren Wohnungen entweder verschwunden oder unbrauchbar geworden. Der kalte Winter stand vor der Tür, und es fehlte ihnen fast an allem, um sich gegen seine Schrecknisse zu wehren. Es ging ihnen ungefähr wie den Schweinen am Trog. So lange sie Überfluß hatten, beneideten, schalten und bissen sie einander. Als der Trog aber leer war, schlossen sie Frieden. Sie setzten jedoch am meisten Hoffnung auf die baldige glückliche Rückkehr ihrer Söhne und Brüder, die seit dem Frühjahr mit dem Heringsfang bei Helgoland beschäftigt waren. Durch ihre im Sommer gefangenen Fische oder ihren Lohn hofften sie, wenigstens vor dem Hungertod bewahrt zu werden. Ehe die Fischer aber zurückkehrten, kamen zur Vollendung des Unglücks die schlimmsten der damaligen Gäste bei Hörnum an, nämlich die Likendehler, lauter schwedische und andere Seeräuber.

Der Sturm hatte ihre Schiffe stark beschädigt und sie genötigt, die *,Reede'* am *,Buder'* aufzusuchen. Einige ihrer Schiffe waren glücklich binnen gekommen, andere aber waren bei Hörnum und Amrum auf den Strand geraten und in Stücke geschlagen. Manche der Seeräuber waren bei der Strandung ertrunken, viele aber am Leben geblieben. Die meisten stürmten am folgenden Tag hungrig und nach Raub und Mord gierend, von Hörnum nach Rantum herauf. Was die Wellen verschont hatten, das wurde nun im unglücklichen Rantum eine Beute dieser gottlosen Räuber, und nicht viel besser sollen sie in Eidum und Tinnum gehaust haben. In Rantum suchten sie sogar unter den Trümmern der *‚Westerseekirche'* das Blei des Daches und die Glocken des Turmes hervor, und schleppten selbst diese schweren Dinge auf ihre Schiffe.[*)] Als sie auf ihrem Rückzug zum *‚Buder'* das einsame, wie durch ein Wunder von der Überschwemmung verschonte Haus im *‚Wardüntal'* entdeckten, raubten sie, da sie nichts Besseres dort fanden, die schöne weiße Katze daraus. Sie taten sie in einen Sack und schleppten sie, wie sehr die alte blinde Merret auch flehte und wie jämmerlich die Katze auch miaute und sich gebärdete, ebenfalls mit sich fort zum *‚Buder'*.

Unterdessen hatten sich die Räuber mit ihrer Beute überladen und deshalb sehr verspätet auf ihrem Rückweg. Es war dunkle Nacht geworden, ehe sie den Ankerplatz am *‚Buder'* erreichten. — Als sie aber dort ankamen, fanden sie zu ihrem Schrecken eine große Menge Fischerboote, teils in der Bucht ankernd, teils in die innere Rinne hineinsegelnd. Ihre eigenen Schiffe und die Ufer ringsum aber waren mit Menschen besetzt. Es waren die Sylter Fischer, die gerade aus der Ferne in die Heimat zurückgekehrt waren. In der Dunkelheit der Nacht konnten die Räuber jedoch nicht sofort erkennen, ob die Neuangekommenen Freunde oder Feinde waren. Sie riefen ihnen daher das Losungswort der Likendehle entgegen: *Gottes Freund, aller Welt Feind!*[*)] — Die Neuangekommenen antworteten anfänglich nicht, bis die Mehrzahl gelandet war und sie sich stark genug fühlten, dem Gesindel,

---

[*)] H. Kielholt schreibt über diese Beraubung der Trümmer der Westerseekirche: *„De Buren seggen, dat de fremden Schiplüde hebben dat Dack, alse dat Bly und 3 schöne Klocken davon afgenahmen."*

[*)] Nachdem die Vitaliner oder Likendehler besonders durch die Hamburger schon oft besiegt und die Gefangenen jedesmal auf dem Grasbrook bei Hamburg enthauptet worden waren, glaubte man sie ausgerottet zu haben. Aber sie tauchten immer wieder auf. Um 1417 fing und köpfte man in Westfriesland 150 von ihnen und meinte, alle wären nun tot; allein 1433 wurden noch 40 weitere in Hamburg hingerichtet. — Nicht zu gedenken der vielen, die mit Claes Störtebeck um 1402 auf dem Grasbrook geköpft wurden. — Die 1488 in Hamburg Hingerichteten sollen Hörnumer gewesen sein, 74 an der Zahl. Sie waren beschuldigt, ein Faß mit Nägeln gestohlen zu haben.

dessen Schiffe sie sogleich als die der berüchtigten Likendehler oder Vitaliner erkannt hatten, entgegenzutreten. Dann riefen die vom Heringsfang zurückgekehrten Sylter den Seeräubern das Losungswort der seefahrenden und fischenden Inselfriesen zu: *,Wo ein Aas ist, da sammeln sich die Adler!'*

Nun wußten beide Parteien, woran sie waren. Die Likendehler erkannten aber auch, daß sie in der Minderzahl und im Nachteil waren. Sie wagten daher kein Gefecht mit den zahlreich gelandeten Syltern. Schnell versenkten sie die schwersten ihrer geraubten Güter im Meer und ließen einen anderen Teil in einer Dünenschlucht zurück. Daraufhin traten sie mit den wertvollsten Schätzen eilig den Rückzug an, der sie nach Norden entlang den Hörnumer Dünen führte. Die Sylter folgten ihnen, sobald sie ihre eigenen und die feindlichen Schiffe gehörig vertaut und mit Wachen versehen hatten. — Der Letzte der zurückgekehrten Sylter, welcher mit vielem Geld ans Land stieg, war Jacob Leiert. Er konnte wegen seiner vielen Münzen und seiner langsamen Natur den übrigen nicht folgen. Als er nun in der ihm wohlbekannten Gegend sich den Weg durch eine Dünenschlucht etwas abkürzen wollte, fand er dort mehrere zurückgelassene Güter der Räuber, unter anderen auch einen Sack, aus welchem leise wimmernde Töne hervordrangen, wie von einem weinenden Kind.

Jacob öffnete den Sack — und siehe! — heraus kam seine geliebte, noch immer so blühend schöne Braut von damals. Er küßte und umarmte sie in herzlicher Liebe, und auch Kressen erwiderte seine Liebe mit Innigkeit, denn sie war ihm unter vielen Anfechtungen stets treu geblieben. — Sie erzählte ihm nun, was mit ihr und seiner Mutter und mit Alt-Rantum und Eidum während seiner Abwesenheit vorgefallen war. Auch er teilte ihr seine eigenen Erlebnisse mit, und berichtete, daß er auf ehrliche Weise viel Geld verdient hatte, das er jetzt heimbrachte, um ihr Glück damit zu begründen und der alten, frommen Mutter die letzten Tage ihres Lebens angenehm zu machen. Beide freuten sich herzlich ihres Wiedersehens und des künftigen Glücks. Kressen half ihm nun, seine schweren Geldsäcke zu tragen. Sie versprach ihm, sich nie wieder in eine Katze zu verwandeln oder die

Hexenkünste der Alten anzuwenden. Nun gingen sie Arm in Arm der Mutter und ihrer Heimat im *,Wardüntal'* entgegen.

Die übrigen Sylter Heringsfischer waren unterdes weit vorausgeeilt. Teils mochte die Sehnsucht und die Sorge um ihre lieben Angehörigen, teils der Eifer bei der Verfolgung der Seeräuber sie dabei zu ungewöhnlicher Eile anspornen. Sie mußten jedoch mit Vor- und Umsicht voranschreiten und sich in den unwegsamen Dünen verteilen, um nicht in der Finsternis und in der wilden, hügeligen Gegend von ihren Feinden hinterrücks angefallen zu werden. Auch mußten sie verhindern, daß die Seeräuber zu ihren Schiffen am *,Buder'* entkommen konnten. Einige Male hatten sie deren Spuren bereits verloren und waren im Begriff, wieder umzukehren, um notfalls die Schiffe zu verteidigen. Dann kamen ihnen aber ihre gut abgerichteten Schiffshunde sehr zustatten, welche die Fährte aufnahmen und den Fischern entweder vorauseilten oder sie umkreisten.

Der Zug der Sylter war bereits am *,Puanklint'*[*)] angekommen. Sie waren jetzt unschlüssig, ob sie weitergehen oder umkehren sollten, da sie keine Fußspuren mehr im Sand ringsum fanden. Man stand daher einen Augenblick still, beratschlagte sich und lauschte, ob nicht irgendein Geräusch die Richtung und Entfernung der Feinde verraten würde. Es war jedoch kein Laut zu vernehmen, außer dem monotonen Getöse der Wellen, die an an den Strand rollten. Plötzlich rannten unter schrecklichem Geheul die vorausgeeilten Hunde von einer hohen Düne herab, und mischten sich mit unverkennbarer Angst unter die Leute.

Die mutigsten Sylter begannen sofort, den Gipfel des Berges zu ersteigen, welchen die Hunde soeben verlassen hatten, um die Ursache ihres Schreckens zu entdecken. Aber sie fanden nichts, was ihnen Aufklärung zu geben vermochte. Die Sinne der Hunde mußten jedoch viel schärfer als die ihren sein, denn bei jedem Halt, welchen die Gesellschaft machte, stimmten die Hunde wieder ihr Klagelied an. Endlich, nachdem die Sylter mehrere Hügel

---

[*)] *„Puanklint"* ist wie der *„Buder"* und *„Großvlie"* eine ins östliche Haff hervorragende Dünenecke. Sie liegt zwischen diesen beiden auf Hörnum.

überstiegen hatten, gewahrten sie, was ihre Hunde längst gewittert hatten: Im nordwestlichen Winkel des *‚Wardüntales'* bewegte sich ein Licht, umgeben von einer Menge düsterer Gestalten, dem einsamen Haus der Witwe Merret Lüng entgegen. Einen Augenblick verschwand das Licht hinter dem Haus, dann flackerte es einige Male hell auf und schien daraufhin erlöschen zu wollen. Plötzlich aber breitete es sich über eine große Fläche aus, und in weniger als zwei Minuten stand das ganze Strohdach des Hauses in lichten Flammen. Die düsteren Gestalten zogen sich dann von ihrem teuflischen Werk zurück und entwichen schnell im Schatten einer Düne weiter nach Norden.

Erfüllt vom Verlangen, der armen, alten blinden Witwe zu helfen und sie vor dem schrecklichen Feuertod zu retten, eilten jetzt alle Fischer zum brennenden Haus. Die Schnellsten kamen gerade noch früh genug bei der Brandstätte an, um unter Lebensgefahr die fromme Merret, die von diesem Augenblick an bis zu ihrem Tode bei allen Rantumern eine seltene Liebe und Verehrung genoß, aus der Feuersnot zu retten. Die ältesten Fischer blieben bei der Witwe zurück. Sie trugen sie, als aus ihrer Wohnung nichts mehr zu retten übrig war, zu den verbliebenen Hütten Rantums. Die Jüngeren aber verdoppelten ihre Schritte, um in der Verfolgung der Mordbrenner, der teuflischen Likendehler, das, was sie durch den Brand versäumt hatten, nachzuholen.

Es war übrigens eine Kriegslist der Likendehler gewesen, daß sie das Haus der Witwe in Brand steckten, um einen tüchtigen Vorsprung vor ihren Verfolgern zu gewinnen. Sie hatten berechnet, daß die Löschung des Feuers die Sylter eine Zeitlang aufhalten und beschäftigen würde, und so geschah es auch. Die Sylter Fischer hatten noch nicht einmal das *‚Großvlie'* überschritten, als die Likendehler bereits bei den Ruinen der alten *‚Ratsburg'* angelangt waren.

Als sie sich der Burg näherten, gewahrten sie auf ihrem Wall eine große, schwarze Menschengestalt, die nicht vor ihnen weichen wollte. Zu ihrer großen Verwunderung rief sie ihnen mit einer seltsamen krächzenden Stimme ihr eigenes Losungswort zu. — ‚Wer bist du? Wie heißt du?', fragten die Schweden. — ‚Ich bin, wie ich sagte, «*Gottes Freund und der Welt Feind.*» Wie ich heiße, ist einerlei', antwortete der schwarze Mann, und fügte hinzu: ‚Ihr werdet verfolgt und seid müde, wie mir scheint. Wollt ihr ein Versteck für euch oder eure Schätze oder für beide, so kann ich euch raten und helfen. Kommt nur zu mir herauf! Es ist höchste Zeit, daß ihr euch verbergt, ehe eure Verfolger kommen und euch erschlagen.'

Noch zögerten die Räuber, schienen dem freundlichen, aber dennoch so rätselhaften und unheimlichen Mann nicht recht zu trauen. — ‚Du gehörst nicht zu den Syltern, das merken wir an deiner Sprache. Aber warum bist du ihnen feind?', sprach einer der Likendehler. — ‚Still!', — rief der Schwarze. — ‚Eure und meine Feinde nahen sich. Kommt schnell herauf, und verbergt euch.'

Die Seeräuber zögerten immer noch. Einer trat jedoch vor und fragte: ‚Warum antwortest du nicht redlich auf unsere Fragen?' — Der Schwarze kam jetzt auch einen Schritt näher und sprach mit einer so leisen Stimme wie ihm möglich war: — ‚Ich habe den Rantumern lange genug gepfiffen, aber sie wollten nicht tanzen nach meiner Pfeife. Jetzt sollen sie büßen! Kommt schnell herauf, sonst ist's zu spät!' — Und wirklich, es war höchste Zeit, daß die Likendehler sich verbargen. Die Sylter Heringsfischer kamen schon mit großem Lärm um das *‚Kleinvlie'* herum und würden in zehn Minuten bei der *‚Ratsburg'* sein.

Der Schwarze räumte jetzt einen riesigen und mehrere kleine Steine fort. So öffnete er unter dem Gemäuer den Eingang zu einem großen, gemauerten Keller. Er hatte einst den Limbeckern, als diese auf Sylt und Föhr übel hausten und das friesische Volk zu unterdrücken strebten, bei deren Versammlungen als Ratsstube gedient. Daher hatte die sonst unbedeutende Burg den Namen *‚Ratsburg'* erhalten.[*)] Die Likendehler schlüpften rasch mit ihren Schätzen in diese geheime Höhlung des Burgwalls hinein. Der

---

*) Claes Limbeck und sein Anhang (wahrscheinlich Friesen) besaßen in den Uthlanden um 1370—74 eine Menge Burgen: zwei auf Föhr, eine auf Amrum und vier auf Sylt. Die *„Ratsburg"* auf Hörnum lag in der Mitte und diente zu Versammlungen.

Schwarze legte die Steine wieder auf die Öffnung und blieb dann auf dem Wall stehen, um die Ankunft der Sylter zu erwarten.

Die Fischer stürmten unterdes mit großem Hallo herbei, ihre Hunde voran. Als sie sich der *'Ratsburg'* soweit genähert hatten, daß sie die schwarze Gestalt auf dem Wall gewahrten, rief sie ihnen mit bekannter, krächzender Stimme einige lateinische Worte zu, die ich euch nicht wiederholen kann. Die Rantumer hatten sie aber oft in ihren Kirchen gehört, jedoch nie verstanden. Es entstand sofort ein Gemurmel unter den Männern. Sie erkannten in der schwarzen Gestalt den Priester Georg Einerlei zu *'St. Marien'* in Rantum.

Mit allerlei scherzhaften und gehässigen, aber nur halblaut ausgesprochenen Bemerkungen witzelten sie über den Charakter dieses Mannes: — 'Das ist der heilige Mann zu *«St. Marien»*, der alle Sonntage in die leeren Stühle der Ratburgskirche hineinruft: *«Du Mius* (Katze), *wo bist Du?»*[*]; der immer schilt auf den Herrn Albert, den Prediger zu *'St. Peter'*, weil der verheiratet ist, gegen des Papstes Verbot, und der einen Sohn hat, den er studieren läßt. Das ist derselbe Herr Georg, dem es sonst einerlei ist, ob die Menschen Recht oder Unrecht, Gutes oder Böses tun, wenn sie ihm nur Opfer bringen und nachts mit ihm spielen und trinken wollen.' — So urteilte einer über ihn. Ein anderer sprach: — 'Das ist der falsche, habsüchtige Herr Gorrig, er sollte Herr Gierig heißen.' — Ein Dritter witzelte über seinen Spottnamen *'Ecke Nekkepenn'* und meinte, das bezeichnete seinen Charakter.

Der Priester selbst schien das Mißtrauen und den Widerwillen zu bemerken, welche die Sylter Fischer gegen ihn hegten, und den sie nicht verbergen konnten. Er rief ihnen daher wiederholt mit großer Verstellung zu: — 'Seid willkommen zuhause! — *Wo ein Aas ist, da sammeln sich die Adler!* Seid herzlich willkommen, meine Freunde!' — 'Wir danken, Herr

[*] Eine friesische Verdrehung der kirchlichen Begrüßungsworte: *„Dominus vobiscum!"* („Der Herr sei mit Euch!") aus katholischer Zeit. Was das Volk nicht verstand, darüber witzelte es.

Pastor!', — antworteten die gutmütigen, gegen List und Betrug gewöhnlich schlecht gewappneten Sylter. ‚Wo sind die Likendehler, habt Ihr die nicht gesehen?'

‚Ach ja', sprach der heuchlerische Pfaffe. — ‚Ich, euer Seelsorger, war euch bis hierher entgegengegangen, um euch bei eurer Rückkehr in die Heimat mit einem großen Unglück, welches uns getroffen hat, bekanntzumachen. Ich stand hier auf der Burg und sah von Süden einen Trupp Menschen sich nähern. Also glaubte ich, daß ihr es sein würdet, da die Dunkelheit mich hinderte, zu unterscheiden, ob es Freunde oder Feinde wären. Ich rief ihnen also, wie euch, mein Willkommen und meinen Segen zu und freilich auch eure Losungsworte: «*Wo ein Aas ist, da sammeln sich die Adler!*» Kaum aber hatte ich diese Worte ausgesprochen, da wurde ein Pfeil auf mich abgeschossen, der mein Kleid berührte und dem eine Menge Steine folgten. So mußte ich fliehen und mich verbergen. Ich rief die Heilige Mutter um Schutz und Hilfe an, und ich habe es ganz gewiß ihr und der Finsternis zu verdanken, daß ich noch lebe und mein Leben, welches ich beinahe in meiner Sorge und in meinem Diensteifer für euch verloren hätte, auch künftig eurem Wohl und eurem Seelenheil weihen kann!

Die gottlosen Likendehler, die mein Leben in solche Gefahr gebracht haben, sind dann weitergezogen nach Norden. Wohin? Das kann ich euch nicht sagen. Danket Gott und der Heiligen Jungfrau, daß die Heiden euch und mich nicht erwürgt haben. Denkt nicht mehr an die Verfolgung der Räuber, sondern geht heim, und tröstet die Eurigen, die noch von dem großen Unglück übrig sind, welches uns getroffen hat.'

‚Was ist geschehen, Herr Georg? — Von welchem Unglück sprecht Ihr?', fragten jetzt in großer Angst viele der Fischer. — ‚Ach, liebe Freunde und Brüder! Es liegt mir schwer auf dem Herzen, was ich euch zu sagen habe', begann der Prediger. ‚Der allgerechte Gott hatte lange mit Mißfallen bemerkt, daß ihr und die Eurigen in der Verehrung der Heiligen und ihrer Bilder nachlässig geworden ward. Er sah, daß alle Belehrungen, Ermahnungen und Drohungen, die ich, sein demütiger und gläubiger Diener, an euch und die Eurigen spendete, nichts gefruchtet hatten. Da beschloß der Herr in seinem gerechten Zorn, seine Zuchtrute über euch zu schwingen. Er sandte seine grimmigen, strafenden Diener, den Sturm und die Fluten, über unser ganzes Land, um es zu vernichten.

Das geschah — bemerkt es wohl! — gerade in der Nacht vor dem letzten Allerheiligen, den ihr — ach — oft so unheilig gehalten habt! Ich flehte für euch und die Eurigen zur Mutter Maria und zu allen von euch so oft und schwer beleidigten Heiligen, und sie ließen sich bewegen, für euch den Herrn des Himmels um Gnade zu bitten!

Und siehe! In der frühen Morgenstunde des Allerheiligentages zog der gnädige Gott seine Zuchtrute wieder von unserem Land zurück, und die Fluten verliefen sich. Aber fast das ganze Kirchspiel St. Peter, nämlich das ganze westliche Rantum samt der *'Westerseekirche'*, und fast das ganze Kirchspiel St. Nikolai oder Eidum, sind durch die Wellen zerstört worden. Nur die kleine, so oft verschmähte und geringgeachtete Kirche *'St. Maria'*, die *'Ratburgskirche'* mit Neu-Rantum, Niebelum und Stinum stehen noch. Von Eidum sind nur die Kirche und die sogenannten 'Enden' übrig. Ihr seht: Der Herr kennt die Seinen und weiß sie zu beschirmen in jeglicher Gefahr. Aber die Spötter und Verächter seiner Heiligen, die Gottlosen, zerschmettert er! Selbst der Priester zu *'St. Peter'*, der gegen Gottes Verbot im Ehestand lebende Albertus von Kiel, liegt todkrank darnieder. — Jetzt geht in Frieden!"

„Maiken, du redest ja wie ein Prediger. Mein Gott, was hätte aus dir werden können!", sprach jetzt Mei Siemken. — „Ach was!", antwortete Maiken. — „Ich habe in meiner Jugend, als die kleine Kirche in Rantum noch stand, so manche Predigt gehört. Da lebte mein Vater noch. Er war Strandvogt und Küster in Rantum und mußte fast alle Sonntage in der Kirche singen und vorlesen. Manche Kanzelrede habe ich selbst gelesen in alten Postillen. Andere Strafpredigten wie die des Pastors Georg habe ich mir sogar mit eigenen Ohren anhören müssen vom Pastor zu Westerland, als mein Vater gestorben und Rantum wieder einmal durch Wasser und Sand verwüstet war. Dadurch ist mir so etwas wohlbekannt.

Als aber die kleine *'Rantumkirche'* 1801 abgerissen wurde, weil die Dünen sich darüberwälzen wollten, da fand ich eines Morgens früh, ehe die Arbeiter kamen, in einem bisher zugemauerten Loch des Altars einige alte Papiere. Ich nahm sie heraus, und darin entdeckte ich diese Geschichte. Alles das ist bei den Raben wahr![*)] — Es wird übrigens jetzt Zeit, daß du, mein Söhnchen", — sie redete mich an, — „nach Hause zu deinen Eltern zurückkehrst, damit sie nicht deinetwegen in Sorge geraten und du am Ende eine Strafpredigt hören mußt, wie wir Rantumer so manche gehört haben, wenn wir ein Malheur hatten. Ich will dich nach Hause begleiten, damit du dich nicht in der Dunkelheit verirrst. Unterwegs werde ich dir noch einiges erzählen, hörst du? — Also komm, mein Söhnchen! Merret Siemons soll auch nicht länger Ursache haben, über meine Reden zu spotten. — Gute Nacht!"

Als Maiken sich von ihrem warmen Sitz am Ofen erhoben und der Gesellschaft den Rücken zugekehrt hatte, um sich mit mir auf den Weg nach Westerland zu begeben, lachte Merret Siemons und sagte nicht ohne Bosheit: — „Maiken hat heute Abend eine Druckerei gegründet und wie es scheint, gute Geschäfte gemacht."

Wir sahen Maiken an und erwarteten, daß ein schlimmes Donnerwetter zwischen den beiden erhitzten und starkknochigen Weibern losbrechen würde. Aber wir mußten alle laut auflachen, als wir Maikens breiten Rücken sahen. Sie hatte sich den ganzen Abend mit dem Rücken an den Ofen gelehnt, der aber sehr heiß gewesen sein muß. Alle erhabenen Figuren auf dessen Vorderplatte hatten sich nämlich bräunlich-schwarz abgedruckt oder eingebrannt auf Maikens grobes, weißleinenes *'Bosuntje'*. Das ist eine Art Überwurf oder Oberhemd, welches damals fast alle Sylterinnen samt einer weißen, leinenen Schürze bei ihren täglichen Arbeiten trugen.

[*)] Maiken schien ab und zu das Bedürfnis zu fühlen, ihrer Erzählung eine Beteuerung hinzuzufügen. Ich kann es jedoch dem Leser nicht verargen, gerade dann an der lauteren Wahrheit ihrer Rede zu zweifeln. Der Sage als solcher wird das aber keinen Abbruch tun.

Wir lasen denn mit Erstaunen auf ihrem Rücken zuoberst ein großes lateinisches A und darunter die Jahreszahl 1801. Unterhalb der Jahreszahl grinste uns ein entsetzliches Gesicht entgegen, umgeben mit Schlangen, Sternen, Blumen und Flügeln statt der Haare. Unter diesem Phantasiebilde erblickten wir ein wildes, zügellos laufendes Pferd. — Lauter Insignien, die zu Maikens Charakter und ihrer Geschichte zu passen schienen. Als Maiken den Grund unseres Gelächters erfuhr, lachte sie selber mit. Sie ging übrigens mit diesen Insignien auf dem Rücken fast ein ganzes Jahr umher. — Maiken hatte längst auf alle weibliche Schönheit und allen äußerlichen Schmuck Verzicht geleistet. Es war ihr ziemlich gleichgültig, wie sie sich kleidete (sie trug über ihrer weiblichen Kleidung z.B. oft eine weite Matrosenjacke), und ob die Leute über „ihre Takelage" lachten, wie sie gewöhnlich selber ihre Garderobe nannte.

Ja, sie war fast unempfindlich gegen Wärme und Kälte, denn ich sah sie bei heißem Sommerwetter in einen dicken Schafspelz eingehüllt, und ein halbes Jahr später im Schnee des Winters mit bloßen Füßen umhergehen. Aber sie war keineswegs gleichgültig gegenüber den Urteilen anderer über ihre geistigen Fähigkeiten und Beschäftigungen, besonders wenn sie ungerecht waren. Daher beruhigte sie sich wieder schnell wegen Merret Siemons spöttischer Bemerkung über „ihre Druckerei", als sie merkte, daß sie nur ihrem Rücken und ihrem *‚Bosuntje'* galt.

Maiken und ich sagten nach diesem kleinen Zwischenakt zum zweiten Mal „Gute Nacht!", und wir trennten uns jetzt in Frieden von den drei Bewohnerinnen des einsamen Hauses im Sumpf. Als wir die Hütte verließen, schlugen wir sogleich einen schmalen, sich schlangengleich durch die Dünen windenden Pfad ein. Wegen der großen Finsternis, die bei Windstille und bedeckter Luft in dieser Novembernacht herrschte, hatten wir jedoch große Mühe, ihm zu folgen. Erst als wir den westlichen Strand erreichten, wurde der Pfad ebener und leichter zu finden. Es gibt überhaupt kaum schönere, ebenere und selbst bei dunkler Nacht leichter zu folgenden Wege, als jenen breiten, weißen Sandstreifen, der sich entlang der gesamten Sylter Westküste zwischen dem dunklen Meer und den grauen Dünen und

Kliffen hinzieht. Nur bei Stürmen rollen die Wellen über den Strand bis an die Dünen heran.

Jetzt begann Maiken die versprochene Fortsetzung ihrer Erzählung: „Mein Söhnchen!“, sprach sie. — „Jetzt sind wir allein. Ich will dir daher gestehen, daß die Reden, welche der ehemalige Priester zu *‚St. Marien'* an die Rantumer hielt, als Alt-Rantum untergegangen war, vielleicht nicht ganz so gelautet haben mögen, wie ich sie vortrug. Ich hatte sie nämlich schon vor acht Jahren auswendig gelernt. Aber in der Hauptsache stimmen sie mit meinen Worten überein, die Mei Siemkens Neid und Spott erregten. Hüte dich vor der Lüge, mein Söhnchen, aber hüte dich auch davor, alte Leute für Lügner zu halten, wenn ihr Gedächtnis schwach wird.

Als die Sylter Heringsfischer nun die Hiobsbotschaft und Strafpredigt des boshaften Priesters angehört hatten, vergaßen sie die Verfolgung der Likendehler. Sie verließen sofort den falschen Prediger und die *‚Ratsburg'*, um den Stätten der Verwüstung und den noch erhaltenen Wohnstätten ihrer Heimat entgegenzueilen. Alle schwebten zwischen Furcht und Hoffnung über das Schicksal ihrer Lieben, denn sie hatten Grund genug, an der Wahrheit dessen, was der Priester gesagt hatte, zu zweifeln. — Nur die Hunde schienen anderer Meinung als die Fischer zu sein, was die Verfolgung der Likendehler anbetraf. Sie hatten die Rede des Priesters zwischendurch durch ihr respektloses Gekläff und Geheul begleitet und sogar ein paar Male unterbrochen. Jetzt, als die Fischer weitereilten, umkreisten und umschnüffelten sie noch immer den Burgwall. Sie stimmten im Chor ein Klagelied an, und stürzten sich dann kläffend und beißend auf den Priester, den sie nicht verlassen wollten.“

In diesem Augenblick blieb Maiken stehen. Sie beugte sich etwas nach vorne, offenbar, um einen in der Ferne sichtbar werdenden Gegenstand besser zu erkennen. — „Liegt dort auf dem Sand vor uns nicht ein Mensch?“, fragte sie mich. Es schien mir tatsächlich so zu sein. — „Oder sollte es der ‚alte Knecht' sein“, — ein alter Sylter Name des Teufels — „der mir immer nachstellt, wenn ich des Nachts am Strand gehe? — Oh, mein Söhnchen, auch ich habe meine Feinde und Versucher. Ich fluche nie, höchstens *‚bi den Raawen!'*. Ich rufe nie den Teufel an, dennoch habe ich schon manche Anfechtung erfahren von dem, den man nicht allzuoft nennen darf. Er ist mir in allerlei Gestalten bereits erschienen. Wer weiß, ob er nicht gerade jetzt eine neue List ersonnen hat, um mich zu täuschen oder zu gewinnen?"

Die Erzählung Maikens, ihre kolossale Gestalt und ihre seltsame Kleidung, die unheimliche Gegend, die Dunkelheit der Nacht — alles hatte bereits meine Phantasie in hohem Grade erregt. Jetzt kam die schreckliche Idee von der wahrscheinlichen Nähe des schlimmsten aller Wesen hinzu. Es war also kein Wunder, daß meine erhitzte Knabenphantasie gleich der ihrigen wild wurde. Sie malte mir die entsetzlichsten Dinge aus und erfüllte mich mit Angst und Schrecken. Maiken setzte nun, unbekümmert um meinen Seelenzustand, ihre Erzählung von den Versuchungen und Erscheinungen des Teufels fort, indem sie sprach:

„Eines Abends spät kehrte ich von einer Tour nach Hörnum zurück. In einer windgeschützten Höhle im *‚Klattigtal'* verzehrte ich mein Abendbrot. Ich saß gerade eben und wollte meinen Brösel anzünden. Du mußt nämlich wissen, ich rauchte früher gern nach dem Essen ein Pfeifchen Tabak, obgleich das unter den Weibern sonst, wie du weißt, nicht geschieht.

Ich saß also da und schlug mit dem Feuerstahl auf den Stein. Da war es, als ob auf einmal das Gestrüpp rings um mich lebendig wurde. Ein schwarzer Vogel, der wenigstens sechsmal so groß war wie der größte Rabe, kam unter meinen Füßen aus dem Gebüsch hervor. Er schlug mir mit seinen mächtigen Flügeln den Brösel aus dem Mund und die Zunderdose mitsamt Stahl und Stein aus der Hand. Dann flog er in die Höhle. Ich war natürlich sehr erschrocken und griff unwillkürlich nach meiner Pfeife und den übrigen verlorenen Sachen. Stattdessen erfaßte ich aber unglücklicherweise eine der Klauen des Ungetüms und zerbrach sie. Jetzt war die Wut des Tieres oder Teufels ohne Grenzen. Ich mußte ohne Pfeife und Pfeifengeschirr aus der Höhle fliehen. Der böse Feind, der die Gestalt eines Vogels angenommen hatte, hackte mir wiederholt auf den Kopf mit seinem starken Schnabel und gab mir schreckliche Ohrfeigen mit seinen großen

Flügeln. Er verfolgte mich vom *‚Klattigtal'* bis zum *‚Großvlie'*. Um mich seinem Zorn und seiner Macht zu entziehen, beschloß ich, meinem Leben ein Ende zu setzen und mich wie Ellen Lüng ins Wasser zu stürzen.

Ich lief weit ins östliche Haff hinaus, aber es war Ebbe, und das Wasser noch eine halbe Stunde vom Land entfernt. Als ich eine Zeitlang im Schlick des Haffs gelaufen war, wurde ich müde, sah mich nach meinem Verfolger um und konnte ihn zu meiner Freude nicht mehr sehen. Ich kehrte also langsam zurück, und kam diesmal noch gut davon. Ich habe aber seit der Zeit niemals wieder geraucht in Übereinstimmung mit einem Gelübde, welches ich auf meiner Flucht getan habe. — Aber, mein Söhnchen, du zitterst ja, wovor ist dir denn bange?" — „Ach, vor dem Teufel", — war meine Antwort. — „Nun es könnte auch Steven sein, der dort vor uns im Sand liegt. Sei nur nicht bange, ich will wohl vorangehen. Steven pflegt den Sonntag so zu feiern: Er geht des Morgens früh von Rantum weg, ist der Erste zum Gottesdienst in der Westerländer Kirche. Dort singt und betet er sehr eifrig während des Vormittags, ißt seinen Kohl zu Mittag bei irgendeinem gastfreien Verwandten oder Freund. Am Nachmittag richtet er einige Gewerbe aus und geht gegen Abend in ein Wirtshaus, spielt dort Karten, raucht Tabak und trinkt reichlich viel Bier oder Branntwein.

Er kommt dann sehr spät nach Hause oder bleibt irgendwo unterwegs liegen und schläft seinen Rausch aus. Ich denke, auch heute Abend wurde ihm der Kopf etwas schwer, so daß er auf seinem Heimweg umfiel. — Es könnte freilich der vor uns liegende Körper auch ein Leichnam sein, den die Flut angespült hat.

Aber, je näher wir ihm kommen, desto wahrscheinlicher scheint es mir, daß dem akkuraten Mann, dem berühmten Rechtsgelehrten Steven Taken, wirklich etwas Menschliches zugestoßen ist. — Jetzt sehe ich deutlich, es ist Steven. Der arme Steven, er hat seinen Hut verloren und liegt hilflos da. Wir müssen ihm auf die Beine helfen, vielleicht hat er sich hinreichend erholt, um jetzt nach Hause gehen zu können. — Guten Abend, Steven! Was machst du hier so spät? — Er schläft — meiner Seel'! — fest!"

Maiken bückte sich, als sie die letzten Worte gesprochen hatte, um den nicht antwortenden Nachbarn aufzurichten. Sie hätte aber vom Schlage gerührt werden können, wenn sie eine schwächere Person gewesen wäre. Der vermeintliche Steven war nämlich ein großer, schlafender Seehund. Als Maiken sich über die Robbe bückte und sie berührte, erwachte das Tier, fuhr erschreckt mit dem Kopf in die Höhe und setzte sofort seine kurzen Beine in Bewegung, um ins Meer zu entfliehen. Maiken erholte sich jedoch schnell von ihrem Schrecken, denn sie verlor überhaupt selten die Besinnung. Sie warf sich auf den Rücken des wertvollen Seehundes, umklammerte seinen Hals mit ihren Händen und versuchte, ihn aufzuhalten oder zu erwürgen.

Aber sie bemerkte, daß sie auf diese Weise ihre Absicht nicht erreichen konnte. Das starke Tier wollte sie vielmehr beißen und abzuschütteln, und machte überdies auf seinem abschüssigen Weg zum Wasser rasche Fortschritte. Da rief die reitende Megäre mir zu, ich möge schnell einen großen Stein holen, um den „*Sallig*", wie die Rantumer eine Robbe nannten, damit totzuschlagen. — Ich suchte also in der Finsternis nach einem Stein. Ehe ich jedoch einen passenden fand, war Maiken bereits auf dem Rücken des Seehundes in die Brandung hineingeritten. Sie kämpfte noch eine Zeitlang mit der Robbe, ohne andere Waffen als ihre Fäuste zu gebrauchen. Doch endlich mußte sie den seltsamen Kampf aufgeben und das wertvolle Tier fahren lassen. Meine Freundin kehrte daher, naß und mürrisch von ihrem vergeblichen Seegefecht, an Land zurück.

Maiken war gleichwohl edelmütig genug, mich nicht auf halbem Wege stehenzulassen oder jetzt wieder nach Rantum umzukehren. Sie ergriff mich vielmehr sofort wieder bei der Hand und führte mich weiter nach Norden auf meinem Heimweg. Mit ihrer Erzählung aber war es nichts mehr an diesem Abend. Ich fragte sie, wie es mit dem Priester und den Hunden auf der Burg weiterging, aber sie antwortete nur ganz kurz: „Der Priester hatte, was man nimmer zu Hause lassen sollte, wenn man ausgeht, nämlich einen tüchtigen Stock bei der Hand. Er schlug damit, wie wir es mit dem ‚*Sallig*' hätten tun sollen, die Hunde tot!"

Ich wagte noch einmal eine Frage, die in der Folge meine knabenhafte Phantasie oft beschäftigte: „Was ist aus den Likendehlern in der Höhle geworden?“ — Maiken antwortete verdrießlich: „Ich weiß nicht. Wenn sie nicht wieder herausgelassen oder dort erstickt sind, mögen sie noch da sitzen und auf ihre Erlösung warten.“ — Offenbar war Maiken unwirsch und wußte mehr, als sie augenblicklich sagen wollte. Wir gingen daher eine Zeitlang still nebeneinander. — Die Seeräuber in der alten Ratsburg und der falsche Priester auf dem Burgwall waren aber stets in meinen Gedanken und quälten mich nicht allein an jenem Abend, sondern noch lange nachher mit schrecklichen Bildern, besonders in meinen Träumen.

Einst war ich im Traum bis ins Innerste der alten Burghöhle vorgedrungen. Ich fand jedoch statt der Kellergewölbe die Mauern eines ganzen unterirdischen, aber sehr verfallenen Schlosses. In allen Stuben und Winkeln der alten Burg suchte ich nach den möglicherweise versteinerten Resten der Limbecker und Likendehler. Aber überall grinsten mir nur Eulengesichter entgegen, hingen fadenlange Spinnweben von den Balken und Böden herunter, oder es krochen ungeheure Kröten auf den Dielen, und Tausendfüßler an den Wänden umher. Die mir so wichtig scheinenden Rätsel wurden aber nicht gelöst.

Auf unserem Weitermarsch nach Westerland fand Maiken einen passenden großen Stock. Sie nahm ihn mit, um ihn, falls wir noch einen Seehund treffen sollten, mit besserem Erfolg zu gebrauchen als nur die unbewaffneten Fäuste oder einen Stein. Es dauerte auch nicht lange, bis abermals ein dunkler Gegenstand, ähnlich der Robbe, auf dem Strandweg vor uns lag. — „Warte!“, sprach Maiken, — „da liegt — meiner Seel'! — noch ein *‚Sallig‘*! Der soll mir nicht entlaufen.“ — Es war unterdes die Finsternis, je näher die Mitternacht heranrückte, immer größer geworden.

Als wir dem Seehund nahe genug waren, um ihn mit dem Stock zu erreichen, gab meine Begleiterin ihm einen tüchtigen Schlag auf die Nase. Die Wirkung des Hiebes war schlimm, hätte aber noch schlimmer sein können, denn wir hatten uns abermals getäuscht. Maiken hatte keine Robbe, sondern diesmal — Steven — getroffen und geschlagen. Es war, als ob der berauschte, am Strand eingeschlafene Mann durch den Schlag auf einmal völlig nüchtern geworden war. Er sprang urplötzlich auf die Beine, blutete stark aus der Nase, schien aber nicht sehr zornig zu sein über Maikens grobe Art, ihn aus dem Schlaf zu wecken. Er sprach mit großer Ruhe: „Maiken, du solltest ein wenig mehr Schick lernen. Solche Schläge wurden nach dem Landrecht mit vierzig Mark gebüßt, und die würdest du wohl schwerlich bezahlen können.“ — Maikens Antwort war natürlich eine Entschuldigung. Sie sagte, daß sie in der Dunkelheit Steven für einen *‚Sallig'* gehalten hatte. Sie bat ihn um Verzeihung, und Steven ging nüchtern und ohne Groll nach Hause.

Nach diesem zweiten kleinen Abenteuer war Maiken etwas weniger wortkarg als nach dem ersten. Sie sprach kurz nach Stevens Fortgang: „Ich glaube, der Nasenstüber und Aderlaß haben ihm keinen Schaden getan. Steven ist eigentlich ein ganz guter Kerl, es ist nur schade, daß er so schwach ist. Ich habe so manche halbe Tonne Roggen von Westerland nach Rantum geschleppt. Aber Steven ist nicht imstande, eine halbe Kanne Branntwein so weit zu tragen, ohne umzufallen.

Als ich Hochzeit hatte mit Jens Andresen, der leider bald danach wieder von mir ging und nie wieder kam, da sollte Steven, wie es damals Brauch war, mich auf den Brautwagen heben. Ich war ihm aber zu schwer, und glitt ihm durch die etwas weiten und steifen Brautkleider hindurch. So setzte er statt meiner meinen *‚Siest'*[*)] und die übrige Takelage auf den Wagen, ließ mich selbst aber im Hemd neben dem Wagen stehen.

Sonst war es eine schöne Hochzeit. Es wurden 23 Rochen, zehn Kabeljau, viel Grütze, viel Schinken und Kohl verzehrt und viel Bier und *‚Schwetskilk'* getrunken (ein Getränk, das aus Branntwein, Bier und Sirup besteht). Drei Nächte hindurch wurde getanzt, viel dabei gesungen und oft mit Flinten und Pistolen geschossen. Alle Nachbarn flaggten und waren

---

[*)] Ein schön bearbeiteter Schafspelz, der bis zu Anfang des 19. Jahrhunderts zur weiblichen Kleidung auf Sylt gehörte.

fröhlich, und keiner bekam mehr *'Schwetskilk'* und Prügel, als er auch vertragen konnte. Maren Wullis war die Köchin bei der Hochzeit, und sie hatte nicht am Salz gespart! Sie ließ den Bräutigam und sein Gefolge, als diese kamen, um mich zur Trauung abzuholen, erst lange vergeblich anklopfen.

Endlich öffnete sie die Tür und hielt mit der Feuerzange in der einen und einem Besen in der anderen Hand, dem Bräutigam und den Gästen eine schöne Rede. Darin schilderte sie meine Tugenden und des Bräutigams Fehler, gab aber auch deutlich zu erkennen, daß zwischen mir und ihm ein zu großer Unterschied sei. Deshalb könne sie keinen Bestand der Ehe prophezeihen. — ‚Ihr seid irregegangen', sprach sie. — ‚Hier ist keine passende Braut für euch!

Wann hört ihr, daß der Rabe die Taube freit oder der Strontjäger die schöne Bergente, oder daß der Stockfisch die Goldbutte heiratet? Nein, nein! Der Ochse hält sich zur Kuh, der Seehund zur Seehündin und der Rochen mit drei Schwänzen zu dem Rochen mit einem Schwanz. Ihr müßt weiterziehen! Euresgleichen findet ihr hier nicht!'

In diesem Augenblick stieß Maiken mit dem Fuß gegen einen weichen und ziemlich großen Gegenstand, der auf dem Treibwall des Strandes lag. Wegen seiner hellen Farbe konnten wir ihn nicht vom Sand unterscheiden. Maiken mochte den Gegenstand anfangs wieder für eine Robbe halten.

Bei näherer Untersuchung ergab sich aber, daß dieser Fund eine eng zusammengeschnürte Matratze war, in der ein oder mehrere schwere Schätze eingeschlossen zu sein schienen. Das Ganze war vom Seewasser feucht und ohne Zweifel erst an diesem Abend von der Flut an den Strand gespült worden. Nachdem Maiken den wertvoll scheinenden Fund mehrere Male umgewälzt und mehrfach mit der Nase und den Fingern geprüft hatte, sagte sie zu mir: „Höre, Junge! Wir sind jetzt gegenüber der südlichen Häuser deines Heimatdorfes. Ich will dich nun durch die Dünen begleiten. Dann wirst du wohl allein nach Hause finden. Lauf nur nicht so bald wieder zum Strand und nach Rantum. Sprich nicht von dem, was ich dir erzählt habe und von unseren Abenteuern am Strand. Wenn du über die Robbe, über Steven und die Matratze Schweigen bewahrst, so will ich dir im künftigen Sommer mehr erzählen von Priestern und Seeräubern, von Jacob Leiert und seiner Braut, die bald seine Frau wurde und von ihrem Sohn Pidder Lüng. Und wenn ich tot bin, sollst du all meine Papiere erben."

Ich versprach natürlich alles, was sie verlangte und kam kurz darauf wohlbehalten zu Hause an. Dort wartete leider nicht nur eine scharfe Buß- und Strafpredigt auf mich, sondern mir wurde auch eine sehr prosaische Züchtigung zuteil. Sie heilte die mich für den ganzen Winter (1808/09) von meinen romantischen Ideen und meiner Sucht, ohne Erlaubnis meiner Eltern nach Rantum zu laufen und den Erzählungen der Maiken Niß Taken zu lauschen.

III.

Es gingen unterdes zweieinhalb Jahre ins Land, ehe ich wieder Gelegenheit fand, abermals meinen Freunden und Freundinnen in Rantum einen Besuch abzustatten und meiner Begierde nach Maikens Erzählungen Befriedigung zu verschaffen. Der Krieg zwischen Dänemark und England, der den Inselfriesen und besonders den inselfriesischen Seefahrern zu dieser Zeit manche Unruhe und Störung brachte, war die Ursache für die Verzögerung meines nächsten Treffens mit meiner Freundin Maiken Niß Taken.

Die friesischen Insel- und Küstenbewohner waren kurz nach dem Anfang dieses Krieges militärisch geordnet worden. Sie mußten nun als sogenannte „Küstenmilizen" ihre Ufer und die Insel bewachen und im Notfall selber gegen die Engländer verteidigen. Erst dann wurden ihnen später einige schleswigsche Jäger und dänische Kanonenboote zu Hilfe gesendet. Von der Notwendigkeit dieser Hilfe für die kleinen friesischen Inseln schien jedoch die dänische Regierung erst nach folgendem Ereignis überzeugt worden zu sein:

Es war am 25. Mai des Jahres 1809, als nachmittags an allen Signalstangen auf Sylt große, schwarze Torfkörbe baumelten, lauter Zeichen für die Bewohner, daß sich feindliche Schiffe auf dem Meer zeigten und der Insel näherten. Es dauerte nicht lange, und man hörte Kanonenschüsse auf dem Meer wechseln. Von den Dünen und Kliffen konnte man erkennen, daß zwei dänische Kaperschiffe von zwei größeren britischen Kriegsschiffen verfolgt wurden. Sie versuchten, bei der Insel Schutz zu finden und am westlichen Strand bei Rantum zu landen. Die englischen Schiffe verfolgten die dänischen so lange, wie ihnen die geringe Meerestiefe unweit des Landes das gestattete. Dann setzten sie ihre Boote aus, um mit ihnen die dänischen Kaper zu überwältigen, was ihnen auch gelang. So entführten sie das Schiff, ehe die Sylter sie daran hindern konnten.

Schon in der folgenden Nacht wurde die Sylter Küstenmiliz durch die Kirchenglocken und durch sogenannte *„Tuuthörner"* alarmiert. Sie machte sich auf, und marschierte in die Dünen zwischen Westerland und Rantum. Dort postierte sie sich zur Verteidigung der Insel gegen die Kaperung des dänischen Luggerschiffs. Zusammen mit der tapferen Mannschaft dieses Schiffes wehrte sie in den folgenden Tagen alle Landungs- und Raubversuche der Engländer glücklich ab. Nach einem mehrtägigen, erfolglosen Bombardement zogen die Briten wieder seewärts fort. Die Sylter aber spannten sich vor das gerettete Schiff und schleppten es über die Dünen quer durch die Halbinsel Hörnum zum östlichen Ufer. Dort wurde es später repariert und endlich wieder in Flottwasser gebracht.

Diese Geschehnisse waren ganz in der Nähe des einsamen Hauses im Sumpf vorgefallen, wo sich stets das Hauptauditorium der Rantumer Sagenerzähler und –erzählerinnen traf. Die Ereignisse hatten die Hütte und deren Bewohnerinnen häufig gefährdet und die nächtlichen Zusammenkünfte der übrigen Rantumer an diesem Ort verhindert. Mir hatten sie die Befriedigung meiner Lieblingswünsche, wenn auch nicht unmöglich gemacht, so doch in eine ferne Zukunft verschoben. — Die vielen fremden Seefahrer, die bei Rantum gelandeten Kapergäste, vertrieben sich unterdes die Zeit durch Tänze und Spiele in dem sonst so stillen Dorf, so gut es eben ging. Einige schlossen in Rantum sogar ernsthafte Liebesverbindungen.

Die übrigen Folgen dieses kleinen Scharmützels waren, daß im Sommer 1809 eine Kompanie Schleswiger Jäger von 92 Mann in die westlichen Dörfer der Insel zu ihrer Bewachung und zum Schutz verlegt wurde. Sie blieb bis zum Ende des Jahres. Ferner wurden drei dänische Kanonenboote bei List und mehrere andere bei Husum, Föhr, Pellworm und Amrum stationiert. Dort wachten sie mehrere Jahre lang. Die ganze Westerländer Jugend wurde für die übrige Dauer dieses Krieges sehr martialisch und patriotisch gesinnt, so daß man alle Tage die Knaben mit kleinen, hölzernen Gewehren umherlaufen und sich gegenseitig wacker prügeln sah. Meine eigenen altertümlichen und romantischen Neigungen und Ideen traten für ein ganzes Jahr in den Hintergrund und machten den Ereignissen der Gegenwart Platz. Die wichtigste Folge war, daß einer der in Rantum gelandeten Kapergäste seiner dort gefundenen Braut treu blieb. Er kehrte im Frühjahr 1810 wieder nach Sylt zurück, um sich in Rantum zu verheiraten und künftig dort zu wohnen.

Die kriegerischen Ereignisse, welche das Jahr 1809 den Inselfriesen gebracht hatte, lebten noch in unsern Gemütern fort, als das Folgejahr nahte. Durch verschiedene Umstände, die es mit sich brachte, weckte es in den Friesen wieder alte Freiheitsbestrebungen, die sich mit unseren eigenen kriegerischen Ideen vermischten: Erstens war der Brotkorb für uns sehr hoch gehängt worden. Die Ursache waren das Stocken des deutschen und dänischen Seehandels durch die Kontinental- und die Elbsperre und die die Verteuerung so vieler lebensnotwendiger Waren. Zweitens wurden die Inselfriesen deshalb genötigt, auf andere ungewöhnliche Erwerbsquellen zu sinnen, um sich selbst und die Ihrigen vor Hunger zu schützen. Nicht alle waren zahm genug, sich auf die Wollenwarenproduktion und auf das Jacken- und Strumpfstricken zu verlegen oder sich mit Ackerbau, Viehzucht und der Küstenfischerei zu begnügen. Manche begannen daher, sich an dem waghalsigen, aber gewinnreichen Schmuggelhandel auf Helgoland zu beteiligen, welcher damals blühte. Drittens wurden in Folge des Krieges während des Jahres 1810 durch französische Kaper ein Schoner[23] und zwei

[23] Zweimastiges Segelschiff. (Anm. Frank-Daniel Schulten).

größere amerikanische Dreimaster bei List hereingebracht. Sie blieben lange vor der Insel liegen, und die Ideen der buntgemischten, aber freiheitsliebenden Mannschaften dieser Schiffe waren ansteckend für uns Sylter.

Wir Knaben, die im Jahre 1809 nur Kriegslieder gesungen hatten, stimmten daher jetzt zur Abwechselung an: *„Ein freies Leben führen wir"*, oder: *„Es ging ein Jäger jagen"*. Nicht selten setzten wir dann, als echte, unverdorbene Friesen, die stets Theorie und Praxis miteinander verbinden, unsere neugewonnenen Ideen in die Tat um.

Als die Sylter Jugend in dieser Zeit mit großen Kriegs- und Freiheitsideen schwanger war, beschlossen daher etwa zwanzig von uns Westerländer Knaben an einem warmen Junitag des Jahres 1811, sich von der Herrschaft der Eltern, Lehrer und Obrigkeit zu emanzipieren. So planten wir, einen Zug nach unserem Sylter altberühmten Land der Freiheit, nämlich nach Hörnum, zu unternehmen. Einerseits wollten wir einmal unbeaufsichtigt, in voller unbeschränkter Freiheit, nach Herzenslust spielen und Vogeleier (besonders Möweneier) in den Hörnumer Sümpfen und Dünen suchen. Andererseits drängte es uns, einen lange gehegten Wunsch zu realisieren, der nun zu einem noch geheim gehaltenen, aber uns sehr wichtig dünkenden Plan gereift war. Er betraf nichts Geringeres als die Rettung der altfriesischen Freiheit, — nämlich des seit dem Ausbruch des damaligen Krieges verbotenen und unterdrückten *„Biikebrennen"*.

Das *„Biikebrennen"* geschah früher immer auf den dazu von alters her bestimmten, sogenannten *„Heiligen"* oder *„Winjs- (Wedns) - Hügeln"* in der Nacht vor dem 22. Februar, dem berühmten *‚Petristuhlfest'* oder dem Hauptthing und Nationalfest der Sylter. In uralter heidnischer Zeit hatte es eine religiöse Bedeutung. Es war ein Opferfest, welches die abreisenden Seefahrer und Krieger dem Weda oder Wodan weihten. Dabei verbrannten sie eine Menge Stroh, Teertonnen und andere Sachen. Man rief übrigens noch nach der Einführung der Reformation bei dieser nächtlichen Feier stets den Weda an und bat ihn, daß er das Opfer nicht verschmähen wolle.*) In jüngster Zeit war diese Feier jedoch in gedankenloses Spiel ausgeartet.

Dieses *„Biikebrennen"* war der Sylter Jugend bei Ausbruch des Krieges im Jahre 1807 verboten worden. Das geschah wahrscheinlich aus dem Grund, damit nicht durch die vielen Feuer etwa feindliche Schiffe herbeigelockt oder befreundete dänische Boote irregeleitet würden. Sobald die Sylter *„Biiken"* brannten, wurden nämlich auch auf den Nachbarinseln Feuer entzündet, als Zeichen der Freundschaft und Übereinstimmung mit den Syltern in Bezug auf die altfriesischen Gesetze, Sitten und Regeln. Kein menschliches Gesetz, keine Beschränkung unserer Freiheit schien uns aber widerwärtiger zu sein als gerade dieses Verbot, wodurch uns nun schon seit drei Jahren die schönste Freude geraubt worden war. Kein Wunder also, daß wir Knaben in unserem Freiheitseifer und in unserer kriegerischen Stimmung darauf verfielen, etwas zu wagen. Wir wollten diese althergebrachte, uns so wichtig, ja fast ehrwürdig und notwendig scheinende Freiheit des *„Biikebrennens"* erhalten und sie unter den bestehenden Umständen retten!

So zogen wir daher eines Nachmittags in die Hörnumer Dünen. Bewaffnet waren wir mit Stöcken, Taschenmessern und Feuersteinen, darüber hinaus versehen mit Eier- und Proviantkörben, und beseelt von Gefühlen, ähnlich den Kreuzfahrern der alten Zeit. Die meisten gingen jedoch ohne Erlaubnis der Eltern. Das Ziel unserer Reise war der *„Buder"* an der berüchtigten Fischer- und Seeräuberbucht. Sobald der Abend kam, wollten wir auf diesem hohen Sandberg ein gewaltiges *„Biikenfeuer"* anzünden und die ganze Nacht unterhalten. Es sollte über alle benachbarten Inseln scheinen, der Obrigkeit zum Trotz! Am folgenden Tag wollten wir alle Möweneier auf Hörnum aufsammeln und heimtragen, damit die Amrumer,

*) Die Rantumer suchten von alters her eine Ehre darin, unter allen Inselfriesen das größte *„Biikenfeuer"* zu brennen, bis sie einst — der Sage nach — vom Teufel, der die Gestalt eines Pudels angenommen hatte und ihr bereits verbranntes *„Biiken"* immer wieder anschürte, genarrt wurden.

auf welche wir wegen ihres Eierstehlens sehr erbittert waren, künftig keine mehr dort finden könnten.

Auf unserm Hinweg konnten wir es nicht lassen, bei unseren Freundinnen in der einsamen Hütte für einige Augenblicke einzukehren, zumal einige von uns wegen der Hitze des Tages bereits sehr durstig waren. Wir trafen Mei Siemken allein zu Hause. Als wir uns in so großer Zahl hineindrängten und fast die ganze kleine Hütte füllten, mochte sie ahnen, daß wir etwas Verkehrtes im Sinn hatten. Sie fragte uns deshalb: „Kinderkens, Kinderkens, was habt ihr vor? Wo wollt ihr hin?" — Unsere Antwort war: „Wir wollen nach Hörnum, um Eier zu sammeln, und wir wollen die Amrumer verjagen." — „Kinderkens, kehrt wieder um, und geht nach Hause, ehe die Nacht kommt. — Seht ihr nicht, daß ein Gewitter heraufzieht?"

Etwa sieben oder acht der Schwächsten und Änglichsten unter uns ließen sich wirklich durch Mei Siemkens Ermahnung bewegen, jetzt wieder umzukehren. Es waren jene, die schon früher einige Unruhe über unser Unternehmen, ohne Wissen und Willen der Eltern, hatten laut werden lassen. Wir anderen, zwölf an der Zahl, die pochenden Tapferen, stimmten aber das Lied an: *Ein freies Leben führen wir!*, und gingen weiter. Vor uns im Süden wurde allerdings die Luft immer düsterer und an Dünsten voller, in Übereinstimmung mit Mei Siemkens Prophezeihung. Dennoch redeten wir uns ein, daß die Dunkelheit im Südosten nur eine Folge des nahen Sonnenuntergangs im Nordwesten sei. Wir marschierten rüstig weiter, dem vor uns liegenden, weißen, in der dunklen Luft immer deutlicher hervortretenden, Budersand entgegen.

Am Fuße des Berges angekommen, begaben sich einige von uns an den nahen Strand, um trockenes Treibholz für unser Vorhaben aufzulesen. Wir anderen blieben auf den Dünen und sammelten dort verwelktes Dünengras zu demselben Zweck. Wir schleppten alles was wir fanden, mit großer Mühe auf den Gipfel des *„Buder"* und brachten dort in kurzer Zeit wirklich einen großen Haufen von Brennholz und Dünenhalmen zusammen.

Als es völlig dunkel geworden war, zündeten wir unter großem Hallo unser *„Biiken"* an, obgleich der Donner bereits grollte und ferne Blitze den Himmel durchzuckten. Es galt uns für den Augenblick nur die Erreichung unserer Absicht, und unser *„Biiken"* loderte zu unserer großen Befriedigung wirklich hell und hoch auf.

Alles andere war uns, den Tapferen, damals gleichgültig. Es kümmerte uns nicht, daß die verängstigten Möwen und andere See- und Sumpfvögel schreiend unser Feuer umflatterten. Wir ignorierten auch, daß das auf Hörnum weidende Hornvieh, über die ungewöhnliche Erscheinung auf dem *„Buder"* entsetzt, den Berg zu bestürmen begann und sich wie verblendet und toll in Richtung des Feuers stürzte.

Da fuhr plötzlich ein entsetzlicher Blitzstrahl vom erzürnten Himmel ins Feuer hinab. Ein ohrenbetäubendes Geprassel, das lange in den Dünen widerhallte, folgte unmittelbar darauf. Fast ebenso plötzlich und schnell löschte ein gewaltiger Regenguß unser schönes *„Biiken"* aus. So versetzte er uns augenblicklich in tiefste Finsternis und durchnäßte uns mitsamt unseren Kleidern.

Das war eine starke Lektion für uns trotzige und hochmütige Knaben, recht geeignet, unseren kriegerischen Sinn zu dämpfen und unsere freien, hochfliegenden Ideen herabzustimmen! — Wir stürzten Hals über Kopf den Berg hinab und rannten heimwärts, ohne viel Überlegung, aber voller Schrecken, im fürchterlichen Wetter und in der tiefen Finsternis, die nur ab und zu vom Blitze grell unterbrochen wurde. Jedoch, der Weg war lang! Vom *„Buder"* bis Rantum dauerte es allein zwei volle Stunden, und unsere Beine waren schwach und bald ermüdet. Hier fiel einer vor Mattigkeit um, dort blieb ein anderer in einem Sandsumpf (Treibsand) stecken, und nur zehn von uns erreichten um Mitternacht höchst ermüdet und bekümmert das Dorf Rantum. Die zwei von uns treulos Zurückgelassenen aber büßten ihren Freiheitsrausch noch zwei Stunden länger in den Hörnumer Dünen als wir. Dann kamen sie endlich auch in Rantum an. Bei unserer Ankunft beratschlagten wir nicht lange, wo wir Obdach und Schutz vor dem bösen Wetter finden wollten. Wir waren uns schnell darüber einig, daß wir bei unserer Freundin Maiken Niß Taken anklopfen wollten und erwarteten, gewiß bei ihr Mitleid und gastfreie Aufnahme zu finden.[*)] Gedacht, getan! Wir klopften an und baten um Einlaß. Maiken öffnete die Tür, aber sie redete uns hart an und schien durchaus nicht barmherzig zu sein.

„Jungens!“, sprach sie — „Ich habe euer *‚Biiken'* gesehen. Ich dachte mir schon, als ihr so hochmütig *Ein freies Leben führen wir* an unserem Dorf vorbeisangt, daß ihr einen dummen Streich vorhattet. Da habt ihr nun eine Probe vom freien Leben auf Hörnum, das Gott nicht leiden mag. Seid künftig zufrieden, wenn ihr es gut habt bei euren Eltern! Lauft nicht wieder nach Hörnum, um die Möweneier der Rantumer zu nehmen! Gönnt uns das wenige Gute, was der liebe Gott auf den Dünen wachsen oder an den Strand treiben läßt auf Hörnum! Wollt ihr aber, nachdem der liebe Gott selber euch gehindert und gezüchtigt hat, Zuflucht bei mir finden, so müßt ihr erst das schöne Lied *Zufriedenheit ist mein Vergnügen*, anstimmen.“ — Wir wendeten freilich ein, daß wir das Lied nicht kannten, daß wir sehr kalt und naß wären, und baten wiederholt um Einlaß. Aber, es half nichts! Maiken blieb hart und sagte: „Wenn ihr das Lied nicht kennt, so will ich es euch lehren. Hört nur zu!“ — Jetzt kannten wir, ohne es erst zu lernen, das Lied und sangen es um Mitternacht bei Sturm und Regen vor ihrer Tür. — Dann ließ sie uns ein. Nun war Maiken wie umgewandelt. Sie machte ihren Ofen warm, trocknete unsere Kleider und kochte uns Kaffee. Als wir gehörig aufgetaut, erquickt und ermutigt waren, erzählte sie uns, auf meine Bitte, folgende Geschichte:

„Ihr Westerländer Jungen blickt oft so hochmütig auf uns Rantumer herab, wenn wir in euer Dorf kommen. Wahrscheinlich deshalb, weil Westerland euch so groß und reich, Rantum aber so klein und arm zu sein scheint. Aber das müßt ihr wissen: Sehr viele und — meiner Seel'! — die tüchtigsten Westerländer stammen aus Rantum. Rantum aber war einst der größte Ort auf ganz Sylt. Er hatte zwei Kirchen und drei Prediger. Das größte Dorf, welches zu Alt-Rantum gehörte, in dem die große, mit einem

---

[*)] Maiken wohnte nicht, wie bereits erwähnt, in der Hütte im Sumpf, sondern eine Viertelstunde südlich im damaligen Dorf Rantum, am östlichen Abhang einer Düne.

hohen Turm gezierte *,Westerseekirche'* mit ihren zwei Predigern stand, lag einst südwestlich vom jetzigen Rantum. Es war dort, wo heute das äußere Riff im Meer ist, und es hieß *,das Lange Dorf'* oder *,Groß-Rantum'*. Das heutige Klein- oder Neu-Rantum mit den später verschwundenen Orten Stinum und Niebelum lag östlicher. Sie waren aber zusammen viel kleiner als das Langdorf und hatten eine bescheidenere Kirche, welche gewöhnlich die *,Ratburgskirche'* und später die *,Rantumkirche'* genannt wurde, und die nur einen Prediger hatte.

Der letzte katholische Hauptprediger an der großen *,Westerseekirche'* war der Herr Albert von Kiel. Er war aber kein sonderlicher Papist, sondern ein guter Christ und reicher Mann. Er war verheiratet und hatte einen Sohn, den er studieren ließ. Er besaß so viel Dienstland, daß seine Dienstboten es kaum mit zwei Pflügen bearbeiten konnten. Der damalige Prediger an der kleinen *,Ratburgskirche'*, Herr Georg Einerlei, war aber ein boshafter, erzpapistischer Priester und ein großer Zauberer und Hexenmeister. Er beneidete den Herrn Albert und spekulierte auf dessen Untergang und den seiner Gemeinde.

Einst machte er nun durch seine Teufelskünste einen entsetzlichen Sturm. Der Strand raste fürchterlich, die Flut brach durch alle Deiche und Ufer und sogar durch die *,Hohe Bank'*. So nannte man den Landrücken, worauf das Langdorf lag.*) Alle Häuser dort wurden umgestürzt und zerstört. Die *,Westerseekirche'* sank zwei Faden in die Tiefe, und fast alle Weiber, Kinder und Greise von Alt-Rantum kamen um. Nur die Männer und Jünglinge, von denen die meisten im Sommer beim Heringsfang gewesen und noch nicht wieder zurückgekehrt waren, blieben fast alle am Leben. Auch der Prediger, Herr Albert, war nicht in der Flut ertrunken.

*) Hans Kielholt schrieb manches über den Reichtum seines Vaters, dessen Tod, das Verhalten der päpstlichen Offizialen bei dessen Nachlaß sowie über den Untergang Alt-Rantums und Eidums. Unter anderen: *„My wundert wegen des Sandes, dat alhier am Ufer des Waters so sick hüpig sehen let, grote Humpels alse Houn Hope."* — Es scheint, daß früher dort keine Dünen waren.

Wohl aber hatte er sich dadurch eine Krankheit zugezogen, die ihm im folgenden Jahr den Tod brachte. Als kurz darauf sein Sohn Hans Kielholt von Leipzig heimkehrte, wo er studiert hatte, fand er nicht nur, daß seine Heimat verwüstet und sein Vater gestorben war. Er mußte auch feststellen, daß der Priester Georg sich den ganzen Nachlaß seines Vaters angeeignet hatte, wie es hieß, für den Papst. So fand Hans Kielholt von den Reichtümern seines Erzeugers nur noch eine Nachtmütze und ein Paar Handschuhe vor. Das war alles, was er erbte.

Der böse, habsüchtige Priester Georg, den die Rantumer gewöhnlich spöttisch ‚Gorrig Likfuhl', oder ‚Ekke' oder aber ‚Herr Gierig' nannten, hatte gedacht, die übriggebliebenen Alt-Rantumer für seine kleine, von der Flut verschont gebliebene Gemeinde zu gewinnen. Nachdem die Dörfler aber von seinen Hexenkünsten und Teufeleien überzeugt wurden, indem er z.B. bei ihrer Heimkehr eine Seeräuberbande, die Letzten der Likendehler, in eine Höhle der alten *‚Ratsburg'* gelockt und gebannt hatte, um ihre Schätze zu gewinnen, ohne sie je wieder freizulassen, und als die Alt-Rantumer Heringsfischer sogar nicht mehr zweifelten, daß er am Untergang ihrer Heimat Schuld sei, da wurden sie sehr erbittert auf ihn. Sie wollten nichts mit ihm und seiner Kirche zu tun haben und schwuren ihm ewige Feindschaft. Deswegen zogen sie so weit hin nach Süden auf Hörnum, wie sie konnten. Sie bauten sich hier Erdhütten und wohnten seit dieser Zeit am Hafen oder der *‚Renne'* beim *‚Buder'*.*)

Da nur eine Frau, nämlich Kressen Jacobs, die Frau des Jacob Lüng oder Jacob Lungsem, wie er auch genannt wurde, mit ihnen in den *‚Buder'* gezogen war, benannten sie das Tal, in dem sie ihre Hütten errichteten, ihr zu Ehren das *‚Kressen-Jacobs-Tal'*. So heißt es noch heute. Jacob Lüngs alte Mutter soll aber in Neu-Rantum gestorben sein, ehe die Fischer sich im *‚Kressen-Jacobs-Tal'* ansiedelten.

---

*) Eigentlich hießen diese Erd- oder Fischerhütten *„die Fischerbuden"* oder kürzer und friesisch *„de Buuder"*, wovon der hohe Sandberg dort den Namen *„Buder"* erhalten haben soll.

Obgleich die südliche Hälfte Hörnums schon damals durch den Sandflug sehr verwüstet und zum Ackerbau untauglich war, schien es den Alt-Rantumern doch anfangs an ihrem neuen Wohnort recht wohl zu gehen und gut zu gefallen, so lange sie im Frühling, Sommer und Herbst mit Fischfang beschäftigt waren und sich um nichts anderes kümmerten. Sie fischten übrigens nicht bloß Heringe bei Helgoland, sondern zu gewissen Zeiten auch Schellfische oder Wittlinge in der sogenannten *‚Fischgrube'* im Sylter Westen. Kabeljau fingen sie etwas näher am Land, Rochen und Tebel am Ufer, Schollen aber fanden sie im Watt und im Meer. Ja, sie erschlugen selbst im Winter Robben auf den Sandbänken, fingen Austern in den Wattströmen und stellten in den Dünen den Hasen mit Schlingen nach.

Als nun aber einst ein Winter kam, in welchem fast fortwährend Stürme herrschten, wurden viele Schiffe bei Hörnum an den Strand geworfen, und die Hörnumer Fischer wurden zu Strandräubereien versucht. — Ein anderes Mal, als der Frost im Herbst sich sehr früh einstellte und die Fischer an ihrem Gewerbe hinderte, mußten sie viele müßige Tage und Abende verbringen. Da blieben sie nicht länger die genügsamen und zufriedenen Menschen wie sonst. Da erwachten auch wieder alte Neigungen in ihnen, z.B. wie andere junge Leute hinter den Mädchen herzulaufen oder wie andere Männer sich zu verheiraten.

Ehe man sich versah, schwärmten bei Nacht und Nebel von Süden her einige Hörnumer *‚Halfjunkengänger'* in den westlichen Dörfern Sylts umher und sogar in den entferntesten Wohnungen der Insel. Überdies klagte man bald über ihren Mutwillen und den Unfug, den sie nachts in den Dörfern trieben. Mal waren in einem Dorf die Schornsteine zugestopft, mal die Türen zugebunden, mal die Windfahnen umgeworfen oder gegen den Wind gestellt. Ein anderes Mal waren die Wagen oder andere Geräte verschleppt, dann wieder die Pferde von der Weide weggeführt und zu nächtlichen Ritten benutzt worden. Es wurde übrigens fast alles Unnütze, welches nachts auf Sylt geschah, damals entweder den Hörnumer Fischern oder Kressen Jacobs ‚Söhnen', wie man die Talbewohner nannte, zugeschrieben. — Egal, ob sie es getan hatten, oder nicht! Was die Kampener Hunde zerrissen und die Morsumer Kälber beschmutzten, wurden ihnen ebenso in die Schuhe geschoben wie die losen Streiche, welche die Keitumer Kinder des Abends ausübten. Es ging ihnen, wie es in den Alt-Sylter Sprichworten heißt und wie ihr Jungs es auch erfahren werdet, wenn ihr euch nicht raten und warnen lassen wollt. Die Alten sagten: *‚Watt em önbrokket, dit mut em ütiit'*[*)], aber auch: *‚Suurt Rammer sen ek gud witt tö tauin.'*[**)]

Kressen Jacobs ‚Söhne' waren übrigens, wie es schien, stets lustig, aber schlimm genug zu allem, was nichts taugte. Sie pflegten zu singen:

Frii es de Feskfang,
Frii es de Jaght,
Frii es de Strönthgang,
Frii es de Naght,
Frii es de See, de wilde See,
En de Hörnemmer Rhee!

Hurrah fuar de Boy!
Heeth hi niin Lönth,
Heeth hi dagh sin Moy,
Fesk en de Strönth,
Sin es de See, de moje See,
En de Hörnemmer Rhee!

Pröster sen knorrig,
Laghe jam üt!
Slimmer es Gorrig,
Slaa höm üp Snüt!
Üüs jert de See, de gaarelk See,
En de Hörnemmer Rhee!"

---

*) Was man einbrockt, das muß man auffressen.
**) Schwarze Böcke sind nicht gut weiß zu waschen.

Wir Kinder fühlten durchaus das Rohe und Unsittliche dieses Gesanges sowie überhaupt das Mangelhafte und oft Widersprüchliche in Maikens Moral. Aber wir nahmen alles kindlich leicht und lachten heimlich darüber.

Maiken setzte ihre Erzählung nun fort: „Es kamen den Hörnumer Nachtschwärmern nicht selten bei ihren Streichen lose Gesellen aus anderen Gegenden der Insel zu Hilfe. Noch öfter gerieten sie jedoch mit ihnen in Streit und vermehrten dadurch den nächtlichen Lärm auf Sylt.

Das war besonders oft der Fall, als die verliebten Inselmädchen erkannten, daß die langbeinigen Fischerjungen und Dünenläufer vom *‚Kressen-Jacobs-Tal'* raschere und hübschere Kerle waren als alle übrigen Sylter Halfjunkengänger."

Jetzt war uns Knaben der Kamm wieder geschwollen. Wir fingen daher an, bei diesen Worten unserer alten Freundin laut zu lachen. „Na, lacht nicht, ihr nüchternen Kälber! Es ist bei den Raben wahr, was ich sage!", sagte Maiken beleidigt. — „Die schönen Mädchen von Neu-Rantum, Stinum und Niebelum und die niedlichen Hexen von Duntsum auf Föhr suchten sogar Kressen Jacobs muntere und kecke ‚Söhne' in den Hörnumer Dünen auf. Sie begegneten ihnen am *‚Vlie'*, spazierten und plauderten mit ihnen in *‚Rantum-Inge'*[24], tanzten mit ihnen auf der Burg und kosten und spielten besonders oft mit ihnen in der schönen Schlucht *‚Taatjemglaat'*. Dieses Tal heißt seit dieser Zeit *‚Küssetal'*. — Nun, was juckt euch, ihr Naseweisen? Wenn ihr lacht, so will ich — meiner Seel'! — nicht weitererzählen", sprach Maiken zornig. Also wurden wir wieder ernst und still. „Verheiraten aber konnte sich keiner der Hörnumer. Daran war nicht zu denken. Sie hatten keine ordentlichen Wohnungen[*] und Einrichtungen,

---

24 Rantumer Wiese. „Inge" steht hier definitiv nicht für den Frauennamen, auch wenn Hansen weiter vorher im Text diese Verbindung assoziirt. (Anm. Frank-Daniel Schulten).

*) Ihre Hütten waren aus Gras- oder Erdsoden gebaut. Sie hatten zwölf bis sechzehn Fuß Länge und sechs bis acht Fuß Breite. In der einen Ecke des Hauses war ein Feuerherd. In dem einen Ende befand sich die Tür. Längs der anderen Seite lagen die Schlaf- oder Lagerstätten.

kein Vieh, keine Gärten, keine Äcker, und sie konnten sich oft nur notdürftig im Winter selbst ernähren und im Frühjahr zum Fischfang ausrüsten. Es fehlte ihnen sogar zum Großteil an eigenen Fischerbooten, Leinen, Netzen und anderen Geräten. Deshalb mußten sie sich bei anderen als Gehilfen oder Matrosen für Lohn arbeiten, am häufigsten auf Helgoländer Fischerbooten.

Nur Jacob Lüng hatte ein ordentliches Haus im *'Kressen-Jacobs-Tal'* und ein altes, aber noch immer starkes und brauchbares größeres Schiff, das er zweifellos von seinem Vater geerbt hatte. Auch besaß er immer genug Geld, um im Notfall den übrigen Hörnumer Fischern damit zu Hilfe zu kommen. Im übrigen lebte er still und zurückgezogen mit seiner Frau im Dünental. Er ging seinen Geschäften als Fischer nach, sprach wenig und tat zu Hause und auf dem Land — seiner Natur gemäß — nicht allzu viel. Er kümmerte sich überhaupt selten um das Tun und Treiben anderer Menschen und kam auch selten in andere Gegenden und Dörfer der Insel. — Eines Jahres schenkte ihm seine Frau einen kleinen Sohn, welchen er Peter taufen ließ. Von seinen Landsleuten wurde er aber gewöhnlich *'Pid'd'er Lüng'* und später, als er herangewachsen war, wegen seiner Körpergröße und der Länge seiner Glieder oft 'der Lange Peter' genannt. — Im übrigen gab es für den damaligen einzigen Prediger in Rantum, nämlich den Herrn Einerlei, in vielen Jahren nichts zu tun und keine Gebühren zu erheben.

Trauungen und Taufen kamen in Hörnum nicht vor, und Beerdigungen pflegten im Meer oder in aller Stille auf alten Kirchhöfen in den Dünen zu geschehen. Zur Kirche und zum Heiligen Abendmahl gingen die Hörnumer Fischer nicht. Beichte und Ablaß, Heiligen- und Bilderverehrung waren ihnen vollends zuwider. Auch das Fegefeuer und die Hölle schienen sie nicht zu fürchten, priesterliche Drohungen und Bannflüche verlachten sie. Kurz, sie lebten so ziemlich wie die Heiden. Als der Priester Georg durch Drohungen und Bannsprüche nichts bei ihnen ausrichtete, versuchte er durch Schmeicheleien wenigstens einige Opfer und Zehnten von ihnen zu gewinnen. Gegen glatte Worte schienen aber die rohen Fischer unbewaffnet zu sein. Als der habsüchtige Priester sie nun wiederholt aufforderte, ihm statt der Geldgebühren einen Teil ihrer gefangenen Fische zukommen zu lassen, konnten sie, wie es schien, nicht länger widerstehen und versprachen, ihm zu willfahren.

Eines Tages nun kam einer der Fischer mit einem großen, schweren Sack auf dem Rücken zu Herrn Georg. Er sagte, daß er ihn von seinen Kameraden, den Hörnumer Fischern, grüßen und dem Herrn Pastor einen Teil ihres Rochenfangs bringen solle. Der Priester wurde froh. Er gab dem Überbringer einen Trinkpfennig und nahm den Sack in Empfang. Er öffnete ihn, nachdem der Bringer sich schnell wieder entfernt hatte. Allein, wie wurde er getäuscht und erbittert! Der Sack enthielt nämlich lauter *‚Rochelprotter'*! Das sind Stacheln vom Giftrochen. Diese Fische wurden damals sehr häufig bei Hörnum gefangen.

Das hatte er den Hörnumern nicht zugetraut. Sein Ingrimm war nun grenzenlos. Er sah ein, daß er weder durch Güte noch durch Drohungen etwas bei den Fischern ausrichten konnte. So verklagte er nun die gottlose Herde, deren Hirte er sein sollte, beim Papst in Rom. Als dessen Befehle und Bannflüche bei den Halsstarrigen auch nichts bewirkten, wandte er sich an den dänischen König mit der Bitte, Vögte zu senden, um die unbußfertigen Fischer und Strandräuber auf Sylt zu bändigen. Und siehe! — Seine Bitte wurde wirklich erfüllt.

Es waren indes auch schon zu dieser Zeit in Eiderstedt, auf Nordstrand und Föhr Land- und Strandvögte angestellt. Aber man hatte bisher noch nicht an das abgelegene Sylt gedacht und am allerwenigsten daran, daß in Rantum ein Strandvogt sein müßte. Auf solche Weise bekamen die Sylter ihre ersten Vögte.[*)] Ob der Name des ersten Strandvogts in Rantum nun (wie so viele spätere) Niß lautete, weiß ich nicht. Ebensowenig ist mir bekannt, wer der erste Landvogt auf Sylt war, denn es ist sehr lange her.

[*)] Es gibt keine sichere Nachricht darüber, und es ist nicht wahrscheinlich, daß in den sogenannten *„Siebenharden"* der Uthlande schon vor 1460 Staller und Vögte gewohnt haben, wenigstens nicht auf Sylt. Eiderstedt aber hatte schon 1370 einen Staller, der Owe Hering hieß und bekam dann im Jahre 1444 Strandvögte. Westerlandföhr hatte schon 1388 einen dänischen Vogt, der Frellefson hieß. Christian I. hob den Siebenhardenbund um 1460 auf und setzte anschließend Vögte ein.

Aber es heißt von den ersten Vögten, daß die Leute — und besonders die Hörnumer Fischer — ihnen nicht gehorchen wollten. Der alte Pastor Gorrig verklagte nun die ungehorsamen Hörnumer beim Amtmann in Tondern. Es war aber damals ein tyrannischer Amtmann dort, welcher Henning Pogwisch hieß. Dieser Mann plagte die Bauern schrecklich.

Wenn einer keine Steuern zahlen konnte oder wollte, so ließ er ihm Nase und Ohren abschneiden. Dieser Amtmann hatte aber mehrere Söhne, die alle an Grausamkeit und Hochmut dem Vater ähnlich waren. Einer von ihnen wurde nun mit einigen Fußknechten und dem Henker von Tondern nach Sylt gesandt. Sie sollten die Hörnumer Fischer bestrafen und den Sylter Vögten und dem Prediger zu Rantum bei den Einwohnern endlich Respekt verschaffen.

IV.

Ich will euch jedoch zuvor etwas von Pidder Lüng, dem Sohn des Jacob Lüng, erzählen. Als er noch klein und jung war, hielten ihn die Fischer oft zum besten, um ihren Spaß mit ihm zu haben und um sich in müßigen Stunden die Zeit zu vertreiben. Sie logen ihm im Scherz dann allerlei vor, was der kleine, unschuldige Petje anfänglich glaubte. Wenn er nun entdeckte, daß sie ihm etwas weisgemacht hatten, lachten sie ihn noch aus. Dadurch wurde der Junge aber mißtrauisch und glaubte niemandem mehr, außer seinen Eltern.

Eines Tages hatte er sich ziemlich weit von der elterlichen Wohnung entfernt. Er lag in einem Dünental und pflückte sogenannte ‚Hungerblumen', um damit zu spielen. Da trat von hinten leise eine kleine Dünenhexe an ihn heran, ein neckisches Mädchen aus Neu-Rantum, und hielt ihm ihre Hände vor die Augen, so daß er nichts sehen konnte. Petje schrie laut auf und kratzte die Hände der Dirne. Da zog sie die Hände zurück, und Petje konnte wieder sehen. — ‚Deine Blumen sind häßlich, die du gepflückt hast', sprach die Hexe. — ‚Nein', antwortete Pidder zornig, ‚sie sind schön.' — ‚Aber sie riechen häßlich', sprach sie. — ‚Nein, sie riechen schön', antwortete er. — ‚Petje, wie bist du noch so klein und schwach', sprach die Versucherin. — ‚Nein', rief der trotzige Peter, ‚ich bin groß und stark.' — ‚Aber du bist böse?' — ‚Nein, ich bin nicht böse.' — ‚Wenn du nicht böse bist, so komm her, und gehorche mir.' — ‚Ich will nicht.' — ‚Aber Petje komm doch, ich will dich waschen, du bist schmutzig.' — ‚Nein, ich bin nicht schmutzig, ich will nicht gewaschen sein.' — ‚Nun Petje, darf ich denn nicht deine Nase putzen?' — ‚Nein!' — ‚Willst du nicht meinen Korb tragen, du eigensinniger Junge?' — ‚Nein, ich will nicht, ich bin nicht eigensinnig.' — ‚Will Petje denn gar nicht hören?' — ‚Nein, ich will nicht hören!' — ‚Auch nicht gut werden?' — ‚Nein, ich will nicht gut werden!'

In solcher Schule wuchs Peter auf. Die lügenden Fischer hatten ihn mißtrauisch, die neckenden Dirnen und Hexen aber eigensinnig gemacht. Er war so widerspenstig und hartnäckig geworden, daß er niemals ‚Ja', sondern immer ‚Nein', sagte zu allem, was man von ihm verlangte oder erbat. Nur gegen seine Mutter, gegen ein weinendes Kind, gegen die seufzende und darbende Armut, gegen den Jammer und das Elend der Menschen, konnte er nicht ‚Nein' sagen. Da war es, als ob ihm das Herz vor Mitleid brechen und als ob er sich für die Leidenden aufopfern müßte.

Er war unterdes groß und stark herangewachsen und half bereits beim Fischfang. Trotzdem lief er nicht mit den übrigen Fischern, die in Sünden und sinnlichen Genüssen grau geworden waren, den Mädchen hinterher. Anstatt tolle Streiche in der Nacht auszuüben, ging er alleine in die Hörnumer Dünen. Eines Abends, bei hellem Mondschein und mildem Wetter, stand er einsam an der Stätte, wo einst das Haus seines Großvaters im ‚*Wardünal'* lag. Es war zu der Zeit, als der Priester Georg besonders zornig gegen die Hörnumer wütete und veranlaßte, daß die Vögte gekommen waren, welche die alten Freiheiten und Rechte der Sylter unterdrückten. Da schien es Peter, als ob eine händeringende, weinende Gestalt auf dem Herdstein des alten, verbrannten Hauses saß. Je länger er den Schemen anschaute, desto bestimmtere Züge nahm der an, desto mehr überzeugte Peter sich, daß er ein wirkliches Wesen vor sich sah. — ‚Wer bist du?', fragte er endlich. — ‚Ich bin die Stavenhüterin. Wo fromme, freie Menschen gewohnt haben, da bewache ich die Stätte, wo sie weilten, damit der

Ort nicht durch Lug und Trug, durch Unrecht und Unterdrückung entweiht werde. Oh, wenn Jens Lüng doch noch lebte in dieser Zeit!' — ‚Warum?', sprach Peter. ‚Jens Lüng war mein Großvater.' — ‚Ach', sprach das händeringende Weib, ‚mögest du ihm ähnlich sein und mit festem männlichem Sinn die Greuel der Verwüstung abwehren, die über Friesland immer mehr hereinbrechen, und mögest du von den Tugenden und Freiheiten der Vorfahren retten, was noch zu retten ist! Oder, wenn du nicht siegen kannst, wie ich fürchte, mögest du dann im Kampfe untergehen nach alter Weise. *Fuar: Lewwer duad, üs Slaaw*!'[*)] — Peter schwur, tief erschüttert: ‚*Jaa, Lewwer duad, üs Slaaw!* Ich will in die Fußstapfen meines Großvaters treten, so gut ich's kann, so wahr mir Gott helfe!' — Darauf verschwand die Fee, die edle Stavenhüterin,[**)] welche wir Rantumer *‚das Stademwüfke'* nennen, die aber später immer seltener den Menschen auf Hörnum erschienen ist. Es ist, als ob jetzt ein Fluch auf Hörnum ruht. — Gott schütze uns alle!

Jahre vergingen, und nichts änderte sich. Eines Tages hatte Peter, der jetzt schon 26 Jahre zählte, für seine alten Eltern, die besonders gerne Grünkohl aßen, obgleich dieses Küchengewächs auf Hörnum nicht gedeihen wollte, eine große Tracht Kohl von Westerland geholt und auf seinem Rücken heimgetragen. Die Mutter kochte das Gemüse am folgenden Tag, und alle drei freuten sich auf das Gericht. Sie saßen gerade eben rings um den Tisch, um sich in Frieden den herrlichen Kohl schmecken zu lassen. Da öffnete sich die Tür ihres Hauses, und es trat ein vornehmer junger Mann in kostbarer Kleidung in die Stube. In seinem Gefolge waren der alte, falsche Pastor Georg sowie der Landvogt der Insel und der Strandvogt von Rantum.[*)] Der vornehme Herr grüßte nicht, sondern sagte: ‚Wohnt hier das Gesindel, welches Gott und der hohen Obrigkeit trotzt?' — Die alte

---

*) „Denn: Lieber tot, als Sklave!"

**) „Einige meinen, sie sei der Geist der tugendhaften Ellen, der Tochter von Jens Lüng, die sich selber ins Wasser stürzte, um ihre Unschuld zu retten."

*) Obgleich die Namen dieser (wie so vieler anderer inselfriesischen Vögte aus alter Zeit), nicht mehr bekannt sind, so weiß man doch, daß bis in die neueste Zeit alle Strand- und Bauernvögte und fast alle Landvögte eingeborene Friesen waren und aus den angesehensten Einwohnern gewählt wurden.

Kressen ließ vor Schreck den Löffel fallen. Peter zerbrach seinen Löffel voller Wut und biß die Zähne fest zusammen. — Nachdem der langsame, alte Jacob sich besonnen hatte, antwortete er: ‚Wir sind kein gottloses Gesindel, sondern ehrliche Fischerleute und niemandem etwas schuldig. Wer seid ihr aber, der ihr in das Haus eines freien Friesen einzudringen wagt, wie es scheint, nicht in guter Absicht?' — ‚Wer ich bin, alter Trotzkopf, das will ich dir gleich zeigen. Ich bin hierher gesandt im Namen Seiner Majestät des Königs Christian I. und meines Herrn Vaters, des Amtmannes Henning Pogwisch in Tondern, um euch eures Ungehorsams wegen zu strafen und alles trotzige und hochmütige Gesindel hier auf Sylt zu bändigen. Ihr scheint hier noch keine Ahnung davon zu haben, welche Gewalt die Obrigkeit besitzt und wie ihr als Untertanen euch gegen sie zu verhalten habt. Das will ich euch lehren, ihr freien friesischen Kohlfresser, die ihr Abgaben mit Rochenstacheln zu bezahlen euch erfrecht.'[**] — Georg schien tief gerührt zu sein über diese Worte und setzte feierlich hinzu: ‚Was der Diener Gottes lehrt und die hohe Obrigkeit tut, ist alles recht und alles gut!' — Den jungen Pogwisch überkam bei diesen Worten eine starke Anwandlung zum Husten und zugleich eine unwiderstehliche Neigung, seinem Spott und seiner hochmütigen Laune Luft zu verschaffen. So spuckte er in die Kohlschüssel der Friesen. — Da war die Geduld des jungen, bisher still gebliebenen, Pidder Lüng zu Ende. Er stand glühend vor Zorn auf, alle Glieder zitterten ihm. Er rief: ‚Wer in den Kohl spuckt, soll ihn fressen!', — und faßte mit riesiger Kraft den Nacken des jungen Pogwisch und drückte ihm das Gesicht in den heißen Kohl, bis der junge Tyrann erstickte.[*]

‚Um Gottes Willen, was machst du?', schrie Herr Georg. — Jacob Lüng und seine Frau erblaßten. Die beiden Vögte aber nahmen feige Reißaus. Jetzt wurde es draußen lebendig! Die mitgekommenen Fußknechte, Henker und Diener hatten sich zuvor lustig gemacht über die hölzernen, galgenähn-

---

[**] Ich muß hier bemerken, daß diese Geschichte, wie freilich so viele andere Sagen, nicht immer einerlei oder von allen gleichartig erzählt wird. Über heikle und politisch üble Dinge schweigen die Alten gewöhnlich ganz.

[*] Vielleicht hat das bekannte, noch oft gebrauchte Sylter Sprichwort: *„Diar ön de Kual spüttet, skell en sallef ofiit!"* von dieser Handlung Peters seinen Ursprung erhalten.

lichen Gerüste der Fischer, an denen Rochen und andere Fische zum Trocknen aufgehängt waren. Sie hatten gespottet: ‚Seht, da sind die Galgen für die Strandräuber schon fertig!' Die häßlichen, übelriechenden Rochen hatten sie bereits niedergerissen, um den Fischern Platz zu machen. — Doch diese waren noch nicht gefangen und nicht gewillt, sich von einer Handvoll Landsknechte ergreifen und hängen zu lassen. Einer der Fischer rief: ‚Sie wollen wieder Abgaben haben. Wartet nur: Wir bezahlen mit Rochenstacheln!' — Die Fischer schnitten eiligst einer Menge ihrer Rochen die stacheligen Schwänze ab. Mit diesen gefährlichen Waffen fielen sie über die Knechte des Amtmannes her. Sie hieben ihnen die Köpfe und Rücken wund, und jagten sie in die Flucht. Dann kamen die Vögte und der Priester ängstlich aus Jacob Lüngs Haus heraus. ‚Seid ihr blind, oder könnt ihr sehen?', riefen die tollen Fischer den Vögten zu. — ‚Wir sind blind und geschlagen, wir sehen nichts!', antworteten die feigen Vögte. — ‚Ich verfluche euch in die Hölle, ihr Heiden!', schrie der Priester. — ‚Aha', riefen die Fischer, ‚da ist der Herr Gierig auch, den müssen wir blind machen. — Nein, wir wollen ihm die Zehnten geben von den Rochenschwänzen.! Hört, seid nicht karg gegen ihn, gebt ihm reichlich!' — So schrien die erbosten Fischer einander zu und hieben dermaßen auf den falschen Priester ein, daß die giftigen Stacheln ihm die Haut von den Knochen rissen. Zum Teil blieben sie ihm auch im Fleisch stecken, und der unglückliche Georg kehrte nur mit knapper Not lebendig nach Rantum zurück. Bald darauf starb er aber an seinen Wunden. So ging es damals — bei den Raben! — auf Hörnum zu![*)]

Nach diesem Spektakel, diesem Aufruhr auf Hörnum, wurde es dort eine Zeitlang sehr still. Nachdem die Leiche des jungen Pogwisch gewaschen war, brachten die Hörnumer sie nach Rantum, wo die Diener des Amtmannes sie abholten. Von dort führte man sie heim nach Tondern. Man war der Meinung, daß der junge Herr vor Zorn an einem Schlaganfall gestorben sei, weil er keine Verwundungen an seinem Körper hatte. Doch scheint das Gerücht von dem Mord ungeachtet der Verschwiegenheit der beiden Vögte,

---

[*)] „Bei den Raben", war in Maikens Munde ihre höchste Beteuerung. Es liegt zugleich eine Bezeichnung der heidnisch gesinnten Hörnumer darin.

welche, wie man sagte, zwei alte, eingeborene Schlafmützen gewesen waren, dennoch bekannt geworden zu sein. Pidder Lüng konnte sich nämlich viele Jahre lang nicht mehr auf Sylt sehen lassen.

Er fuhr mit den eifrigsten Aufrührern im Ewer seines Vaters von Hörnum fort auf See und in die Fremde, so daß man lange Zeit nichts mehr von ihm hörte. Viele andere Fischer folgten ihm nach, wenigstens hieß es so. In der Fremde und auf dem Meer gesellten sich allerlei andere diebische und flüchtige Leute zu ihnen. Besonders viele kamen von Nordstrand und Husum, wo damals ebenfalls ein Aufstand gewesen war.[**)] Diese zahlreichen Menschen trieben sich dann jahrelang umher, bald als Fischer, bald als Seeräuber, bald als Stranddiebe. Sie ließen sich später wieder öfters auf Amrum und Hörnum sehen, schienen aber ganz besonders Helgoland als ihre Zuflucht zu betrachten und zu nutzen.

Als der böse Amtmann erfuhr, wie es seinem Sohn und seinen Dienern auf Sylt ergangen war, wurde er sehr traurig, aber auch zornig. Er ließ nun alle Fußknechte, Soldaten und andere Diener aus dem ganzen Amt zusammenkommen und sandte sie wieder nach Sylt. Er gab ihnen die strengsten Befehle, die Hörnumer Fischer und Stranddiebe tot oder lebendig nach Tondern zu bringen. Als sie jedoch auf Sylt ankamen, waren Pidder Lüng und alle anderen schuldigen Fischer bereits aufs Meer entflohen. Nur einige alte, schwache Leute waren noch auf Hörnum, darunter auch Jacob Lüng und seine Frau. Als sie erfuhren, daß die Knechte des Amtmannes und viele andere Diener und Soldaten wiedergekommen waren, um die Hörnumer Aufführer zu fangen, mußten auch sie sich zur Flucht rüsten. Jacob Lüng wollte jedoch nicht. — Seine Frau sagte zu ihm:

**) Die Einwohner der Insel Nordstrand und der Stadt Husum sowie der Landschaft Stapelholm hatten bereits um 1468 einen Aufstand gegen König Christian I. gemacht. Er war ein sehr verschwenderischer Fürst und hatte ganze Landesteile an gewissenlose Adelige verpfändet, die ihm Geld geliehen hatten. Der Aufstand wurde niedergeschlagen, brach aber erneut wieder los auf Anreizung des eigenen Bruders des Königs. Der König zog gegen die Aufrührer, ließ mehrere hinrichten, unter anderem (um 1472) den Staller Edlef Knutzen von Nordstrand. Gerhard, der Bruder des Königs sowie viele andere Friesen flüchteten und wurden Seeräuber.

‚Wenn die Dänischen die Schuldigen nicht finden, so werden sie die Unschuldigen mitnehmen und büßen lassen. Wir müssen fliehen.'*) — ‚Ich mag nicht fliehen, ich laufe vor niemand fort', antwortete Jacob. — ‚Aber, lieber Mann, sie werden dir das Leben nehmen', sprach Kressen. — ‚Nun, laß´ sie, ich bin alt genug zum Sterben', war die Antwort. — Als die Frau sah, daß ihr Mann unbeweglich blieb, ging sie hinaus, um heimlich mit den Nachbarn zu sprechen. Gegen Abend kehrte sie dann wieder heim zu ihrem Mann. Als es dunkel geworden war, zündete sie ihre Lampe an. Sie legte alle Kleider und die notwendigsten Sachen zur Flucht bereit, sprach aber nicht mehr mit ihrem Gatten darüber. Kaum war sie fertig, da wurde heftig an die Haustür geklopft. Kressen blies schnell die Lampe aus und ging zur Tür, um zu öffnen. Die hereintretenden Männer sprachen dänisch, harte und rauhe Worte, welche die beiden Eheleute nur teilweise verstanden. Die rohen Fremdlinge nahmen jetzt mit leichter Mühe den alten, langsamen Jacob gefangen. Sie banden ihm die Hände und führten ihn mit seiner widerstrebenden Frau fort, die noch ihre bereitgelegten Sachen mitnehmen wollte.

Die Gesellschaft wanderte schweigend in der finsteren Nacht durch die Dünen zum Meer und dann nordwärts, am westlichen Strand entlang. Als sie ungefähr drei Stunden lang gegangen waren, stiegen alle, noch immer schweigend, wieder über die Dünen in das Innere dieses kleinen Sandgebirges. Sie waren jedoch in einer dem greisen Jacob wildfremden Gegend. Mitten in einem wilden, ziemlich verborgenen Dünenkessel, standen die Reste eines alten, im Sand halbbegrabenen Hauses. Hier klopfte man an. Ein kleiner buckliger Mann, den die Begleiter oder Entführer des alten Ehepaares in der Sylter Sprache anredeten und den sie Pua nannten, öffnete leise die Tür. Er ließ alle ein und schloß die Pforte eilig wieder zu.

---

*) Die Inselfriesen pflegten alle nichtfriesischen Bewohner des Herzogtums Schleswig gleich den Jütländern und Seeländern „Dänische" zu nennen. Die Sylterinnen hatten seit alten Zeiten die seltsame Meinung: Wenn vornehme Dänen oder dänische Beamte (z. B. der Amtmann von Tondern) nach Sylt kommen, dann gibt es ein Unglück, wenigstens einen Sturm und hohe Flut. Sie wollten daher ihr Gras nicht mähen, ehe die Fremden wieder fort waren, damit ihr Heu ihnen durch die Flut nicht verlorenginge.

Am folgenden Morgen stürmten die Tondernschen Häscher und die Knechte des Amtmannes nach Hörnum, fanden aber das Nest leer vor. Sie zerstörten Jacob Lüngs Haus, nachdem sie es zusammen mit den übrigen Hütten der Hörnumer geplündert hatten, obwohl sie nicht viel Wertvolles besaßen. Daraufhin begannen sie alle Dörfer, Schluchten und andere verborgene Stätten der Insel, selbst viele einzelne Wohnungen, zu durchsuchen, um die Übeltäter zu fangen. Sie wollten auch alle wohlgesinnten Sylter auffordern, ihnen zur Erreichung dieser Absicht zu Hilfe zu kommen. Doch konnten sie keine ihnen zugeneigten Inselbewohner finden, außer dem Priester Georg. Dieser lag jedoch im Sterben und konnte ihnen nichts mehr nützen. Jetzt wollte man die Sylter zu solcher Hilfeleistung zwingen, doch sie waren und blieben widerspenstig. Sie rührten sich nicht zur Teilnahme an diesem widerwärtigen Geschäft. Vielmehr schienen sie eher geneigt zu sein, allesamt die Rochenschwänze in die Hand zu nehmen, um sie wie die Hörnumer zu gebrauchen und die herrschsüchtigen Fremdlinge zu verjagen.

Unterdessen kamen für die Diener des Amtmannes schlimme Nachrichten vom Festland. Als die Tondernschen Geest- und Marschharden des Festlandes von den dienstbaren Geistern des tyrannischen Amtmannes befreit waren, begannen die Bauern auch dort trotzig zu werden. Sie wollten keine Steuern mehr zahlen und machten Anstalten, nach Tondern zu gehen, um den bösen Amtmann zu erschlagen. König Christian I., der den Unfrieden spürte und die Grausamkeiten des Amtmanns Pogwisch und dessen Söhnen nicht länger dulden wollte, kam den Bauern jedoch zuvor. Er ließ Pogwisch absetzen und zusammen mit dessen Sprößlingen aus seinem Reich vertreiben.[*] So wurden die Sylter unerwartet von den sehr lästig gewordenen Fußknechten und Soldaten erlöst. Sie mußten aber von dieser Zeit an, zur Strafe wegen jenes Mißbrauchs der Rochenschwänze und –stacheln, alle Jahre eine besondere Steuer, die sogenannte ‚Rochensteuer' (‚*Rochelschatt*') bezahlen. — Bis auf den heutigen Tag!

---

[*] Der Amtmann Henning Pogwisch zu Tondern wurde im Jahre 1479 von König Christian dem I. abgesetzt und vertrieben.

Eine Zeitlang wußte man nicht, wo die auf Sylt zurückgebliebenen Hörnumer verborgen waren. Aber als die Gefahr für sie vorüber war, kamen sie wieder zum Vorschein. Da zeigte sich, daß sie Zuflucht gefunden hatten bei einem Mann, welcher Pua hieß. Er wohnte einsam in dem noch heute bekannten Dünental, welches nach ihm *‚Puanstöven'* benannt wurde. Es liegt südwestlich vom heutigen Westerland in der Gegend des alten Eidum. Sein Haus hatte die Flut überstanden, welche Alt-Rantum und Eidum zerstörte. Die meisten dieser Alt-Hörnumer Fischer scheinen aber danach wieder ihre alte Heimat am *‚Buder'* bewohnt zu haben. Einige blieben jedoch auch in den westlichen und mittleren Dörfern Sylts und siedelten sich dort an.

18. Pua Modders, der Sylter Schalk

Von einem Mann, von dem es hieß, daß dessen Schornstein stets gegen den Wind geraucht habe, will ich euch zum Schluß noch einiges erzählen sowie von dessen Enkel: In *‚Puanstöven'*, und zwar in einer engen Dünenschlucht, lag wie gesagt, einst ein altes Haus. Es war gegen Südwest und Nordost gekehrt,[*)] aber durch die Dünen vor allen Luftströmungen geschützt. So wehte jeder Wind zuerst über das Haus hinweg. Dann traf er beim Zurückprall von der gegenüberliegenden Dünenwand das Gebäude und trieb so den Rauch des Schornsteins immer gegen den Wind, z.B. bei Westwind nach Westen.

---

*) Zu Anfang des 19. Jahrhunderts kamen die Grundsteine dieses ehemaligen Hauses in *„Puanstöven"* und andere Reste davon am westlichen Strand wieder zum Vorschein, nachdem die Dünen von Westen darübergeschritten waren.

Das Haus wurde von einem Mann bewohnt, der Pua Buhn hieß. Der verhielt sich ebenso ungewöhnlich wie der Rauch seines Schornsteins.[**)] Er bezahlte pünktlich seine Steuern und Abgaben, sonst aber lebte er ganz für sich alleine. Pua kümmerte sich ebenso wenig um die Priester und Vögte und deren Anordnungen wie um die übrigen Leute und deren Sitten und Rechte. Der Mann tat freilich niemand Unrecht oder einen unmittelbaren Schaden. Aber er gehorchte auch niemandem. Er war ein Hehler der Diebe, besonders der Stranddiebe. Außerdem spottete er sogar über die Vögte und Priester, über alle ehrlichen Leute und deren Gehorsam, deren Gottesdienst und deren sonstiges ehrbares Verhalten. Pua hatte eine hübsche Tochter. Aber man sagte von ihr, sie sei nie getauft worden und habe keinen Namen erhalten. Man nannte sie nur *'Mooder'* oder *'Modder'* (Mutter). Selbst der wunderliche Vater nannte sie zur Erinnerung an ihre Mutter, die bei ihrer Geburt gestorben war, stets nur *'Modder'*.

Einst waren viele schlechte Leute auf Sylt gelandet. Sie waren braun von Farbe, machten Musik, wahrsagten und flickten alte Kessel. Aber sie bettelten und stahlen auch, besonders in solchen Häusern, wo sie keine Männer trafen. Man nannte sie *'Taters'*. Sie reinigten den ganzen Sylter Strand von allen angespülten, nicht schon früher geborgenen Gütern. Auch handelten und tauschten sie gerne mit den Rantumern und den Fischern auf Hörnum. Ihr Hauptquartier sollen sie aber bei dem alten, wunderlichen Pua gehabt haben.

Diese Leute wiederholten in der Folge fast alle Jahre ihre Besuche auf Sylt. Anfangs wurde man nicht gewahr, wo sie eigentlich ihren Aufenthalt oder ihre Schlupfwinkel hatten, bis eines späten Winterabends, die schöne Modder einen braunen Knaben gebar, dessen Geburt die Diebeshöhle verriet. Der Junge wurde Paul Moders oder Pua Modders genannt. Als er heranwuchs, zeigte er früh die Gewandtheit, List und die diebischen Eigenschaften seines väterlichen Stammes. Aber er glich nicht minder an

---

[**)] Er mochte ein Sohn oder Enkel des buckeligen Pua gewesen sein, der in der Geschichte von Jacob Lüng erwähnt wurde.

störrischem und rechthaberischem Wesen seinem Großvater. Vor allem offenbarte er diese Verwandtschaft durch seine Spottsucht.

Er konnte es nicht lassen, alle Leute, die er traf und — nicht selten sogar seinen Großvater — zu necken und zu verhöhnen. Es war daher nur natürlich: Je größer und je ähnlicher er dem alten Pua wurde, desto unleidlicher wurde er ihm auch. Als nun die noch immer so hübsche Modder einen armen, aber gutmütigen Fischer aus Rantum namens Nickels Christians heiratete, jagte der alte Pua den jungen, spottsüchtigen Enkel eines Tages fort. Er verbot ihm, je wieder in sein Heim in *‚Puanstöven'* zurückzukehren.

Pua Modders wohnte daher seit dieser Zeit im Haus seines Stiefvaters zu Rantum. Jedoch trieb er sich gewöhnlich an anderen Orten auf der Insel umher, immer auf der Suche nach Kurzweil und Naschereien. Er mischte sich überall unter die Leute. Er neckte die Einfältigen, war naseweis gegen die Klugen, lachte über die Betrogenen und spottete sogar der Unglücklichen. Wurde er von jemand wegen eines Streiches ertappt und gezüchtigt, so zeigte er ihm die Zähne, streckte die Zunge aus dem Mund und schwur blutige Rache. So wuchs Pua Modders heran, ein echter Sohn der Freiheit und der Wildnis, der niemandem gehorchte und niemanden nach etwas fragte. An keiner offenen Tür ging er vorbei, ohne wenigstens seine Nase hineinzustecken. Kein Hühner- oder Bergentenloch war ihm zu eng, daß er nicht hineinkriechen und es ausleeren konnte. Meinten die Jäger, einen Hasen oder Vogel gefangen oder geschossen zu haben, so hatte Pua Modders das Tier nicht selten bereits erwischt, ehe sie ihrer Beute habhaft werden konnten. Ebenso erging es oft den Fischern.

Bei Strandungen war er der flinkste Berger, aber auch der gefährlichste Dieb. Wann und wo man ihn suchte, fand man ihn nicht. Wenn man ihn aber nicht erwartete, dann war er da! Je größer er wurde, desto weiter dehnte er seine Streifzüge und Schalkstreiche aus. Bald fuhr er zusammen mit seinem Pflegevater auf Fischfang aus, bald schiffte er in dessen Boot alleine im Watt und an den Ufern Sylts umher. Er wagte sich auch auf die Nachbarinseln, nach Föhr, Amrum und selbst nach Römöe und den

Halligen. Überall trieb er Kurzweil, hielt die Leute zum Narren, naschte und stahl, und war wieder fort, wenn man ihn fangen und bestrafen wollte.

Die Strandvögte aber hatten am meisten Plage und Ärgernis durch ihn. Einst war in der Nähe von Hörnum ein holländisches Schiff untergegangen. Viele Gegenstände dieses Kahnes und seiner Ladung wurden dort an den Strand gespült, unter anderen auch eine Menge holländischer Käse. Die Fischer auf Hörnum, die Amrumer, die Rantumer und natürlich auch Pua Modders, sammelten fleißig die angespülten Käse und andere Dinge ein. Nur der Strandvogt von Rantum kam wie gewöhnlich zuletzt und erhielt am wenigsten. Auch die Föhrer gingen diesmal leer aus und beneideten die übrigen Strandläufer auf Hörnum sehr.

Eines Abends traf Pua Modders zwei neidische und habsüchtige, aber höchst einfältige Föhrer. Sie waren soeben erst an der Ostseite auf Hörnum in einem Boot angekommen. Treuherzig fragten sie Pua Modders, wo man die holländischen Käse suchen und finden könne. Der Schalk antwortete: ‚Am Ufer sind keine mehr. Einige könnt ihr auf dem Warf des Strandvogts finden und in der Nacht leicht wegnehmen. Andere treiben im Haff umher. Seht, da im Nordosten taucht eben ein schöner, roter aus dem Wasser hervor. Wollt ihr den haben, so müßt ihr geschwind sein.' — Die Föhrer sprangen sofort wieder in ihr Boot, stießen ab und ruderten eilig ins Haff, dem aufgehenden Vollmond nach. — Über diese Fopperei und Einfalt der beiden Föhringer entstanden die Sprichwörter oder Redensarten: *‚Grip jens eeder de Muun!'* und *‚Hi röd eeder de Muun üs de Förring, en meent dat et en hollönds Aast wiar.'*

Als Pua von Hörnum zurückkehrte, begegnete ihm der Strandvogt von Rantum. Dieser schalt ihn einen Stranddieb und untersuchte seine Taschen. Als er nichts Verdächtiges fand, ließ er ihn mit der Mahnung gehen, sich nie wieder am Strand sehen zu lassen. Das verdroß den Schalk, und er beschloß, sich sobald wie möglich an dem Strandvogt zu rächen. Als er ins Dorf zurückgekehrt war, bemerkte er, daß eine alte, geizige Nachbarin, die ihm, wenn er hungrig gewesen, nie ein Stückchen Speck oder Brot gegönnt hatte, ihre überjährigen Schinken zum Trocknen an die Mauer ihres Hauses gehängt hatte. Nach Anbruch der Nacht hatte sie vergessen, sie wieder einzuhängen. Pua nahm sie alle, bis auf einen, von der Mauer leise weg und trug sie zum Strand. Dort legte er sie verstreut auf dem Treibwall nieder, als ob sie von der Nachtflut angespült wären. Er hatte berechnet, wenn der Strandvogt von seiner Exkursion nach Hörnum zurückkehrte, würde er die Schinken finden und sie als Strandgut ansehen und bergen. Dann würde er aber mit der geizigen Nachbarin einen Prozeß bekommen und selber als Dieb berüchtigt werden. So wie Pua es gedacht hatte, geschah es auch. Ja, eines Morgens fand man sogar einen großen Strohwisch. Er war mit dem Rock und Hut des Strandvogts angetan und an einer Windfahne wie ein Dieb aufgehängt, dem Vogt zum Spott.

Ein Bauer, welcher im nordwestlichsten Haus in Wenningstedt wohnte, dem sogenannten *‚Freddens Hause'*, und der wahrscheinlich Fredd oder Frödde hieß, besaß viel Land in der Rantumer Wiese (*‚Rantum-Inge'*). Er hatte die Gewohnheit, wenn sein Heu alles wohl gemäht und ins Haus geborgen war, denen, die dabei halfen, einen Ernteschmaus zu geben.[*)]

Eines Jahres hatten seine Wiesen ihm viel Heu eingebracht. Viele Rantumer, unter anderen auch Pua Modders, hatten ihm bei seinen Feldarbeiten geholfen. Aber auch einige jütländische Arbeiter waren dabei, die schon damals zur Erntezeit nicht selten nach Friesland kamen, um sich hier etwas zu verdienen. Die Sylter und besonders die Arbeiter aus Hörnum und den Norddörfern waren aber neidisch und erbittert auf die fremden dänischen Tagelöhner und Dienstboten, die nach Sylt kamen und den Eingeborenen den Verdienst schmälerten. Es gab daher oft Zwistigkeiten zwischen den dänischen und friesischen Landarbeitern, besonders wenn die Dänen anmaßend auftraten oder zu Trunk und Streit geneigt waren.

[*)] Das jetzige Dorf Wenningstedt gehört zu den Norddörfern auf Sylt. Es liegt eine halbe Stunde nördlich von Westerland. Es hat seinen Namen nach der 1362 untergegangenen Stadt Wendingstedt am Friesenhafen. Dieser Ort lag ca. eine Viertelmeile südwestlich vom heutigen Wenningstedt und ist im Meer versunken.

Unter den zu Pua Modders Zeiten (kurz vor 1600) nach Friesland gekommenen Jütländern waren zwei sehr habsüchtige und naseweise Brüder. Sie wurden von den Friesen Sören und Niels Kygi Rand genannt. Ihre Zunamen *‚Kygi Rand'* scheinen sie von dem Umstand erhalten zu haben, daß sie die üble Gewohnheit hatten, überall wohin sie kamen, in die Küche zu gehen und in anderer Leute Töpfe zu gucken. Dann leckten sie auch wohl den Rahm und das Fetteste und Beste weg.[*)]

Niels Kygi Rand ging nach Nordstrand und fand Aufnahme und Arbeit im Kirchspiel Ilgrof. Dort waren die beiden Bauern Jens Sievertsen und Nickels Laurensen mit ihren bisherigen friesischen Arbeitern unzufrieden und nahmen sich seiner an. Sie verschafften ihm eine Wohnung, aber die Unverschämtheit dieses Dänen muß sehr groß und die Geduld der damaligen Standerfriesen mit naseweisen Fremden sehr klein gewesen sein. Man verklagte Niels nämlich wegen seiner Naschereien in den Küchen der Nordstrander beim dortigen Rat (dem Landes- oder Volksgericht). Der verurteilte ihn schließlich zum Tode.[**)]

Sein Bruder Sören kam mit ähnlichen Eigenschaften nach Sylt. Die Sylter nannten ihn gewöhnlich *‚Sören Kiek in de Pott'*. Er scheint überdies trunk- und streitsüchtig gewesen zu sein. Jedenfalls waren Sören und Pua Modders einst bei Bauer Fredd zu Wenningstedt in Arbeit gewesen und zum Erntefest geladen. Die Festlichkeiten pflegten auf Sylt mit Tanz und damals nicht selten mit Schlägereien zu enden. So geschah es auch: Als jene Erntemahlzeit beendet war und die meisten der munter gewordenen Gäste sich abends bereits beim Sylter Nationaltanz belustigten, entstand eine entsetzliche Prügelei zwischen friesischen und dänischen Arbeitern. Den Anlaß dazu aber gaben Pua Modders und Sören Kygi Rand.

---

*) Heimreich erzählt davon unter anderem: *„Ein Däne, Niels Kygi Rand genannt, darum, daß er, wenn er in ein Haus gekommen, am ersten nach der Küche gegangen und nach der Wime gesehen."*

**) Er soll wirklich, wie Heimreich schrieb, am 13. März 1598 gehenkt worden sein. Die beiden genannten Bauern aber mußten die Gerichtskosten bezahlen, *„anderen zum Abscheu, daß sie sich vor dergleichen Landstreichern, die sich hieselbst ohne Beweis wollen niederlassen, mögen hüten"*, wie Heimreich in seiner Chronik erzählt.

Nachdem der Abend gekommen war, fiel dem unruhigen und naschhaften Pua ein, einmal in die Küche zu schleichen, ob nicht dort noch einige Brocken zu erhaschen wären, die von der Mahlzeit übrig waren. Als er dort ankam, fand er die Küche leer, aber die Kellertür offen. Er schlich leise näher, bückte sich, und sah in den Keller hinunter. Hier gewahrte er Sören vor einer Bier- oder Branntwein-Tonne knieend, wie er sich eigenmächtig einen Trunk nahm. Sofort schlich Pua ebenso leise wie er gekommen war, wieder zur Tanzgesellschaft zurück. Er offenbarte dem Hauswirt und den übrigen Syltern, was er gesehen hatte, nämlich daß ein Dieb im Keller sei und die Tonnen ausleere. Man lief daher augenblicklich in den Keller und fand wirklich Sören Kiek in de Pott beschäftigt, so wie Pua Modders es gesagt hatte.

Der Dieb wurde nun von dem jähzornigen Wirt und den erhitzten Syltern unsanft aus dem Keller befördert, während Pua Modders die übrigen Dänen anstachelte, ihren Landsmann nicht im Stich zu lassen und ihn zu verteidigen. Nachdem er auf beiden Seiten das Feuer geschürt hatte, entstand eine fürchterliche Prügelei zwischen Syltern und Dänen. Der Hauswirt, ein harthändiger Friese vom alten Schlage, hämmerte so lange mit seinen groben Fäusten auf den Schädel des armen, durstigen, halbbetrunkenen Sören ein, bis er, plattgeschlagen, sich nimmer wieder erhob und der Unglückliche seinen Geist aufgab. Die übrigen Dänen wurden von den Sylter Arbeitern in die Flucht geschlagen, unter dem Hohnlachen und Händeklatschen des an dem Kampf nicht teilnehmenden feigen Spötters und Friedenstörers Pua.

Als der jähzornige Fredd zur Besinnung kam und die heillosen Folgen des Streites und besonders den Tod des dänischen Arbeiters erkannte, waren sein Entsetzen und Schmerz über das Geschehene so groß wie vorher sein Zorn und Kampfesmut. Er floh aus seinem Haus, und man suchte ihn an den folgenden Tagen überall vergebens. Es hieß, er wäre von der Insel und damit den Händen der Justiz entkommen, die in solchen Fällen auf den friesischen Inseln sehr lässig zu sein pflegte. Seine Gattin mußte nun an seiner Statt die gewöhnliche Mannbuße wegen des Totschlages bezahlen. Dazu mußte sie einen Großteil des zum Haus gehörenden Landes verkaufen und sich und ihre Kinder durch die Arbeit ihrer Hände mühselig ernähren. Der entwichene Mörder aber wurde bei der Beerdigung des Erschlagenen nach alter Weise dreimal verbannt, indem, statt der ebenfalls entflohenen Freunde des Sören, die Obrigkeit unter dem Racheruf: „*Wraek!*“, dreimal mit dem Schwert auf den Sarg schlug.[*)]

Jahre vergingen, ohne daß man von dem unglücklichen Totschläger etwas hörte. Fast schienen sein Name und seine Tat vergessen zu sein. Da entstand das Gerücht, seine Frau, die fromme und bisher unbescholtene Ose, sei schwanger. Das erregte nicht nur in dem einsamen Dörfchen, sondern auf der ganzen Insel Aufsehen, und die Leute zerbrachen sich die Köpfe darüber, wer wohl der Freier der unglücklichen Frau sein mochte. Die Neugierigsten gönnten sich aber keine Ruhe, bis sie die Sache aufgedeckt hatten.

Da fand es sich denn, daß der Totschläger Fredd gar nicht von der Insel weggewesen war. Er hatte sich seit jenem unglücklichen Erntefest in einer Höhle der Wenningstedter Dünen verborgen gehalten, und wurde dort von seiner treuen Gattin zehn Jahre lang versorgt. Diese langjährige Buße und die Art und Weise seiner Erhaltung beschwichtigten jede bittere Erinnerung an das einst Geschehene. Freudig wurde der Wiedergefundene daher von allen, die ihn früher als redlichen Mann gekannt hatten, in die menschliche Gesellschaft wieder aufgenommen.

Zum Andenken an die Treue der Gattin und an ihre aufopfernde Liebe, mit der sie alle Mißverhältnisse und Unglücksfälle ertragen, überwunden und Mann und Kinder ernährt hatte, heißt das Dünental, in dem ihr Mann sich verbarg, bis auf den heutigen Tag ‚*das Osetal*‘.

Pua Modders trieb sich unterdessen überall friedenstörend und schadenfroh umher. Er spielte dabei bisweilen auch die Rolle des Scheinheiligen.

---

*) Die Verbannung war ein altheidnischer Brauch. Er geschah öffentlich bei der Beerdigung des Erschlagenen dreimal und kam noch 1682 auf Sylt vor. Man verpflichtete sich dabei zur Rache und meinte, dem Toten dadurch Ruhe zu verschaffen.

Einst war er in der Kirche auf Westerlandföhr und schien sehr andächtig die Predigt anzuhören. Tatsächlich waren seine Hände aber damit beschäftigt, die vor und neben ihm sitzenden Kinder, von den Erwachsenen ungesehen, zu kneifen und zu kitzeln, um sie zum Lachen und Schreien zu nötigen. Es entstand wirklich ein solches Gelächter und Gequike während des Gottesdienstes in der Kirche, daß der Prediger in seiner Rede gestört wurde und ein hartes Wort gegen die Kinder fallen ließ. Deswegen verklagten die beteiligten eitlen und rachsüchtigen Eltern den Priester vor dem Konsistorium in Ripen, und sie hörten nicht auf, ihn zu hassen und zu verfolgen, bis er abgesetzt wurde.[*)]

Als im Herbst 1607 zum ersten Mal zu Rörbeck ein Jahrmarkt gehalten wurde, segelte Pua im Boot seines Stiefvaters von Föhr nach Nordstrand. Unterwegs hatte er eine Krähe gefangen und sie lebend an die Spitze seines Mastes gebunden. Der arme, gefesselte Vogel lockte aber durch sein Angstgeschrei eine Menge besorgter Artgenossen herbei, die alle mit großem Gekrächze das kleine Boot umflatterten, während Pua Modders die *'Schlüt'* hinaufsegelte, zum Markt am Rörbecker Siel.[**)]

Daher erregte unser Rantumer Schiffer bei seiner Ankunft und seinem Aufenthalt zu Rörbeck nicht wenig Aufsehen. Als er an Land gestiegen war und sein Boot befestigt hatte, ging er zu einem alten, weitläufigen Gebäude auf dem Deich. Es hatte ehemals als Thing- oder Gerichtshaus gedient, war aber jetzt eine Wirtsstube. Pua fand dort eine Menge Gäste vor, meist wohlhabende und trunkliebende friesische Bauern. Sie begrüßten sich gegenseitig und besonders die Neuankommenden nach alter Weise mit dem Wunsch: *'Waes Hial!'*, oder: *'Gotts Freed!'*, und bekamen zur Antwort: *'Din*

---

*) Dieses Unrecht widerfuhr dem Prediger Hermann König, welcher von 1599 bis 1608 Hauptpastor zu *„St. Laurentii"* auf Föhr war. Er wurde 1608 wegen dieser nichtigen Ursache durch ein öffentliches Urteil in Ripen seines Amtes enthoben, wie Richardus Petri berichtet.

**) Die *„Schlüt"* oder *„Schluth"* war ein Wattenstrom an der Nord- und Westseite von Alt-Nordstrand. Er floß zwischen dieser Insel und den folgenden Halligen: Habell, Gröde, Butwehl, Nordmarsch, Hooge und Norderoogh. Die *„Schlüt"* strömte südwestlich in die Hever, hatte aber viele Nebenleien.

Hial!', oder: ,*Toonk Juu!*' — Der Wirt, ein vierschrötiger, aber freundlicher Bauer, redete seine Gäste als ,*frie, freeske Buermannen*', und als ,*redlike, biderve Boyne*', an. Er hieß sie alle willkommen, und lud sie zum Sitzen und Trinken ein, sprechend: ,*Rüm Hart!* , und: ,*Drink Hial!*'

Fast zu gleicher Zeit mit Pua Modders und dessen Gefolge näherte sich dem Marktplatz ein Ochsenkarren, auf dem Moordeich von Westen kommend.*) Ein Schwarm mutwilliger Kinder und fremden Gesindels folgte dem Wagen und umringte ihn. Sie schrien: ,Buh, Buh!' — Zum Unglück hieß der alte, weißhaarige Besitzer und Lenker des Karrens Buh Ocksen. Er hielt daher das Geschrei der Straßenbuben für eine Beschimpfung und hieb tapfer mit der Peitsche unter sein neckisches Gefolge, bis es endlich auseinanderstob und zum Siel oder Hafen rannte.

Zornig und scheltend trat Buh Ocksen dann in die Wirtsstube. ,Nein, es ist zu arg', rief er, ,was man in seinen alten Tagen erleben muß! Hier in diesem Haus habe ich geholfen, das neue Nordstrander Landrecht zu küren. Hier hab' ich als Ratsmann so manches «*Urtel*» gefällt, bis ich mit so vielen anderen Anno 1593 ohne Grund und Recht abgesetzt wurde. Und jetzt soll sich unsereiner, wenn er sich der alten, freien friesischen Thingstätte naht, beschimpfen lassen von allerlei fremdem Bettelvolk! Es mag wohl wahr sein, was der gelehrte Jacob auf seinem Sterbebett sagte, nämlich, daß das alte Nordstrand zum Untergang reif sei. Es riecht hier, wie mich dünkt, bereits recht modrig!'*)

Pua Modders wähnte, daß das letzte Wort des alten, verdrießlichen Ratsmannes mit den langen, weißen Haaren auf ihn bezogen war. Daher

---

*) Der Moordeich war längs der Nordstrander Mitte von Buphewer bis Lieth erbaut und von Nordwest nach Südost gerichtet. Rörbeck lag an der Nordseite der Insel, doch nicht unmittelbar am Moordeich. Der Moordeich wurde aber bereits durch die Fluten von 1612 und 1615 zerstört.

*) Der gelehrte Jacob starb 1599 an der Pest. — Rörbeck und der größte Teil der alten großen Insel Nordstrand gingen in der Überschwemmung am 11. Oktober 1634 zugrunde. — Buh Ocksen war Besitzer von Süderoogh. — Um 1593 wurde die Zahl der Harden auf Nordstrand von fünf auf drei, die der Ratmänner von 60 auf 48 reduziert.

wollte er den letzten Satz des Alten verbessern und rief: ‚Jawohl, es stinkt hier widrig!' Kaum hatte er jedoch diese Worte ausgesprochen, da erhielt er von seinem Nebenmann am Wirtshaustisch eine fürchterliche Maulschelle, so daß er unter den Tisch taumelte. — ‚Das war von Bahne Wiederich, dem Besitzer von Norderoogh, der tüchtig schlägt und trinkt, aber nimmer stinkt!' — Diese Erläuterung gab ein langer, rauflustiger Mann mit eisernen Fäusten. Er war es, der dem Sylter die Ohrfeige versetzt hatte.

Pua Modders sah seinen Gegner grimmig an, aber schlich sich leise hinweg, da er einen Kampf mit dem langen, starken Kerl nicht zu bestehen wagte.[**)] Er ging daher wieder zu seinem Schiff im Siel. Doch er fand es nicht bloß von flatternden Krähen umringt, sondern auch von diebischen und schreienden Marktbuben. Darunter waren tartarische, jüdische, dänische und friesische Knaben, die das Boot sogar besetzt hatten. Nur mit großer Mühe gelang es ihm, einen Teil des Gesindels zu vertreiben und an Bord seines Schiffes zu gelangen. Die frechsten des zudringlichen Haufens waren halbnackte Zigeunerburschen, braune, langfingrige Jungen, die über seine geringen Fisch- und anderen Vorräte hergefallen waren und sich auf keine Weise von ihm verscheuchen ließen. Pua Modders machte schließlich gute Miene zum bösen Spiel. Zugleich reifte in ihm ein Racheplan:

Er löste ganz plötzlich seine Taue, zog das Segel in die Höhe, und steuerte zum Hafen hinaus. Als seine hungrigen Gäste das bemerkten, wollten sie wieder an Land. Pua schiffte jedoch westwärts entlang der *‚Schlüt'* zwischen Nordstrand und den Halligen. Er fuhr weiter und immer weiter, ohne auf das Geschrei und die Bitten seiner Gefangenen zu achten, bis er kurz nach Sonnenuntergang am Ufer von Norderoogh anlangte, der äußersten, westlichsten Hallig.

Jetzt zeigte er seiner diebischen Schiffsgesellschaft auf einem hohen Warf das einzige Haus des Eilands. Es war das seines Beleidigers Bahne Wiederich. Pua sprach: ‚Der Mann, der dort wohnt, ist reich und nicht zu Hause.

**) Man sagte danach, Pua Modders habe sich auf dem Rörbecker Markt nichts weiter als eine tüchtige, ihm sehr nötige Maulschelle geholt.

Dort werdet ihr alles finden, was ihr euch wünscht. Eilt dahin, ehe es Nacht wird!' — Die Buben ließen sich das nicht zweimal sagen. Sie liefen an Land und zur Halligwohnung, wo sie übel hausten, bis der Besitzer nach acht Tagen wieder heimkehrte, sie züchtigte und nach Pellworm transportierte.

Unterdessen suchten die übrigen der im Markt zu Rörbeck anwesenden Zigeuner, zumeist Eltern der entführten Kinder, die Verschwundenen auf ganz Nordstrand. Sie waren bis zum westlichsten Kirchspiel der großen Insel, bis nach Pellworm gekommen, wo sie ihre Sprößlinge tatsächlich wiederfanden. Ihre Freude war natürlich groß. Überdies gefiel dem hungrigen Gesindel das reiche Land. So musizierte, bettelte und stahl nun die ganze Bande so lange auf Pellworm, bis der Winter kam und sie an der Rückkehr zum Festland hinderte. Daher mußten die vielgeplagten Pellwormer ihre räuberischen Gäste fast ein halbes Jahr füttern und beherbergen, ehe sie dieselben wieder loswurden.[*)] Pua Modders aber war voller Schadenfreude unterdes längst wieder nach Rantum heimgekehrt.

Eines Tages hatte Pua Modders das Vergnügen, die Westerländer zu foppen. Es war am ersten April, als er morgens früh einem blödsinnigen Hirten den Auftrag gab, eilig zum Strandvogt Jung Erk Mannis nach Westerland zu laufen. Er sollte ihm und sonst niemandem sagen, es wäre in der Nacht eine Geldkiste an den Strand gespült und in Stücke geschlagen worden. Der Einfaltspinsel erzählte, wie zu erwarten war, jedem seine Neuigkeit. Innerhalb einer Stunde war halb Westerland bereits auf den Beinen und auf dem Weg zum Strand, um die Beute zu finden.

Einst war es Mode geworden, daß alle Männer auf den westlichen Inseln an Sonn- und Festtagen rote Jacken trugen. Nur Pua Modders hatte keine. Man neckte ihn, der sonst jedermann zum Besten hielt, deswegen und fragte ihn, warum er denn keine rote Jacke habe. ‚Ich will keine haben', antwortete

---

[*)] Heimreich erzählt von dem 1608 erfolgten Abzug der Tartaren von Pellworm überdies folgendes: *„und (haben) beim Abzuge ein altes Weib, so nicht länger vermochte mit ihnen fortzureisen, an dem alten Kirchhofe in Pellworm lebendig begraben."*

er. ‚Ach hört', hieß es dann, ‚Pua Modders will keine rote Jacke haben, weil er keine bekommen kann!'*)

Die Sache ärgerte den Schalk, denn wie langfingerig er auch war, so hatte er doch nie lange Zeit Geld in der Hand oder in der Tasche. Er war und blieb ein armer Schlucker, der keine rote Jacke bezahlen konnte. Man hatte ihm also nur die Wahrheit gesagt. Es war aber das erste Mal in seinem Leben, daß Pua sich recht getroffen und beschämt fühlte. Daher beschloß er, sein Glück anderswo zu suchen. Er reiste jedoch nicht gen Süden wie die übrigen Sylter, wenn sie solches im Sinne hatten, sondern nordwärts und kam zur Insel Römöe.

Hier fand er leider dieselbe Mode vor, wegen der er von Sylt geflohen war. Überdies war dort das ganze Inselvölkchen in großer Bewegung. Einer sehr närrischen und unglaublichen Sage zufolge, hatten die Römöer sich damals über ihre Kirche — bekanntlich gibt es nur eine dort — gestritten. Es ging nicht etwa um einen Neubau oder eine Reparatur, sondern um die Versetzung des Gotteshauses um einige Ellen nach Süden. Das ganze Römöer Volk war versammelt, damit jeder seine Meinung und etwaige Vorschläge in dieser Sache aussprechen konnte. Aber je mehr Leute zusammenkamen und je mehr Meinungen geäußert wurden, desto weniger konnte man sich einig werden.

Da trat, gerade als der Streit am hitzigsten war und in eine großartige Prügelei ausarten wollte, ein Fremdling in einer blauen Jacke auf. Es war Pua Modders, der unmöglich länger schweigen konnte. Er sprach: ‚Ihr wollt eure Kirche südwärts rücken. Wohlan, tretet alle an die Norderseite derselben, und stoßt und drückt mit aller Kraft gegen die Kirche. Dann muß sie, die von wenigen Menschen gebaut ist, der vereinten Macht so vieler weichen. Damit wir aber merken, wann die Kirche auf den gewünschten Platz angekommen ist, so lege einer von euch seine rote Jacke an die

*) Diese Redensart ist noch allgemein bekannt auf Sylt. Sie ist ein lehrreiches Sprichwort für alle Ungenügsamen geworden und heißt: *„Pua Modders wilth niin ruad Knappesii haa, om dat hi niinen fo küth."*

Südseite der Kirche, zwei Ellen von der Mauer entfernt. Wenn die Jacke nicht mehr sichtbar ist, wird die Kirche stehen, wo sie stehen soll.'

Dieser Rat fand beim Römöer Volk ungeteilten Beifall, besonders deshalb, weil er von einem Fremdling kam, und weil das Volk soeben die Erfahrung gemacht hatte, daß es sich nicht selber zu raten vermochte. Die ganze Inselbevölkerung lief nun zur Nordseite der Kirche. Sie schob und stieß unter Vergießung vielen Schweißes mit unerhörter Kraftanstrengung gegen das Gebäude. Der kluge Ratgeber Pua Modders ging ab und zu an die Südseite, um nachzusehen, ob die hingelegte Jacke noch sichtbar war. Nach einigen Stunden, während derer sich das Volk Kopf und Rücken, Hände und Füße wundgestoßen und -geschoben hatte, kehrte Pua Modders wieder zurück zu den Römöern und erklärte, daß die Jacke nicht mehr sichtbar wäre und die Kirche stände, wo sie stehen sollte.

Da stürzten alle, der rasenden Arbeit müde, zur Südseite der Kirche. Die Jacke war wirklich nicht mehr sichtbar. Also stand die Kirche, wo sie stehen sollte! Pua Modders hatte jedoch den Römöern zu viel Dummheit zugetraut, als er frech genug war, am folgenden Sonntag die gestohlene Jacke anzuziehen. Alle sagten: ‚Er hat uns betrogen!', — und der Schalk mußte wieder zu seiner Heimatinsel fliehen.

Jedoch war hier das Gerücht vom Streich, den er auf Römöe verübt hatte, schon vor ihm angekommen. Pua hängte daher auf seinem Heimweg die rote Jacke, damit sie ihn nicht verraten möge, an einen Brunnenpfahl der Kampener Marsch. Eine Kuh geriet aber über die purpurne Joppe in Wut. — Rinder und Puter können bekanntlich die rote Farbe nicht leiden! Die toll gewordene Kuh rannte wiederholt mit ihren Hörnern gegen die Jacke und den Pfahl, bis sie beide in den Brunnen fielen. Ein Kampener hatte das aus der Ferne gesehen. Er glaubte, daß der heillose Schalk selbst umgekommen sei, und brachte die fröhliche Nachricht vom Tod des verhaßten Pua Modders in sein Dorf und über die Insel. Die Freude über das vermeintliche Ende des Spötters war so groß und allgemein auf Sylt, daß, als der erwähnte phantasiereiche Kampener gar ein Lied darüber dichtete, in kurzer Zeit alle Sylter, (bis auf die Rantumer, die es besser wußten), sangen:

,Ing en Dung
De Klokken gung,
Hokken es duad?
Pua Modders es duad,
Hur kam hi tö Duad!
Bi uaster Suad,
De brokket Kü jü stat höm duad.'

Die Kampener aber fanden es ekelhaft, aus dem Born, in welchem sie den toten Körper des Pua Modders noch immer wähnten, weil sie dessen rote Jacke darin treiben sahen, künftig Wasser zu schöpfen. Da sie nun wegen der hohen Lage ihres Dorfes dort keine Brunnen hatten und auch nicht bohren konnten, begannen sie im Norden ihres Örtchens auf dem Abhang der Kampener Höhen, einen neuen Quell zu graben.*)

Pua Modders lebte aber noch, war nur ungewöhnlich still. Er brütete im geheimen auf Rache wegen der Schmach, welche ihm die Kampener angetan hatten. Zuerst ließ er das Gerücht verbreiten, es sei jetzt jedem erlaubt, sich für seine Pferde mit den nötigen *,Klaven'* (einer Art hölzernem Geschirr) aus dem Wald der Kampener, dem sogenannten *,Klavenbusch'*, zu versehen. Sofort liefen die Braderuper, die Tinnumer, Keitumer und andere zum Kampener Busch, um sich neue *,Klaven'* für ihre Pferdegeschirre zu verschaffen. Die Kampener ärgerten sich natürlich über die Sache. Da sie den anderen Syltern nicht ihre Krummhölzer gönnten, ruinierten sie lieber selber ihren eigenen Wald, der bisher die Schlucht gefüllt hatte, welche südöstlich von ihrem Dorf bis zur *,Wuldemarsch'* und bis zu ihrem alten Brunnen reichte.*) — Als das Frühjahr kam und ihr neuer

*) Das Dorf Kampen ist eines der drei Norddörfer auf Sylt. Es liegt auf einer circa 80 bis 90 Fuß hohen, festen Landhöhe und hatte bis zum Jahre 1847 keinen ordentlichen Brunnen, nur altertümliche Zisternen oder Regenwasserbehälter. Daher litt es oft unter Wassermangel.

*) Der *„Klavenbusch"*, der Kampener Wald, soll hauptsächlich aus Weißdorn (Crataegus) bestanden haben.

Born bereits eine Tiefe von 40 bis 50 Fuß erreicht hatte, bekamen sie aber größeren Ärger als je zuvor.

Ihre Fischgärten (Fischzäune) und Bergentenlöcher wurden, nicht etwa wie früher, oft bestohlen, sondern von boshaften Händen allnächtlich beschädigt und manche sogar zerstört. Die Kampener waren außer sich vor Zorn, und die Männer des Dorfes beschlossen, fortan alle Nächte rings um ihren Ort Wache zu halten, um die Übeltäter zu bestrafen. Ihre Weiber aber sollten fortan am Tag alleine arbeiten. Wenn jemand in der Nacht etwas Verdächtiges bemerken würde, so sollte er sofort das bekannte Geheul anstimmen, mit welchem die Sylter Seefahrer die Seehunde zu begrüßen pflegen, wenn sie die Tiere auf Flottwasser antreffen. — Alle übrigen sollten alsdann antworten und dem zuerst Heulenden folgen oder zu Hilfe kommen. Das alles wurde verabredet unter den erhitzten Kampenern. Es vergingen unterdes mehrere Nächte, doch alles blieb still.

Die Kampener begannen schon sich zu beruhigen, als in einer finsteren Nacht im letzten Überrest des alten ‚*Klavenbuschs*' ein Geheul ertönte.[**)] Die wachsamen Männer beantworteten sofort das Jaulen und liefen zum Busch. Hier fanden sie jedoch niemand, glaubten also, sich geirrt zu haben. Da ertönte das Geräusch im Westen des Dorfes, bei den Löchern der Bergenten in den Heidehügeln. Jetzt liefen die Kampener dorthin. Hier bemerkten sie eine dunkle, heulende Gestalt, die nordwärts eilte. Nun ging die Jagd der Kampener los. Alle stürzten in blinder Wut augenblicklich nach Norden, dem Voranlaufenden nach. Der aber rannte spornstreichs dem neuen Brunnenloch, einer großen, weiten Zisterne, entgegen. Als er bei der Tiefe ankam, sprang er hinein (oder hinüber) und verschwand den Blicken der Nacheilenden. Diese kletterten ebenfalls auf die Absätze der Seitenwände und in das finstere Loch hinab, in der Hoffnung, die Übeltäter da unten zu finden. Der Vordermann, der niemand anders als der rachsüchtige Pua Modders war, stieg unterdes an der anderen Seite der Grube wieder hervor. Er stand jetzt oben, und stapfte mit dem Fuß auf die lose Erde. Da löste

---

[**)] Ein kleiner Rest des alten Kampener „*Klavenbuschs*" ist noch vorhanden.

sich ein Teil der Erdwand, stürzte in den Brunnen und verschüttete alle darin befindlichen Männer, 16 an der Zahl.

Dem boshaften Urheber dieses Unglücks konnte man freilich in der Folge seine Tat nicht beweisen. Aber man nannte ihn später nur noch ‚den Totmacher' und zweifelte nicht an seiner Schuld. — Der niemals fertiggewordene Brunnen, von welchem noch heutzutage ein 16-20 Fuß tiefes Loch sichtbar ist, hieß aber fortan *‚Muurdkühl'* oder *‚das Mordloch'* und ist noch unter diesem Namen bekannt.

Pua Modders soll seit dieser Zeit sehr ernst geworden sein. Er fand keine Ruhe mehr auf Erden, bis er mitsamt seinem Stiefvater im Haff zwischen Sylt und Föhr ertrank.[*)] Seine Landsleute sagten alsdann: *‚De Kreeken floog wegh me Pua Modders sin Katt.'* Sie meinten aber ohne Zweifel damit: Sein spottsüchtiger Geist oder seine Geißel verschwanden von der Insel mit dem Abzug der Krähen im Frühjahr.

Das war das traurige Ende eines Mannes, von welchem man, wie von seinem Großvater, zu sagen pflegte, daß dessen Schornstein stets gegen den Wind geraucht habe. Man hat jedoch keine Ursache anzunehmen, daß diese Männer den altfriesischen Wahlspruch gekannt und befolgt haben, so wie Pidder Lüng es tat."

Maiken beschloß ihre Erzählung mit der Ermahnung, uns nie mehr Ungehorsam oder Trotz gegen Gott, unsere Eltern und Lehrer oder die Hohe Obrigkeit zu erlauben. Sonst würde es uns wie den Fischern auf Hörnum ergehen, und wir müßten vom Vaterland und den lieben Eltern flüchten oder wie Pua Modders mit Schimpf und Schande bestraft werden. Gleichwohl meinte sie, dürften wir einander in der Not und, wenn wir groß und stark würden, im Kampf gegen die Feinde unseres Landes niemals verlassen oder untreu werden. Wir versprachen ihr das alles. Dann dankten

---

*) Das soll im Frühjahr 1610 geschehen sein. Die Sylter Chronisten nennen alle den Sohn des Nickels Christians bei der Erwähnung seines Todes „einen Totschläger".

wir ihr für die gastliche Aufnahme und für ihre Erzählung und sagten Lebewohl. Das Unwetter war längst vorüber.

19. Von den Heldentaten des Langen Peter

Ich will hier den unvollständigen Erzählungen Maiken Niß Takens vom Langen Peter noch einige geschichtliche Notizen hinzuzufügen:

Peter sammelte bald viele Schiffe und Menschen um sich, die ihm als Flüchtlinge, Landsleute oder an Gesinnung verwandt waren. Mit ihnen bemannte er seine Flotte. Zum Ersten Offizier ernannte er einen gewissen Wiard aus Ostfriesland. Peter fühlte sich berufen, ein Hersteller und Rächer der Einheit und Freiheit seines friesischen Volkes zu sein, besonders auf dem Meer. Daher wollte er alle Schiffe jener Völker, Fürsten und Städte, welche die Friesen zu unterjochen oder zu besteuern strebten, bekriegen, beschädigen und — wenn möglich — wegnehmen oder zerstören!

Dabei verhehlte er seinen Mannen aber nicht, daß sie von jetzt an vogelfrei waren. Das Meer war nunmehr ihre wahre Heimat und ihr Acker, auf welchem sie alleine wohnen, pflügen und ernten konnten. Sobald sie aber wieder das Festland betreten würden, warteten der Galgen und das Rad auf sie. Zur beständigen Erinnerung an diese Rede und ihre Mahnungen, ließ er jedem seiner Offiziere und Schiffsleute auf deren Kleider an der einen Seite das Zeichen eines Galgens und an der anderen das eines Rades festnähen. So ausgerüstet, fuhr der Lange Peter mit seiner Flotte auf See hinaus.

Die Helgoländer Bucht, der südöstliche Winkel der Nordsee, die Mündungen von Elbe, Weser, Eider und Jade, die holländischen und dänischen Küsten: Das waren die Hauptschauplätze der Taten dieser Freibeuter, welche viele Jahre lang diese Meeresgegenden beunruhigten. Sie kämpften nicht alleine gegen die Kriegsschiffe der Dänen, Holländer und Hansestädte, wo immer sie welche trafen. Vielmehr plünderten sie auch die friedlichen Handelsschiffe und Fischerboote dieser Nationen. Auch hielten die

Seeräuber Nachlese, wenn zwischen anderen streitenden Mächten auf der Nordsee ein Seegefecht stattfand, oder wenn ein Sturm unter den segelnden Schiffen aufgeräumt hatte. Ihre Zufluchtstätten und Schlupfwinkel in Notzeiten waren die Sandbänke, Dünen und kleinen Nordseeinseln an den schleswigschen, deutschen und holländischen Küsten. Die Hauptsammelplätze aber hatten sie auf Helgoland und dem alten Freihafen auf Hörnum. Dort hielten sie auch Winterquartier.

Sie waren ergrimmt auf die Hamburger, weil diese so oft die Freibeuter auf der Nordsee züchtigten, und besonders, weil sie ohne Beweis und Recht im Jahre 1488 jene 74 Hörnumer, die ich bereits erwähnte, auf dem Grasbrook hingerichtet hatten. Sie haßten und verfolgten die Bremer, weil die bremischen Bischöfe und Bürger seit alten Zeiten der Freiheit und dem Wohlstand der Friesen — besonders der Ostfriesen — hinderlich gewesen waren. Sie waren den Holländern gram, nicht bloß, weil diese schon lange danach trachteten, Westfriesland vom übrigen Südfriesland loszureißen und mit Holland zu verbinden, sondern auch, weil sie die Holländer als friesische Renegaten ansahen.

Überdies erregten die reichbeladenen Handelsschiffe der Holländer, noch öfter als jene der Bremer und Hamburger, den Neid und die Habsucht der friesischen Seeräuber. Mit den Dänen und der dänischen Regierung, mit den schleswigschen Herzögen, Amtmännern und Vögten oder Stallern hatten sie aber eine lange Rechnung zu begleichen. Sie waren erbittert darüber, daß der Siebenhardenbund aufgehoben war. Deswegen war Nordfriesland also noch mehr als früher (durch die Abtrennung von Westerlandföhr, Amrum und List von den Uthlanden) politisch zerrissen und schwach geworden.

Den Zorn der Freibeuter erregte auch, daß die freie Gesetzgebung der Friesen dadurch gefährdet war, daß man den Eiderfriesen 1444 ein Strandgesetz aufgezwungen hatte, welches man auch auf Nordstrand, Föhr und Sylt einzuführen strebte. Erst versuchte man, durch königliche Beamte Nordfriesland zu regieren und dort die Volksmacht und Freiheit zu unterdrücken. Dann, nach der ersten Teilung der Herzogtümer im Jahre 1490, übernahmen fürstliche Beamte diese Aufgabe. Besonderen Anstoß erregte, daß man so viele ungebildete, habsüchtige, grausame oder schwache und nachlässige Amtspersonen in Friesland eingesetzt hatte. Ihr Verhalten und das der erzpäpstlichen, aber in der Meinung des Volkes unwürdigen Priester, führte zu den Volksaufständen in Eiderstedt (ca. 1445 und 1461), auf Nordstrand und in Husum (ca. 1468 und 1472) sowie auf Sylt und in der Tondernschen Marsch (ca. 1479).

Zudem war man erbittert über die vielen Hinrichtungen freiheitsliebender Männer aus Eiderstedt und Nordstrand; über das Verbot Waffen zu tragen (1446), welches so viele Friesen friedlos und flüchtig gemacht hatte und über neue und verhaßte Steuern wie z.B. die „Rebellensteuer" der Husumer und die „Rochensteuer" der Sylter.

Das Glück schien dem gewaltigen Freiheitskämpen Peter günstig zu sein, ungeachtet seiner vielen Feinde. Er besiegte sie fast alle, weil er sie plötzlich und vereinzelt angriff und ihre Schiffe wegnahm, plünderte oder zerstörte. Den höchsten Gipfel seines Ruhmes erreichte er jedoch erst nach den Streitigkeiten, die zwischen Dänen, Friesen, Dithmarschern, Hamburgern, Bremern und Stadern um 1496 und 1498 wegen Helgoland bestanden. Aufgrund seiner Kühnheit, persönlichen Stärke und Tapferkeit sowie der Menge seiner Kampf- und Raubgenossen, fand der furchtbare Seeheld selten einen nachhaltigen oder bedeutenden Widerstand. Je höher nun sein Glücksstern stieg, desto größer wurden auch sein Mut und Stolz. In seinem Hochmut pflegte er sich oft selber zu nennen:

„Der Dänen Berhärer,
Der Bremer Vertärer,
Der Holländer Krüz und Beleger,
Der Hamborger Bedreger."

Zu seinen berühmtesten Seegefechten und Heldentaten gehört folgende Begebenheit: Der Herzog Georg von Sachsen hatte einst Ost- und Westfriesland mit Krieg überzogen und hart bedrängt. Nachdem die Sachsen schon mehrere Jahre in Friesland übel gehaust, jedoch auch ab und zu von den tapferen Einwohnern Verluste erlitten und Gefechte verloren hatten, wurde im Jahre 1515 die sächsische „schwarze Garde" in Friesland stationiert. Sie war fünftausend Mann stark.

Die Friesen mußten diesem wilden, wütenden Haufen nicht bloß Kost und Obdach geben. Da der Herzog seine Truppe nicht besoldete, sollten sie sogar Lohn für deren Plünderungen, Mord- und andere Schandtaten im Lande zahlen. Das empörte den gewaltigen Peter so sehr, daß er seine Schiffe rüstete, um den südfriesischen Brüdern auf irgendeine Weise Hilfe zu bringen. Auf dem Zuidersee mit seiner Flotte angekommen, erfuhr er, daß eine Menge holländischer Schiffe im Begriff war, den Sachsen in Friesland beizustehen. Sofort suchte er die holländische Flotte auf. Es entstand ein mörderisches Gefecht, welches damit endete, daß Peter siegte. 18 der feindlichen Schiffe, unter denen fünf Kriegsschiffe waren, gerieten in seine Hände. Eine reiche Beute an Proviant, Munition und Geld sowie mehr als 700 Gefangene waren ebenfalls darunter.

In der Hitze des Kampfes oder in seinem Übermut als Sieger soll Peter aber von der großen Menge der Gefangenen 111 über Bord geworfen und ersäuft haben. Dieser Sieg des berühmten Seehelden trug wesentlich dazu bei, dem sächsischen Herzog den Mut zur Fortsetzung des Krieges zu nehmen. Herzog Georg schloß daher noch im selben Jahre (am 22. Mai 1515) Frieden und zog mit seinen Truppen aus Friesland wieder fort. (Aufgezeichnet nach Onno Klopp und anderen.)

Ein Zeitgenosse des Langen Peter, der Prior des Klosters Thabor in Westfriesland namens Worp, erwähnt in seiner „*Chronik von Friesland*" häufig den Pidder Lüng. Er nennt ihn aber stets „*Grote Pyer.*" Worp hat sein Werk in altholländisch-friesischer Sprache verfaßt[*)], und er schreibt unter anderem folgendes über diesen merkwürdigen Mann:

„*In dem Jahre 1515 begannen die Gelderschen Friesen zu Stavorn, Workum, Hindelopen etc. viele doppelte Schiffe* (‚Seynschepen') *machen zu*

[*)] Eigentlich nur das vierte und fünfte Buch desselben. Die früheren Kapitel des Werkes sind in lateinischer Sprache.

lassen und raubten damit auf dem Zuidersee, und nahmen über die Maßen großes Gut von ihren Feinden, und namentlich taten sie den Holländern und ‚Oesterlingen' großen Schaden auf der See. Sie fuhren auch mit ihren Schiffen hinüber nach Holland und beraubten dort die Eilanden, als Thessel, Wyringen, Vlieland, und nahmen dort viel Gut und fingen viel Volk und brachten die gefangen nach Sneeck, wo die Gelderschen ihren Hof und Rat hielten. Diese Leute, die das taten, wurden in der Zeit genannt und waren alle Friesen, von welchen der ‚Grote Pyer' der Oberste war. Dieser ‚Grote Pyer' war ein reicher Mann und von Natur ein guter friedsamer Mann."

Darauf erzählt Worp van Thabor, daß Peter anfangs in Kimsert gewohnt habe.**) Aber die Sachsen brannten am 29. Januar 1515 sein Haus und viele andere Gebäude in Kimsert, Arum und Witmaersum nieder. Darauf versammelte der Große Peter alle Gebrandschatzten um sich (wohl 600 Mann), und er begann verzweifelt wieder zu kämpfen, so daß sein Name in ganz Deutschland genannt wurde. Die gelderschen, sächsischen und burgundischen Herren hetzten jedoch die Friesen aufeinander und ließen sie durcheinander und miteinander gerne verderben, wenn sie selber nur dabei gewannen.

„Denn", schreibt Worp, *„die eine Zeit sandte der Herzog von Geldern Knechte ins Land, welche mit seinem Teil von Friesland verdarben die Teile von Friesland, welche es mit den Sachsen und Burgundern hielten. Dann sandten die Burgunder wieder Knechte ins Land zu ihren Freunden, die dann verbrannten und verderbten die anderen Teile von Friesland, die es mit den Gelderschen hielten. Und das dauerte wohl 7 Jahre, von da man schrieb 14* (1514) *bis da man schrieb 22* (1522), *als ein Schluß gewonnen wurde."*

**) Vielleicht hatte er nach seinem unruhevollen Leben auf dem Meer gehofft, in Westfriesland sein Leben in Ruhe beschließen zu können und sich deswegen dort angesiedelt.

Worp van Thabor schreibt ferner: „*Im März* (1515) *hatten die Sachsen Schiffe zurecht gemacht, um zu lauern auf die Gelderschen Friesen. Hiergegen rüstete „Grote Pyer" mit seinem Volk ihre Schiffe und zogen auf die See. Darauf kamen sie auf den 19. Tag des März mit 11 Schiffen* (die Sachsen sind gemeint) *von Horn* (in Holland) *aus den Friesen zu Gemüte, um mit ihnen zu schlagen. Aber die Friesen haben die Sachsen überwunden und bekamen alle ihre Schiffe. Das geschah vor Horn in Holland." – „In der Zeit, als der schwarze Haufe noch zu Bolswart lag, war Hyeronimus Suees in Holland zu Enckhuysen und ließ dort viele Schiffe ausrüsten, die ihn sollten über die See nach Friesland bringen, mit der Bezahlung, welche der schwarze Haufe haben sollte. So ist es geschehen auf den 14. Tag des May, daß Hyeronimus auf die See kam mit 36 Schiffen und wollte fahren mit der Bezahlung nach Harlingen. Das vernahm ‚Grote Pyer' und zog mit 18 Schiffen den Holländern zu Gemüte. Als diese die Friesen sahen ankommen, da schossen sie alle ihre Geschütze sofort ab. Aber die Friesen schossen keine Büchsen ab, ehe sie die anderen binnen des Schusses hatten. Dann schossen sie ihr Geschütz ab und fielen die anderen an, und nahmen ihnen 28 Schiffe weg; aber 8 Schiffe entkamen, auch Hyeronimus Suees entkam mit dem Gelde zurück nach Enckhuysen mit genauer Not. Die Friesen kamen nach Worckum mit den* (28) *Schiffen und hatten viel Geschütz und über 400 Gefangene bekommen."*

Als der Krieg mit den Sachsen im Jahre 1515 beendet war, entstanden zwischen dem bisherigen Freund der Friesen, dem Herzog Karl von Geldern und dem Herzog Karl von Burgund (dem späteren Kaiser Karl V.), große Streitigkeiten über die friesischen Lande. Karl von Burgund wollte sie nämlich mit Holland vereinigen, welches ihm schon Untertan war. Der Lange Peter, welcher damals seinen Wohnsitz in der westfriesischen Stadt Sneeck hatte, kämpfte noch lange für die Freiheit der Friesen gegen die Burgunder und Holländer. Worp van Thabor schreibt unter anderm folgendes über ihn aus dem Jahre 1516:

„Den 27. Aprilis nahm ‚Grote Pyer' mit seinen Schiffen vor Enckhuisen ein „Huilck" wohl beladen mit Roggen, Holz und Bier und brachte es nach Worckum. – ‚Grote Pyer' zog alle Tage mit seinen Schiffen aus auf die See und nahm viele Schiffe und Güter, und alle Holländer, die er krichte, schlug er tot oder ersoff sie."

Worp van Thabor erwähnt über die Belagerung der Stadt Sneeck durch die Burgunder, die im Januar 1517 während eines starken Frostes stattfand: *„Sneeck hatte keine fremde Knechten, weil die Friesen ihnen nicht trauten, da sie Bolswart verkauft hatten. Aber ‚Grote Pyer' mit seinem Volk und viele aus Bolswart, Worckum, Stavorn, die unter die Burgunder nicht wollten gehen, waren da binnen. Und ‚Grote Pyer' mit seinem Volk fiel alle Tage aus der Stadt, nun gegen das eine Lager, dann gegen das andere auf Schußnähe. – Die Bürger hätten sich gerne versöhnt mit den Burgundern. Allein die Herrschaften, ‚Grote Pyer'und die ‚Balingen' drinnen wolltens zu keiner Vereinbarung kommen lassen, weil sie der Stadt dort mächtig waren."*

Während nun die Burgunder die Stadt an vier Seiten belagerten und Anstalten machten, mit Schlitten und Sturmleitern hineinzugelangen, entstand plötzlich, am 28. Januar, Tauwetter. Da zogen die Burgunder wieder fort, ohne den Ort zu gewinnen, wie Worp erzählt.

Als am 25. März 1517 ein sechswöchiger Waffenstillstand zwischen den Burgunder und Gelderschen Herren getroffen war, wollte der Lange Peter ihn nicht anerkennen: *„Als dieser Vertrag in Friesland publicirt wurde, zog ‚Grote Pyer' aus Sneeck mit seinen Gesellen etc. zu Schiffe auf den Zuidersee und kamen vor Hindelopen, weil die Burgunder das befestigt hatten, und es waren da 300 Burgundsche Knechten. Diese* (Stadt) *fiel ‚Grote Pyer' mit seinem Volk heftig an und nahm sie mit stürmender Hand, und schlug 107 Knechten von den Burgundschen tot. Es ertranken auch viele, die sich mit Schiffen meinten zu bergen; es wurden 77 gefangen, die anderen* *kamen zu Schiffe weg. ‚Grote Pyer' schlug keine Friesen tot, nur allein ausländische Knechten.*

Auf den 17. Tag des Mai zog ‚Grote Pyer' mit seinem Volk etc. nach Dokkum, und nahmen mit aus Sneeck das größte Geschütz und andere Instrumenten, die man hatte machen lassen, um Dokkum damit zu bestürmen. Sie kamen den 18. Mai vor Dokkum an und wollten es überfallen: aber sie wurden zurückgeschlagen von denen, die da binnen waren, und es wurden wohl bei 200 von den Gelderschen erschlagen. Sie machten nun vor Dokkum drei Lager und machten bei einer niedrigen Ebbe Dämme quer über das Dokkumer Tief, so daß sie die Flut abkehren möchten und nahmen also der Stadt das Wasser. Sie krichten auch grobes Geschütz von Gröningen und schossen mit Kraft in die Stadt."

Das Ende dieser Belagerung, die Worp noch weitläufig schildert, war, daß die Stadt aus Mangel an Proviant und Pulver am 2. Juni kapitulierte. Worp schreibt ferner über die Kriegstaten des großen Sylter Seeräubers im Jahre 1517: „*Grote Pyer mit seinen Schiffen, wohl 400 stark zusammen, fuhren ab von Cuner* (Kuinder?) *den 24. Juni, das ist auf Sanct Johannis Baptisti Tag, des Morgens 8 Uhr, und kamen in der Morgenzeit (den 25. Juni) in Holland zu Medenblick ans Land. Da hielten sie Rat und beschlossen, daß sie in Medenblick wollten einfallen. Und sie fielen denselben Morgen Medenblick an und gewannen es mit stürmender Hand. Dann plünderten sie die Stadt und steckten sie in Brand an allen Ecken, und brannten sie ganz ab mit der Kirche und dem Kloster, und zogen auf denselben Tag, das war den 25. Juni, sofort nach Alckmar und brannten unterweges alles ab, wo sie durchreisten, also, daß der Rauch von dem Brande verdunkelte die Luft im Westergau* (Westfriesland).

‚Grote Pyer' mit seinem Volk kamen wieder in Friesland, als Medenblick war geplündert und verbrannt, großes Gut mitbringend, das sie in

Medenblick hatten bekommen. ‚Grote Pyer' mit seinem Volk waren die Hauptbrandstifter gewesen. Ihre Reden waren diese: Weil die Bürger von Medenblick in allen Kriegen Frieslands kamen mehr als von anderen Städten aus Holland nach Friesland und kauften von den Knechten alles das, welches diese den Friesen konnten wegnehmen, als Ochsen, Kühe, Pferde, Betten und andere Kleinodien etc. aus den Kirchen und Häusern genommen. Und hätten sie die geraubten Güter von den Knechten nicht gekauft, die Friesen hätten für einen kleinen Pfenning sie von den Knechten wieder bekommen. Und was noch mehr ist: Als die von Medenblick das geraubte Gut von den Knechten für wenig hatten gekauft, und die Friesen kamen und boten ihnen einen ehrlichen Pfennig mehr für das eigene Gut, als sie den Knechten dafür hatten gegeben, so wollten sie den Friesen ihr eigen Gut nicht lassen folgen als für den äußersten Wert, sondern führten alles nach Holland hin. Das war die Hauptursache, warum die Friesen Medenblick verbrannten."

Der Lange Peter starb schließlich in Westfriesland, wo er (wahrscheinlich seit 1515) in der Stadt Sneeck wohnte, eines natürlichen Todes. Er wurde also nicht, wie früher erzählt wurde, auf seiner Geburtsinsel Sylt seiner Raubzüge wegen hingerichtet.

Worp van Thabor schreibt über seinen Tod: „*In dem Jahre 1520 ist ‚Grote Pyer' binnen Sneeck gestorben in Friede den 28. Octobris. Dieser Pyer hatte viele kühne Taten getan zu Land, mehr jedoch zu Wasser gegen die Holländer, seine Feinde. Auch hatte er den Ostsee-Kaufleuten, die auf Holland fuhren, großen Schaden getan auf der See, nicht immer mit Recht und auf Geheiß. Denn, was Pyer nahm auf der See mit seinen Schiffen, sobald er binnen Landes kam, so wurde es von dem Gelderschen Statthalter als Prise erkannt, und er nahm und verteilte das Gut. Und Pyer bekam wenig davon, weil er für seine Person weder Geld noch Gut suchte, sondern allein seine Feinde zu kränken. Er suchte anderes nichts, als mit Hilfe und Beistand des Fürsten von Geldern Friesland zu befreien von allen Feinden, fremden Herren, Schatzungen, Accisen und anderen Beschwerden, die den*

Landen von den Sachsen aufgelegt, und wieder zu bringen zu den alten Privilegien und Freiheiten. Aber als er nachgerade sah, daß die Gelderschen von der Meinung nicht waren, die Friesen bei ihren alten (Rechten und Freiheiten) *zu lassen, danach hielt er sich stille in allen Sachen.*"

Das sind die geschichtlichen Nachrichten, die ich über den „Langen Peter" gesammelt habe. Sie stammen aus dem fünften Buch der von Worp van Thabor verfaßten „*Friesischen Chronik*", die erst 1871 zu Leeuwarden auf Kosten der „*Friesischen Genossenschaft*" gedruckt wurde. Der Verfasser dieser Aufzeichnungen war Prior des Klosters Thabor. Sein voller Name soll Worp Tyaerdavan Rinsumageest gelautet haben, und er soll im Jahre 1538 gestorben sein.

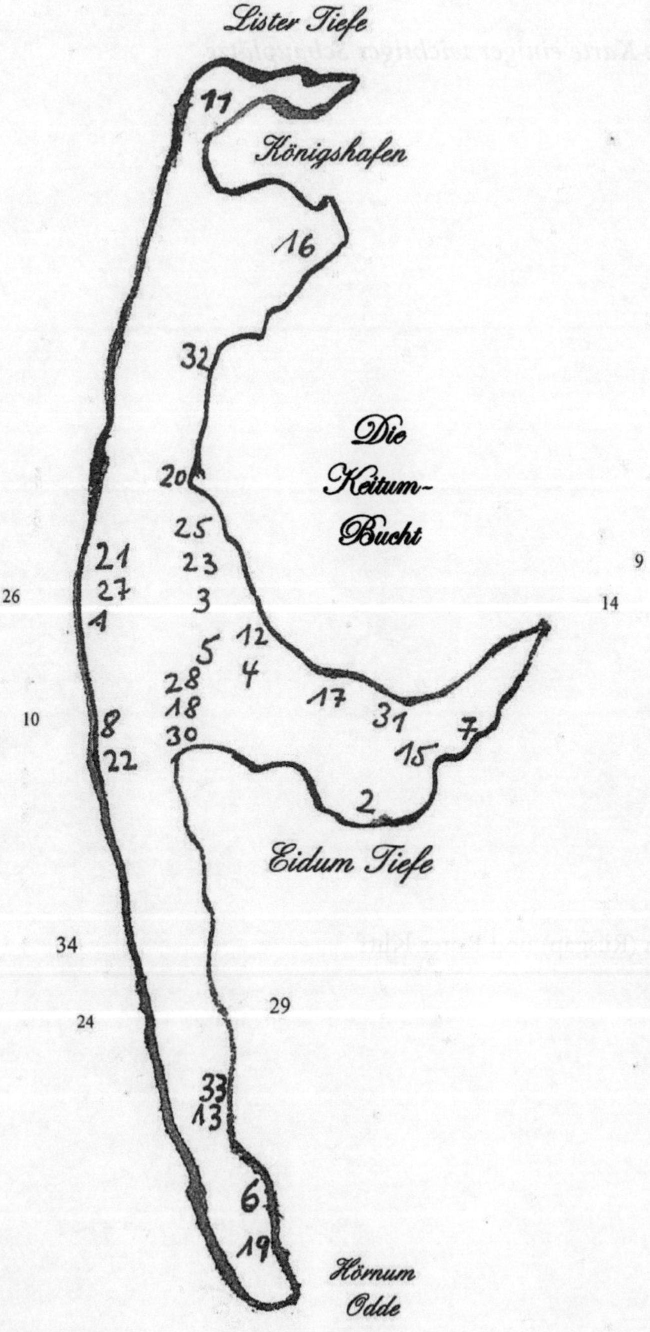
Lister Tiefe
Königshafen
Die Keitum-Bucht
Eidum Tiefe
Hörnum Odde

Vereinfachte, stilisierte Karte einiger wichtiger Schauplätze

1 Affental
2 Archsumburg
3 Die Börder
4 Boikenhügel
5 Bramhügel
6 Buder
7 Bullhügel
8 Dikjendäl
9 Dracht (Tracht)
10 (Alt)-Eidum
11 Eierkönigs-Residenz
12 Galgenhügel
13 Groß-Vlie
14 Der Hengst
15 Heiligen Ort
16 Jens Lüngs Stavenplatz
17 Jückersmarsch
18 Königskamp
19 Kressen-Jacobs-Tal
20 Mordkuhle
21 Osetal
22 Puanstöven
23 Puktal
24 Ratsburg
25 Reisehügel
26 Riesenloch/Reiseloch (Riisgap) und Rotes Kliff
27 Ringhügel
28 Siallehügel
29 Stinum
30 Tinseburg
31 Tipkenhügel
32 Vogelkoje
33 Wardüntal
34 Westerseekirche

Das wilde Herz der Insel!
SYLTHELD
Sylter
Beach- und Ethno-Wear
nach Motiven von C.P. Hansen
www.syltheld.de

In Vorbereitung:

Julius Rodenberg

STILLEBEN AUF SYLT

„Sylt verdankt Rodenberg das schönste Tagebuch, das über die Insel geschrieben worden ist!"
Manfred Wedemeyer

1859: Sylt befindet sich in einer Phase des Umbruchs. Noch ist die Insel kaum bekannt, und sie scheint den meisten Zeitgenossen nur arm, rauh und unzugänglich zu sein. Dennoch reisen bereits die ersten Kurgäste und Sommerfrischler zu den neueröffneten Westerländer Badeanlagen.

In dieser Zeit des Wandels besucht der bekannte Herausgeber und Schriftsteller Julius Rodenberg zum ersten Mal die Insel und läßt sich von ihr verzaubern. Seine vielfältigen Eindrücke hält er in einem Tagebuch fest, das einen faszinierenden, nostalgischen Einblick in die frühen Tage des Sylter Reisebetriebs gewährt. Lebendig und anschaulich skizziert Rodenberg darin Menschen, Situationen und immer wieder die beeindruckende Natur der Insel.

Sein Reisebericht ist eine der schönsten Liebeserklärungen, die jemals über Sylt geschrieben wurde. Er hat auch heute nichts von seinem Reiz verloren und läßt eine längst vergangene Zeit wieder lebendig werden. Rodenbergs charmantes Buch liegt hier endlich zum ersten Mal in moderner Schrift und einer behutsamen sprachlichen Neubearbeitung vor.

Edition Syltheld, Band 2.
ISBN 10: 3-932961-69-2.
ISBN 13: 978-3-932961-69-4.

In Vorbereitung:

Dr. W. Abicht

DER CHAMPAGNER-ARZT

Neueste Erfahrungen über die wohltätigen diätetischen und arzneilichen Kräfte der Schaumweine, namentlich deren vorzügliche Wirkungen bei:

Magenkrämpfen, Erbrechen, Bleichsucht, Störungen der Menstruation, Stein- und Griesbeschwerden, Wassersucht, Katarrhen, Rheumatismen, Gicht, Asthma, Lungensucht, Nervenkrankheiten, fauligen Krankheiten, Skorbut, Brand, Unterleibskrankheiten, Verschleimungen, Rachitis, Skropheln, Darrsucht, chronischen Hautausschlägen etc.

Champagner gehört zu Sylt wie die beschwingte Nordsee-Brise. Gut zu wissen, daß der edle Schaumwein nicht nur für die sprichwörtlliche Laune sorgt, sondern darüber hinaus auch der Gesundheit dient. In diesem kuriosen Ratgeber eines Mediziners aus dem Jahre 1845 wird einwandfrei bewiesen: Der Champagnergenuß wirkt vorbeugend und heilend bei vielen Krankheiten und Wehwehchen, und er verlängert auch noch das Leben!

Das kostbare Original liegt hier in moderner sprachlicher Bearbeitung vor und wurde ergänzt um einige Rezepte u.a. von Sylter Köchen für feine Champagnerspeisen und -Cocktails.

Edition Syltheld, Band 3.
ISBN 10: 3-932961-71-4
ISBN 13: 978-3-932961-71-7